汽车焊装技术

（第2版）

主　编　姚博瀚　肖良师　袁　亮
副主编　刘章红　唐青山　姚一成

北京理工大学出版社
BEIJING INSTITUTE OF TECHNOLOGY PRESS

图书在版编目（CIP）数据

汽车焊装技术/姚博瀚，肖良师，袁亮主编. —2版. —北京：北京理工大学出版社，2023.7重印

ISBN 978-7-5682-7732-7

Ⅰ.①汽…　Ⅱ.①姚… ②肖… ③袁…　Ⅲ.①汽车–装配（机械）–焊接–岗位培训–教材　Ⅳ.①U466

中国版本图书馆CIP数据核字（2019）第248823号

出版发行 / 北京理工大学出版社有限责任公司
社　　址 / 北京市海淀区中关村南大街5号
邮　　编 / 100081
电　　话 / （010）68914775（总编室）
（010）82562903（教材售后服务热线）
（010）68944723（其他图书服务热线）
网　　址 / http：//www.bitpress.com.cn
经　　销 / 全国各地新华书店
印　　刷 / 定州市新华印刷有限公司
开　　本 / 787毫米 ×1092毫米　1/16
印　　张 / 14
字　　数 / 322千字
版　　次 / 2023年7月第2版第2次印刷
定　　价 / 39.00元

责任编辑 / 陆世立
文案编辑 / 陆世立
责任校对 / 周瑞红
责任印制 / 边心超

前言

党的二十大报告中指出："教育、科技、人才是全面建设社会主义现代化国家的基础性、战略性支撑。必须坚持科技是第一生产力、人才是第一资源、创新是第一动力，深入实施科教兴国战略、人才强国战略、创新驱动发展战略，开辟发展新领域新赛道，不断塑造发展新动能新优势。"汽车产业作为世界上规模最大的产业之一，它具有产业关联度高、涉及面广、技术要求高、综合性强、附加值大等特点，对工业结构升级和相关产业发展有很强的带动作用。借助技术交流、合作开发以及自主研发等途径，我国的汽车工业发展迅速，在全球的地位也在快速提高，连续多年产量销量保持第一，近几年中国的汽车销量已占世界的四分之一左右。

中国汽车产销量迅速发展，必定需要大量的一线技术工人，此时各类技术院校、职业院校和相关的培训机构就发挥了重要的保障作用，同时也带动了各校汽车制造与检修专业的迅速发展。汽车冲压、汽车焊装、汽车涂装和汽车总装作为汽车制造的四大工艺，是汽车制造专业的核心课程，依笔者十多年的实践来看，在汽车焊装方面没有统一的教材，知识零散、技术落后，教学主要靠个人对知识的探索整合以及经验的积累，因此一直想编写一本既能落实课程思政，又能紧跟汽车焊装技术的发展以满足现代汽车制造企业焊装工人及相关从业人员的需要的专业教材。通过在汽车行业专家的精心指导下、学校领导及相关汽车厂家的大力支持下，《汽车焊装技术》终于出炉了。

本书具有如下特点：

1. 汽车焊装知识全面、内容丰富。本书几乎做到了从钢板到车身成型的全过程完整呈现，它涵盖了车身结构、车身焊装生产工艺流程、汽车车身电阻点焊工艺、车身CO_2气体保护焊焊接工艺、汽车车身激光焊焊接工艺、汽车包边与滚边工艺、汽车车身其他连接方式、车身焊装生产线、机器人及电气控制、车身焊装生产管理、汽车车身焊装质量控制和汽车焊接常识等内容。

2. 紧跟技术的发展，契合现在的需要。传统的车身焊接主要采用电阻焊、点焊和气体保护焊等制造工艺，为了让汽车车身生产效率更高、外形更美观、结构更紧凑，相继出现了激光焊接、机器人焊接以及胶装等工艺，对于上述新工艺本书一一进行了详细的分析。本书图表丰富、资料充实。汽车焊装技术是一项复杂的技术，内容包罗万象，为了让读者能较快地理解领会新技术、新工艺，在各章节均配发了丰富的图表，并辅以相关资料进行介绍。

3. 兼顾考虑了各层次读者。焊装技术相关从业人员众多，他们的需求各不相同，技术开发人员侧重于新技术开发，工艺设计人员侧重于工艺设计和生产管理，而一线焊装工人则侧重于技术的运用，因此教材中的相关章节如车身焊装生产线、车身焊装生产管理、车身焊装质量控制、汽车焊接常识介绍等，读者可根据需要自行选取。

4. 为党育才的鲜明旗帜。本书以培养全面建设社会主义现代化国家人才为根本任务，通过在配套资源中设计“课程思政教学设计方案”的形式，将与本课程相关的课程思政内容进行了罗列，形成了本课程的课程思政教学实施案例，引导学生树立正确的世界观、价值观、人生观，培养学生劳动精神、工匠精神、劳模精神，激发学生树立爱党、爱国的思想情怀，树立强烈的报国之志。

本书由长沙汽车工业学校姚博瀚、肖良师，郴州工业交通学校袁亮担任主编；长沙汽车工业学校刘章红、唐青山、姚一成担任副主编。本书是编者们多年来理论教学和实践运用的总结，是广大编者们共同智慧的结晶。

在本书的编写过程中，得到了长沙市交通运输类专业教学研究理事会各位专家的关心与指导，以及广汽、众泰、比亚迪等汽车公司的领导和生产一线技术骨干的大力支持，在此谨向这些关心支持本书编写的单位和个人表示衷心的感谢！

本书可作为中、高等职业院校以及相关培训机构汽车制造类专业的教材和参考书，也可作为汽车制造相关从业人员的参考资料。

当然，因编者能力水平有限，书中难免会有疏漏和不妥之处，恳请广大师生及读者不吝提出批评、指正和改进意见。

编　者

目录

中国焊接之父
——潘际銮

第1章 车身结构

学习目标

- 了解汽车车身结构的分类。
- 了解汽车车身常用的材料。
- 知道承载式车身和非承载式车身的区别。
- 学会辨别车身侧围总成中的A柱、B柱、C柱等。
- 掌握车身总成的构成以及各部分的名称。

非承载式VS
承载式车身

1.1 概　　述

汽车焊装的生产任务是生产出合格的汽车车身，这里的汽车车身在乘用车领域内俗称白车身。车身分为承载式车身与非承载式车身两种，轿车属于承载式车身。非承载式车身指汽车有一个刚性车架，又称底盘大梁架，发动机、传动系统的一部分、车身等总成部件都用悬架装置固定在车架上，车架通过前后悬架装置与车轮连接。非承载式车身比较笨重，质量大，高度高，一般用在货车、客车和越野车上，也有部分高级轿车使用，因为它具有较好的平稳性和安全性。承载式车身指汽车没有刚性车架，只是加强了车头、侧围、车尾、底板等部位，发动机、前后悬架、传动系统的一部分等总成部件装配在车身上设计要求的位置，车身负载通过悬架装置传给车轮。承载式车身除了其固有的承载功能外，还要直接承受各种负荷力的作用。承载式车身不论在安全性还是在稳定性方面都有很大的提高，它具有质量小、高度低、装配容易等优点，大部分轿车采用这种车身结构。

乘用车是在其设计和技术特性上主要用于载运乘客及其随身行李和/或临时物品的汽车，包括驾驶人座位在内最多不超过9个座位。乘用车涵盖了轿车、微型客车以及不超过9座的轻型客车。乘用车下细分为基本型乘用车(轿车)、多功能车(MPV)、运动型多用途车(SUV)、专用乘用车和交叉型乘用车。本课程内的乘用车将以轿车生产为主要案例进行介绍。

车身结构分为三厢车身、两厢车身、掀背车身、旅行车身、敞篷车身、跑车等。

三厢车：轿车的标准形式。我们常见的轿车一般是三厢车，它的车身结构由3个相互封闭、用途各异的“厢”所组成：前部的发动机舱、车身中部的乘员舱和后部的行李舱。在国外，三厢车通常称为Sedan或Saloon。目前在国内市场比较畅销的三厢车包括奥迪A4、A6，宝马525、740，上海大众帕萨特、朗逸，上汽通用凯越，广汽菲亚特菲翔，广汽本田雅阁，北京现代索纳塔，奇瑞A5等。

两厢车：在国外，两厢车通常称为Hatchback，也就是掀背的意思，但是这与我们国内所说的掀背车有所区别。在国内，两厢车是指少了突出的“屁股”(行李舱)的轿车，它将车厢与行李舱做成同一个厢体，并且发动机独立布置。这种布局形式能增加车内空间，因此多用于小型车和紧凑型车。目前在国内市场比较畅销的两厢车包括大众高尔夫、标致206、本田飞度、日产骊威、吉利熊猫等。

掀背车：掀背车在国外往往指的是两厢车，英文翻译为Hatchback，而国内所指的掀背车则是那些外形与三厢车相似，也有突出的行李舱，但是整个行李舱盖和后风窗玻璃是一体的，能够一起打开的，在国外通常称为Quickback或Fastback，译为“快背”。掀背车相对短小的后备厢以及相对动感的尾部线条，让掀背车在视觉效果上更优于三厢车。目前国内市场比较畅销的掀背车包括英朗GT、福克斯掀背版、大众朗行、广菲致悦、吉利帝豪掀背版、比亚迪F3R等。

旅行车：在英语中，旅行车通常称为Wagon，奥迪称为Avant，宝马称为Touring，而奔驰称为Estate。一般来说，大多数旅行车都是以轿车为基础，把轿车的后备厢加高到与车顶齐平，用来增加行李空间。Wagon的优点就在于它既有轿车的舒适，也有相当大的行李空间。旅行车是在人类崇尚自然、热衷旅游的风潮下衍生出来的一种轿车派生车，与SUV和MPV相比，它的购买价格和使用成本都比较低，而且具有更灵巧的车身，便于驾驶和停放，因此在经济发达国家(尤其在欧洲国家)的民众生活中扮演着重要的角色。随着国内消费者物质水平的提高，节假日带着家人，开着旅行车一起出门远行，已成为都市车族新时尚。旅行车不仅能够长途跋涉，而且空间足够大，可以携带充足的旅行设备。同时在日常城市生活当中，硕大的行李舱空间也十分实用。目前在市场上比较畅销的旅行车包括迈腾旅行版、昊锐旅行版、沃尔沃V60、奔驰C200旅行款等。

对于汽车焊装的生产任务来说，以上车型类型仅仅是外形、尺寸不同而已，但就车身材料、焊接工艺流程、焊接工艺技术、生产设备以及生产组织形式而言，基本大同小异。

1.2 车身材料

汽车车身所使用的主要材料为金属，约占车身总质量的99.5%，目前市场上的主流车型使用的金属以钢材为主，个别中高级轿车的个别覆盖件采用铝合金材料。车身上除了金属材料外，一般会依照产品设计，对于不易采用焊接方式连接的部位进行黏合剂作业，对于有密封要求的连接处采用密封剂填充，常见的密封剂包括结构胶、半结构胶、密封胶等。

讲到车身材料，就涉及车身安全的话题。人们普遍认为车身使用的钢板越厚，车身的安全系数就越高，但从专业的角度及发展的眼光来看，二者并非存在绝对的必然联系。一个直观的例子是在 20 世纪 80 年代，轿车上普遍采用 2 mm 厚的钢材，但当时的车身碰撞结果显示，安全性能并不高；进入 21 世纪初至今，轿车上普遍采用 0.8～1.5 mm 厚的板材，同时，在各项碰撞检测中表现越来越好。究其原因，汽车碰撞安全性与车身结构设计关系十分密切，优秀的结构设计往往能够确保车身碰撞过程中对乘员的保护效果；同时随着材料技术的进步，金属材料的延展性、抗拉性得到进一步提高，关键部件的刚性也得到进一步提高，图 1-1 中一系列新技术的应用使得车身上钢材得以减薄且安全性提高。

图 1-1

1.2.1　镀层钢板

在现代汽车生产中，车身上使用的最多的还是普通低碳钢(见图 1-2)，低碳钢板具有很好的塑性加工性能，强度和刚度也能满足汽车车身的要求，同时能满足车身拼焊的要求，因此在汽车车身上应用很广。

图 1-2

目前镀锌钢材已在汽车行业被普遍采用，同时，各企业需要在产品与利润之间找到一个合适的平衡点，造成的现状是高端车型上均采用双面镀锌钢板；对于中级家用经济型轿车，不同的厂家有不同的选择，有些车型上普遍采用双面镀锌钢材，有些车型上部分零件(主要是门盖等覆盖件)采用双面镀锌或外表面单面镀锌钢材；入门级轿车普遍采用冷轧钢材，极少一部分零件上采用单面镀锌钢材。镀锌钢材主要使用电镀锌和热镀锌两种镀锌工艺。

电镀锌，就是利用电解，在板材件表面形成均匀、致密、结合良好的金属或合金沉积层的过程。一般电镀锌工艺处理后板材表面的镀锌层厚度为5～15 μm，镀锌层内锌含量约为95%，因为电镀锌工艺过程中板材温度处于常温状态，所以也称为冷镀锌。电镀锌的优势是镀层薄，镀锌量少，成本低。

热镀锌(Galvanizing)也称为热浸锌或热浸镀锌，是一种有效的金属防腐方式，主要用于各行业的金属结构设施上。热镀锌是将除锈后的钢材浸入500 ℃左右熔化的锌液中，使钢材表面附着锌层，从而起到防腐的目的。热镀锌工艺流程：成品酸洗→水洗→加助镀液→烘干→挂镀→冷却→药化→清洗→打磨→热镀锌完工。热镀锌是由较古老的热镀方法发展而来的，自从1836年法国把热镀锌应用于工业以来，已经有170多年的历史了。从20世纪70年代末起，伴随着冷轧带钢的飞速发展，热镀锌工业得以大规模发展。热镀锌层一般在35 μm以上，甚至高达200 μm。热镀锌覆盖能力好，镀层致密，无有机物夹杂，镀层内锌含量大于99%。

1.2.2 轻金属材料

轻金属材料是指用铝和镁及其合金制成的材料。密度小于3.5 g/cm^{3}的金属称为轻金属，如铝、镁、铍、锂等。国外把密度为4.5 g/cm^{3}的钛也称为轻金属。中国工业界通常只把铝和镁当作轻金属，而把铍、锂、钛等当作稀有金属。

汽车自身质量减小，能耗就会下降，废气排放减少，有利于改善人类生存环境。与30年前相比，国外汽车自身质量减小20%～29%。未来汽车不管选用何种动力驱动，都必须轻量化，尤以轿车最为突出，轻量化、节能降耗和降低排放污染是发展轿车的3项战略性课题，其轻量化是关键。当今制造汽车用金属材料中，钢铁仍居主导地位。各种类型汽车功能不同，选用的制造材料也各有差异，轿车比载货车轻量化的需求更迫切。20世纪80年代，轿车上钢铁材料的比例为70%，90年代下降到60%，2000年为50%左右，当今已达到45%左右，主要原因是使用了较多的轻质材料。

汽车轻量化发展过程的实践证明，采用轻质材料制造汽车是降低汽车质量最有效的途径和手段。轻金属(铝、镁、钛)材料代替钢铁，能有效地减小汽车质量。铝合金代替传统钢铁，可使整车质量减小30%～40%，有极好的经济效益和社会效益。据统计，2005年欧洲轿车平均每车用铝将达到119 kg，而美国制造的汽车平均每车用铝将超过130 kg，到2008年世界中级轿车平均每车用铝达到130 kg。

在汽车排放法规日趋严格、节能降耗更为迫切的新形势下，世界汽车业又把目光投向更轻的材料。镁是目前工业上应用最轻的金属，它可在铝合金减重基础上再减轻15%～20%。继铝合金和塑料在汽车上应用以来，镁合金已成为汽车轻金属材料的应用重点，汽车用镁正以年增20%的速度迅速发展。钛合金很受人们关注，它将是在铝和镁合金材料无法满足性能要求的恶劣工况下，取代钢铁的轻量化代用材料。

目前，轻金属在汽车上已呈现出关键零件是应用对象、铸造合金是用材主体、提高性能是选材依据、减轻质量节能是追求目标的用材特点。先进材料推动着汽车轻量化进程，轻质材料是汽车选材方向。

1.2.3　高分子材料、复合材料、异种材料和特种材料

汽车轻量化要求在车身设计过程中，在满足安全要求的前提下尽量多的采用低密度的材料，以塑料件为代表的高分子材料主要应用于车身内外饰件上，但在车身总成上也有体现。例如，车身设计过程中越来越多地采用高强度地黏合剂进行连接，这就可以避免因为零件设计不满足点焊要求而带来的更复杂的形面设计，从而减少钢材的使用量。

高强度钢板在车身上的使用可以大大降低车身的质量，高强度钢板的抗拉强度可以达到 1 400 MPa，是普通钢材的 3～5 倍，使用此种材料后，可以在保证强度的前提下降低板材的厚度，减少内加强件的数量，进而为车身减重。

随着材料技术的不断进步，高分子材料、复合材料、异种材料和特种材料会在车身上得到更为广泛的应用，这是汽车轻量化的趋势与方向。

汽车白车身介绍

1.3　车身总成

车身总成又称白车身总成，是指焊装生产任务完结后的最终交付产品，是由车身各分总成通过既定工艺连接而成的。简单来讲，车身总成是车身下部总成(地板总成)与左右侧围总成、顶盖等通过点焊、激光焊以及结构胶连接后，并将左前门、左后门、右前门、右后门、发动机盖、行李舱盖，以及左右前翼子板总成通过螺栓紧固连接安装完成之后的产品。

通过图 1-3 所示的流程图，可以很明了地看出车身总成与各分总成之间的关系。

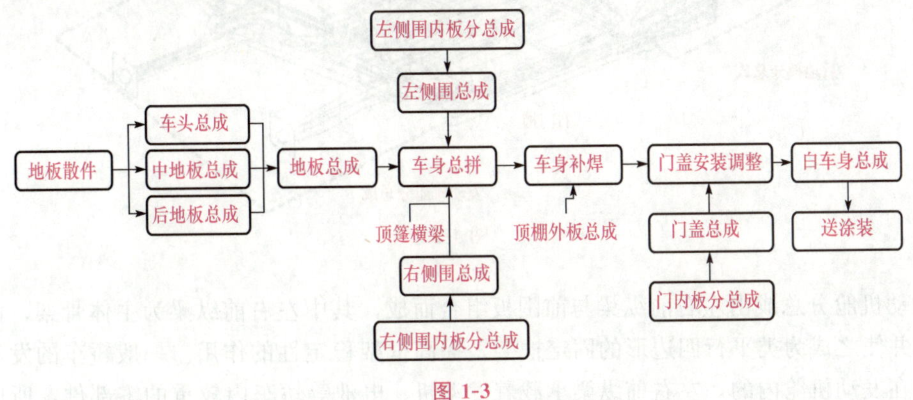

图 1-3

通过图 1-4，可以直观地了解车身结构的基本组成。

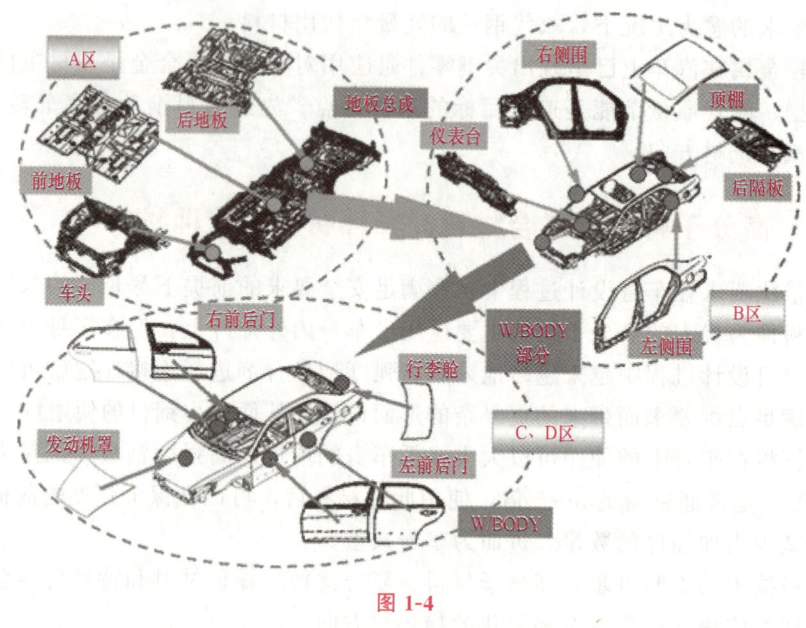

图 1-4

1.3.1 车身下部总成结构

车身下部总成又称地板总成(见图 1-5)，地板总成在整个车身结构安全性、承载能力中起到关键作用。地板总成包括由左右前纵梁组成的发动机舱分总成、左右后纵梁组成的后地板分总成、乘员舱的承载主体前地板分总成以及车身横向力均匀分配的关键部件左右门槛板。

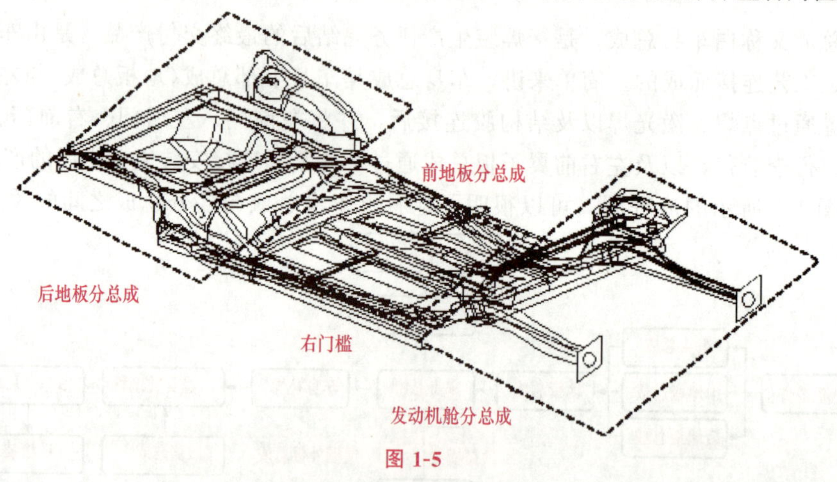

图 1-5

发动机舱分总成由左右前纵梁与前围板组合而成，其中左右前纵梁为主体骨架，前围板起连接并使之成为类平行四边形的固定框架，提高框架稳定性的作用。一般轿车的发动机均是安装在发动机舱内的，左右前纵梁承载着发动机、电池等轿车内较重的零部件，所以对左右前纵梁自身的强度要求极高，对发动机舱的框架稳定性要求也极高。在汽车出现碰撞的过程中，左右前纵梁又是纵向力的主要承受对象，通过实验测定，约 70%的纵向力会由左右前纵梁来承担，所以在车身结构设计过程中对左右前纵梁的结构要求十分苛刻，既要具有足够的强度来承载车身及重要零部件的质量，又要具备足够的吸能效果，确保在车身受到正向撞击时，纵梁前端能够出现吸能变形，后端结构稳定以确保乘员舱尽量小变形，进而保护车内乘员。图1-6(a)为发动机舱吸能设计及乘员保护要求，图1-6(b)为碰撞试验实例。

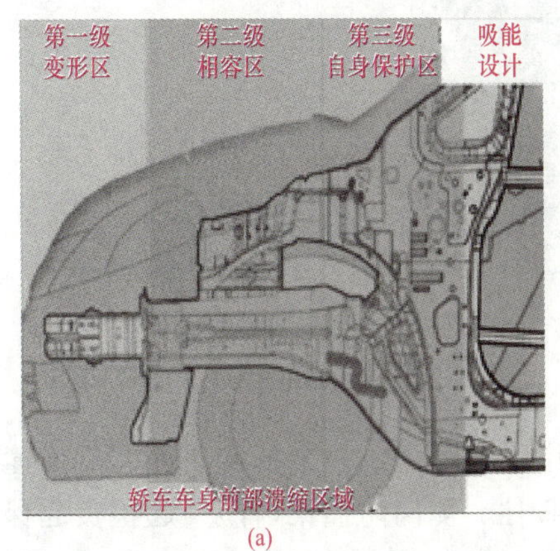

(a)

(b)

图 1-6

后地板分总成由左右后纵梁与后地板面板组合而成，其中左右后纵梁为主体骨架，后地板面板起连接并使之成为类平行四边形的固定框架，提高框架稳定性的作用。后纵梁的主要作用为车身后部的质量承载，后副车架的安装支撑。同时，后纵梁上的主定位孔与发动机舱的主定位孔成为车身的主定位孔，车身上其他零件的空间坐标均以车身主定位孔为基准。同时在多数轿车中，后地板面板均会有一个凹面，它是车轮备胎的储存点(见图1-7)。

图 1-7

前地板分总成由前地板面板与车身座椅横梁连接而成(见图1-8)，单独的前地板分总成并不具备很强的刚性，但在地板总成上，它连接了发动机舱分总成与后地板分总成，并由左右门槛板起到加强作用后，前地板就具有了很强的承载能力。前地板分总成在车身重的位置非常容易找到，就是在驾驶人及乘员的脚下。座椅横梁也称地板横梁，其主要的作用有两个：一是承载座椅以及乘员质量；另一个则是将侧面碰撞力转移到车身未受到撞击的一面，达到分散撞击力的作用。其材料和结构则和纵梁基本一致，采用C型或D型腹腔设计，以提高其结构强度。前地板面板则是一块或两块大面积的钢板，一般厚度在0.8 mm左右。其一般焊接在底板纵梁的上面、座椅横梁的下面，两侧则和门槛焊接。前地板一般在中间会有凸起结构，一方面是作为消音器以及部分后驱车型传动轴的安装空间，另一方面也起到加强底板的作用。

图 1-8

门槛则位于地板总成的两侧、车门的正下方。其作用有两个：一个抵御正面和后面撞击力；另一个则是承担侧面撞击吸能的重任，和车身 B 柱、侧门防撞梁(杆)一起担负起保证侧面安全的重任。门槛的截面和地板纵梁类似，一般由两个高强度钢板冲压成的 C 型钣金件和加强板焊接而成。不同的车型可以有不同类型的门槛板(见图 1-9)。

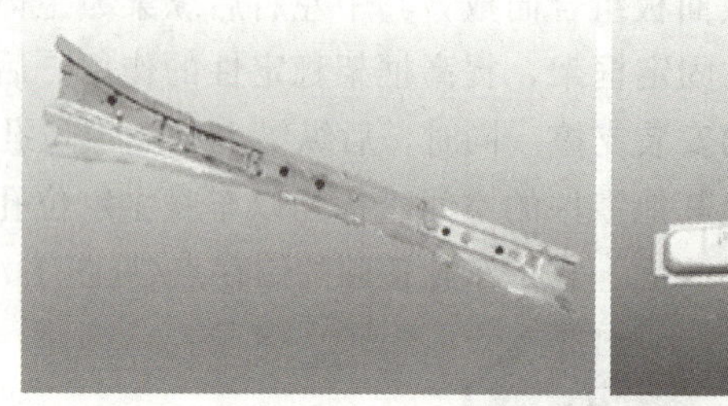

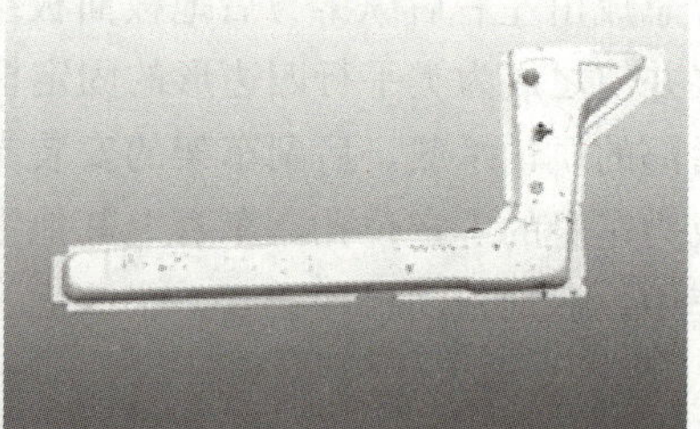

图 1-9

1.3.2 车身骨架结构总成与安全

车身骨架总成由车身地板总成与左右侧围总成通过顶棚总成连接而成，此四大总成连接后形成腹腔型，腹腔的四周各具有高强度的结构件相连形成结构框架，从外形上看，此时一个汽车的外观轮廓已基本形成，但实质上目前仅仅完成车身以确保乘员安全为目的的结构性(见图 1-10)。

图 1-10

侧围分总成由侧围外板、侧围内板及其他结构件连接而成(见图1-11)，它是四门安装的支撑基础。由于侧围需要留有乘员出入车身的门洞，并要确保在既定的车身尺寸内预留尽量大的乘员空间，导致侧围的设计结构以细、长、薄为主，这也为侧围的设计、制造工艺提高了难度。一般侧围外板采用0.6～0.8 mm厚的镀锌钢板进行加工，侧围内板采用1～2 mm厚的钢板进行加强，同时在对乘员保护要求较高的驾驶人及副驾驶人位置使用高强度钢板。

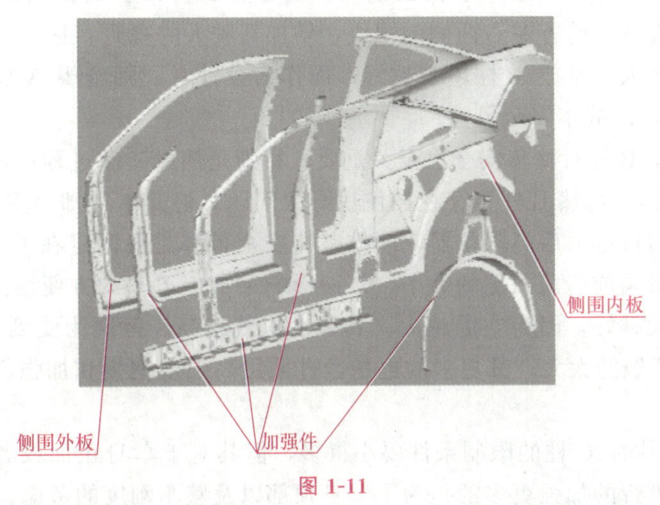

图1-11

一般汽车车身侧围总成中单侧有3个立柱(见图1-12)，从前往后依次为前柱(A柱)、中柱(B柱)和后柱(C柱)，SUV和MPV等部分车型还有另外一根立柱D柱。这些立柱除了有支撑车身顶棚、保证车身车顶强度的共同作用外，立柱的刚度又很大程度上决定了车身的整体刚度，因此在整个车身结构中，立柱是关键件，它要有很高的刚度。除此之外，在设计上它们也有一个共同点，那就是在保证其他条件的情况下，其截面越大越好。

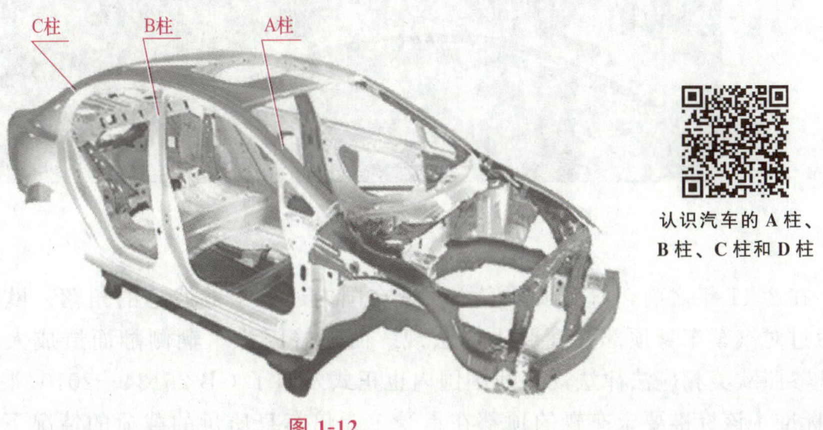

图1-12

前风窗玻璃和前车门之间的斜立柱称为A柱(又称前柱)，前车门和后车门之间的立柱称为B柱(又称中柱)，后车门和后风窗玻璃之间的斜立柱称为C柱(又称后柱)。小轿车的A柱、B柱和C柱有不同的功能，但各自又伴随功能有必然的矛盾，如A柱有视野与刚度之间的矛盾，B 柱有刚度与便利性之间的矛盾等。

A 柱对于汽车安全起着极为关键的作用，特别是在发生正面碰撞时，强度足够高的 A 柱能够有效地避免变形，从而能够保证乘员在发生事故后顺利打开车门逃生。而现实中，因为 A 柱变形导致车门打不开，乘员被困死在车内的例子比比皆是。另外，拥有较高抗剪强度的 A 柱在轿车追尾大货车时能有效地避免 A 柱被货车尾部切断，从而最大限度保护乘员安全。为此，为保证 A 柱有良好的刚度，就必然要求 A 柱的截面越大越好。但 A 柱太粗大就会遮挡驾驶人前方左右两侧的视线，增加驾驶人的视野盲区，所以这就产生了一个矛盾：作为驾驶人，希望 A 柱越窄越好；而作为设计者，则希望 A 柱越粗越好，以保证 A 柱的高刚度，以减小安全风险。

和 A 柱类似，B 柱对整车安全也至关重要，特别是侧面碰撞过程中，B 柱的作用更为重要。和 A 柱相比，虽然 B 柱不存在挡住视野的问题，但其本身却是多个零部件的载体，如前门锁扣、后门铰链、后门限位器、前排座椅安全带都是要固定在 B 柱之上。另外，B 柱的大小还直接影响前后门门洞的大小，从而影响乘员上下车的方便性。和 A 柱一样，B 柱的截面也是越大越好，因为空腔越大，其强度也就越高。但因为受到上述的限制因素，B 柱的截面也不能做的太大，其更多的也是通过采用高强度钢板和加强板的方式来提高其自身强度。

和 A、B 柱不同，C 柱的限制条件要小得多，但其对于车身正面或者侧面碰撞的影响也弱得多，对其进行的加强更多的是为了车身顶部以及整车刚度的考虑。

顶棚总成，也称车顶总成，是车身的最高点(见图 1-13)。其一般由顶棚外板、2～5 根顶棚横梁组成，前中后车顶横梁将左右侧围 A、B、C 柱连接在一起。顶棚的强度影响着两方面的安全强度：一个是顶棚本身强度，另一个是对于侧面撞击也能通过其顶棚横梁进行分散。

图 1-13

在 2011 年之前，汽车顶部安全领域在国内还处于被遗忘的角落。欧美多数国家曾经出台过对汽车车身顶部强度要求的法规。而随着因为车辆侧翻而造成人员伤亡事故的增多，参照欧美相应法律法规，我国国内也正式发布了 GB 26134—2010《乘用车顶部抗压强度》标准。该标准要求车辆的顶部在承受 1.5 倍车身质量的载荷的情况下，车身顶部变形量不得超过 127 mm。

但由于车身顶部所处的特殊位置，因此加强空间很有限。而在车顶总成中，顶棚是外覆盖件，料厚一般在 0.6～0.8 mm，基本不能提供多大的强度。其车顶强度主要由车顶横梁来承担。而由于其布置空间有限，一般都是采用高强度的钢板冲压成具有加强作用的 C

型结构。车顶横梁一般由前横梁、若干中横梁和后横梁组成。其中，前横梁连接左右A柱，前部和前风窗玻璃相连；后横梁连接左右C柱或D柱，其中，三厢车的后横梁要和后风窗玻璃相连，而两厢车的后横梁则是后尾门铰链的安装支撑件。一般而言，现代汽车一般都会有1～3根中横梁，其中一根用于连接左右B柱，以便和左右B柱、底板横梁一起形成一个完整的加强圈，更好地抵御侧面撞击。带天窗的车型，虽然因为天窗的原因会导致车顶强度偏弱，但天窗周围有一圈加强板，弥补了其强度不足的缺陷。说到这里，就有必要说到现在很流行的全景天窗。现在一些车型将全景天窗作为一个很有优势的个性配置来宣传，而采用全景天窗的车型顶部只有前后两个横梁，是否意味着其车顶强度不够？这其实也未必。因为采用全景天窗的车型虽然取消了中部横梁，但在前后横梁则要做的更为强大。所以不能草率地判定其采用全景天窗的车型车顶强度就低。

1.3.3 车身总成结构

车身总成是指已完成焊接且未进行喷涂的车身总成(见图1-14)，它是车身骨架总成与各覆盖件总成通过螺栓连接后的最终交付产品。车身的作用就是在吸收汽车动能的同时减缓车内乘员的移动程度，保证乘员有足够的生存空间。从这点就可以看出，一个优秀的车身应该具有两大特点：一是具有足够大的吸能空间，以便将碰撞的能量吸收掉，这要求车身某些部件要足够软；另一个则是有足够大的坚固、不可变形的空间，以便保护好乘员安全，这则要求车身某些地方要足够硬。

图1-14

在车身总成中，前纵梁的三区设计已经确保了车身吸能对乘员的保护功能，但汽车在行驶的过程中还需要注意对路面行人的保护功能，这就要求车身总成中最易与行人发生碰撞的发动机罩的设计需要有行人保护功能。发动机罩一般由发动机罩外板、内板、铰链加强板和发罩锁加强板组成。其中，外板是表面覆盖件，主要起到美观的作用；而铰链加强板和锁加强板只是作为局部加强件；内板则是最为关键的发罩件。内板一般是0.8 mm的钢板，在设计时会在内部沿着车身宽度方向开一道溃缩槽，以便在汽车发生正面碰撞时发动机盖能沿此槽向上折弯变形，在吸收部分能量的同时还可以防止发动机盖受力后向后切入乘员舱伤害乘员。

车门总成一般分为内板和外板两部分(见图1-15)，外板采用0.6～0.8 mm厚的镀锌板材，内板一般采用1～1.5 mm厚的高强度或超高强度钢材，起到骨架加强作用。车门的好坏，主要体现在车门的防撞性能、车门的密封性能和车门的开合便利性，当然还有其他使用功能的指标。防撞性能尤为重要，因为车辆发生侧碰时，缓冲距离很短，很容易就伤到车内人员。因此，好的车门内至少会有2根防撞杠，而防撞杠的质量是较重的，也就是说，好的车门确实偏重些，但并不能说车门越重就越好。现在的新型汽车，如果在保证安全性能等的前提下，设计师都会想方设法减小车辆包括车门的质量(如用新型的材料)来减少功耗。

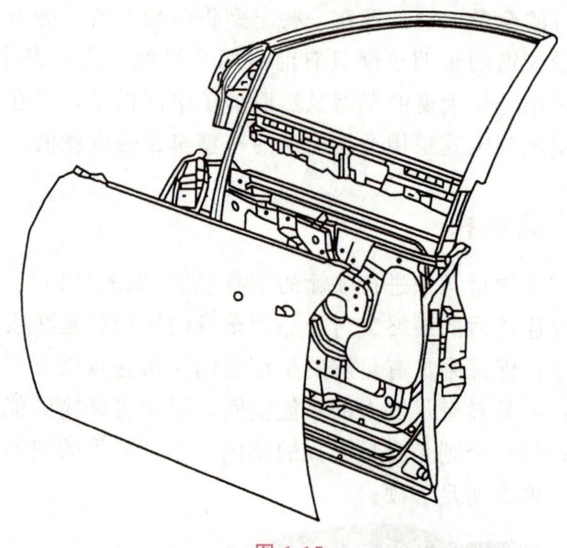

图 1-15

各覆盖件与车身骨架总成的连接方式为螺栓连接，这与大家直观上认为汽车焊装基本上都是以焊接工艺连接的第一印象会产生差异。螺栓连接的扭力值一般在20～50 N·m，但在汽车焊装内进行紧固的螺栓一般都会成为车身内扭力连接的安全级别要求较高的紧固点。

本章小结

1. 车身分为承载式车身与非承载式车身两种，车身结构可分为三厢车身、两厢车身、掀背车身、旅行车身、敞篷车身、跑车等。

2. 汽车车身所使用的主要材料为金属，随着汽车轻量化的发展趋势，高分子材料、复合材料、异种材料和特种材料会在车身上得到更为广泛的应用。

3. 车身总成又称为白车身总成，它是由车身下部总成(地板总成)与左右侧围总成、顶盖等通过点焊、激光焊以及结构胶连接后，并将左前门、左后门、右前门、右后门、发动机盖、行李舱盖，以及左右前翼子板总成通过螺栓紧固连接安装完成之后的产品。

4. 一般汽车车身侧围总成中单侧有3个立柱，从前往后依次为前柱(A柱)、中柱(B柱)和后柱(C柱)，SUV和MPV等部分车型还有另外一根立柱D柱。这些立柱除了有支撑车身顶棚、保证车身车顶强度的共同作用外，其刚度又很大程度上决定了车身的整体刚度。

思考与练习

一、想一想

1. 周围亲戚朋友的汽车归属于哪一类？未来你想拥有哪一类汽车？
2. 你印象中车身材料包括哪些？
3. 成卷的板材是怎么变成车身的？
4. 交通事故中，车身前端撞得一团糟，但驾驶人安然无恙，你能解释其中原因吗？
5. 什么是视野盲区？如何规避视野盲区所带来的风险？

二、做一做

1. 什么是非承载式车身？什么是承载式车身？
2. 轿车按车身结构分为哪几类？并解释三厢车、两厢车。
3. 什么是车身总成？通常由哪几部分组成？
4. 一般汽车车身侧围总成中存在 3 个立柱，分别称为什么？并指出其定义。
5. 车身有哪些特点？

高铁焊接大师
——李万君

第 2 章

车身焊装生产工艺流程

学习目标

- 了解车身总成焊装生产工艺流程。
- 学会车身侧围焊装工艺分析。
- 知道地板分总成焊装工艺流程。
- 掌握主线生产工艺流程、各分总成的名称与构成。

2.1 主线生产工艺流程

汽车焊装主线是把侧围分总成线、地板分总成线、由小件焊接而成的车体钣金组合件及顶盖（顶棚）通过传输装置、夹具、合装台等设备定位后，焊接合装完成车身组焊的总成线，是车身焊装生产线的核心部分(见图 2-1)。

- 车身总成
  - 地板分总成（下车体总成）
    - 前端分总成
      - 前底板分总成
      - 前内挡泥板总成
      - 前轮胎挡泥板总成
      - 前围板总成
      - 散热器罩总成
    - 中底板分总成
    - 后底板分总成
  - 侧围分总成
    - 门框总成
    - 后轮胎挡泥板总成
    - 后翼子板总成
    - 顶盖侧流水槽
    - 门锁加强板
  - 前风挡下盖板总成
  - 后围上盖板总成
  - 后围下盖板总成
  - 仪表板总成
  - 顶盖总成

图 2-1

车身壳体是由薄钢板组焊而成的复杂结构件，一辆车身由数百个钣金冲压件经点焊、气体保护焊、钎焊及粘接等工艺组装而成。汽车车身钣金件的装焊是按一定的先后顺序进行的，具有明显的程序性。车身生产工艺流程为：车身部件由升降传输辊床运输到工位内部，到位之后，由车身焊接定位夹具将车身侧围、顶盖横梁和车体主结构定位夹紧，然后机器人用点焊焊枪对车身进行定位焊接。焊接结束之后，夹具打开，车身再由升降辊床运输到下一个工位。

车身工段的焊接多采用自动线，其生产工艺流程如图 2-2 所示。

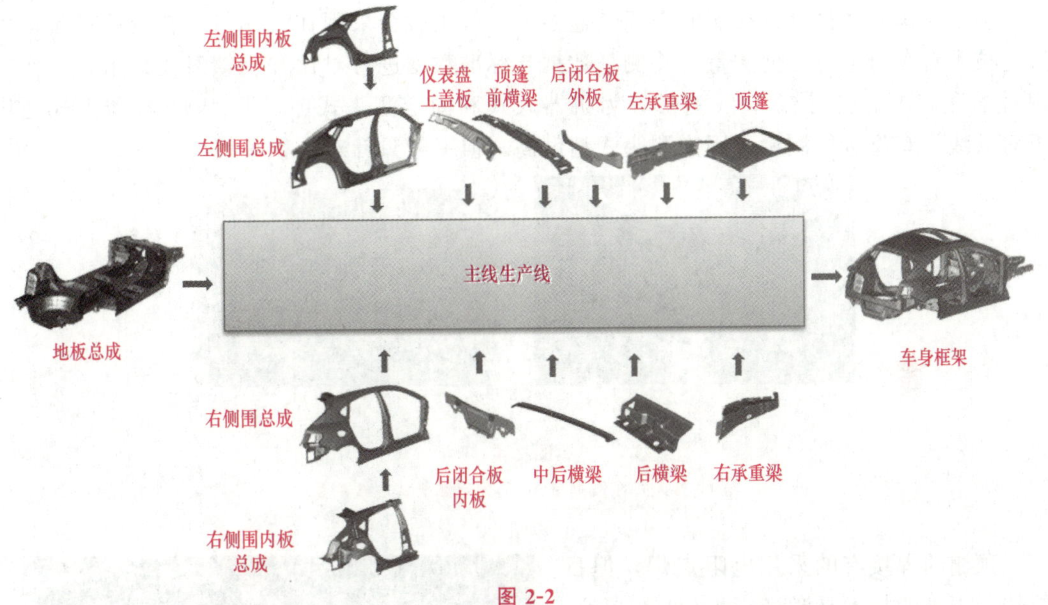

图 2-2

车身工段一般包括左右侧围分总成线、前后围分总成线及主线。汽车焊装主线是把侧围总成线、底板分总成线等焊接而成的车体钣金合件及顶棚通过传输装置、夹具合装台等设备定位后，焊装完成白车身组焊的总成线。主线接收来自地板工段的地板分总成，与侧围分总成、前后围分总成、仪表盘上盖板、后闭合板外板通过机器人进行预装。预装流程如图 2-3 所示。

图 2-3

(a)预装前；(b)预装中；(c)预装后

预装利用搭扣将左右侧围挂载在地板上，再通过滚床运送到人工上件工位，进行顶棚横梁的装配，最后将预装完成的车身骨架运送到主线最关键的一个工位——车身总拼工位。总拼工位用夹具将各部分总成零件进行精准夹紧定位，焊枪机器人通过两次焊接(第一次为定位焊，第二次为补焊)形成一个车身骨架。

由于车身工段焊点数量较多，无法在一条生产线完成，因此车身工段一般含有多条主线。主线一完成车身骨架的焊接，主线二对车身骨架进行补焊及后闭合板外板和承重梁定位焊和补焊；主线三完成顶棚在车身上的焊接。其中侧围与地板搭接的部分区域以及承重梁的焊接的部分区域等因焊枪无法达到，一般采用 CO_2 气体保护焊，CO_2 气体保护焊是利用焊丝与工件之间产生电弧的热量熔化焊丝与工件，形成焊缝，通过 CO_2 气体作为保护，把电弧和熔池与空气隔离开来的一种焊接方法，简称二保焊。二保焊在汽车车身制造过程中主要运用在两个方面：①不能进行点焊的位置；②对焊接强度要求比点焊强度高的位置。

为了对车身的精度进行实时全面的监控，一般主线会采用在线测量。在线测量是运用激光技术对车身进行几何测量，将测量数据与标准数据进行对比并反馈对比结果，从而实现对车身 100％的监控。在线测量分为机器人式和固定测头式（见图 2-4）。机器人式适用于对共线多车型进行测量，固定测头式精度高，但一般只针对一款车型。

(a)

(b)

图 2-4

(a)机器人式在线测量；(b)固定测头式在线测量

顶棚的焊接有的采用电阻点焊，但目前较为先进的技术是激光钎焊（见图 2-5）。钎焊是利用熔点比被焊金属低的钎料熔化后依靠毛细管作用填满接头间隙，并与线材之间相互扩散实现连接的一种焊接方法。钎焊与熔焊的主要不同之处在于：钎焊时只有钎料熔化，被焊金属不熔化（熔焊时被焊金属熔化），液态钎料依靠润湿作用和毛细管作用进入两焊件之间的间隙内，依靠液态钎料和固态金属的相互扩散而达到原子结合。

图 2-5

为了保证激光钎焊焊缝的美观，主线三会设置一个专门对焊缝进行自动打磨的工位。该工位可以同时对顶棚前后端进行点焊的补焊和激光钎焊的打磨。左右各一台装有打磨片的机器人以设定的轨迹和速度对焊缝进行打磨。打磨完成后车身被送到下一个工位进行自动检测焊缝质量并在主线三车身交付区域通过显示屏显示检测结果，工人通过检测结果来判定是否需要对焊缝进行返修。同时工人也会对车身外观面和激光钎焊焊缝进行目视检查，对于外观面不合格的车身，工人在车身上做好标识，提醒调整线员工进行返修，激光钎焊焊缝不合格的需在该生产线交付区域用人工 TIG 焊进行返修。外观面或者激光钎焊焊缝有严重缺陷，返修时间需求较长时，车身需下线返修。检查合格的车身将被输送到下一生产线。

2.2 车身地板分总成焊装生产工艺流程

2.2.1 地板分总成结构

地板分总成一般由前舱分总成、后地板分总成、前围挡板分总成、前地板分总成、中后地板分总成及一些散件拼焊而成，如图 2-6 和图 2-7 所示。

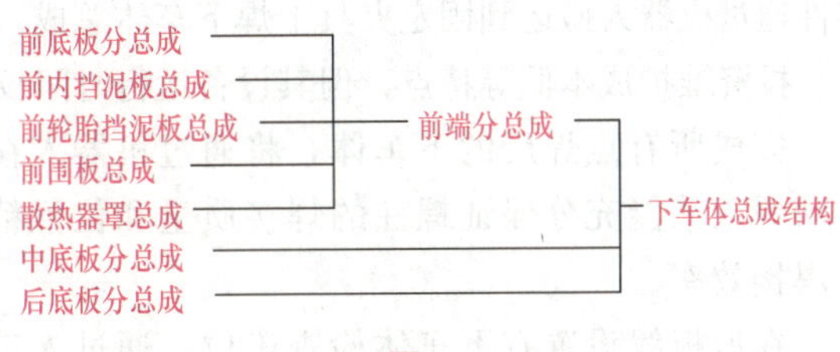

图 2-6

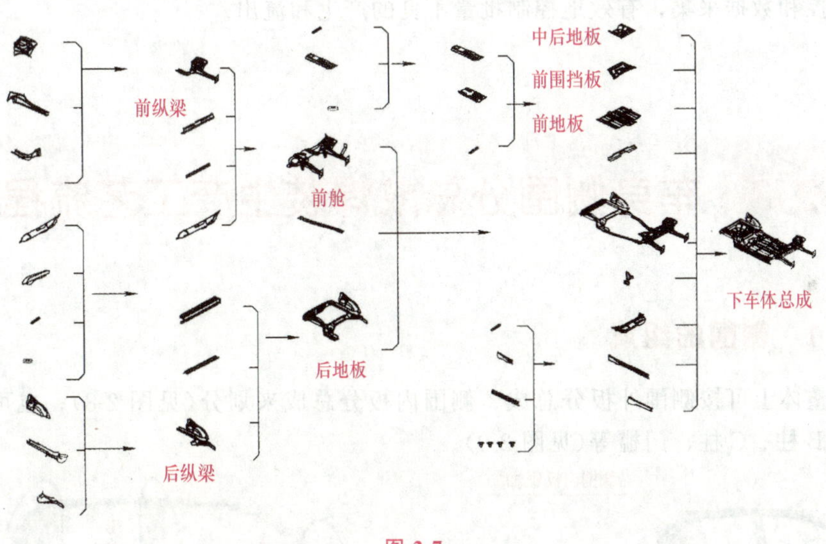

图 2-7

2.2.2 地板分总成焊装工艺

整车厂根据对车身强度、加工精度及外购成本的控制要求决定车身零件的加工深度。为了有效地监控下车体加工精度和强度，广汽菲亚特 343 车型下车体对 7 个安全用分总成零件采用内做模式：左右前纵梁、左右后纵梁、前地板、中后地板、前围挡板。这 7 个分总成零件由 5 条手动线加工而成，分别向 3 条自动线(前舱线、后地板线、地板线)提供零件，并拼焊成下车体总成。

1. 前舱线

左右前纵梁总成及两个连接横梁通过点焊和涂胶工艺连接成前舱总成，通过机器人将前舱总成搬运到空滑橇上，带有前舱总成的滑橇经过空中输送线输送到后地板线线尾。空中输送的模式能有效地利用厂房空间，并满足缓存量，减少因设备故障对其他生产线的影响。

2. 后地板线

左右后纵梁及其他散件通过 13 台机器人完成点焊和涂胶工艺，最后由机器人将后地板总成搬运到带有前舱总成的滑橇上。

3. 地板线

地板线采用的是固定夹具定位、滚床输送、机器人搬运、涂胶焊接的模式，将各个分总成零件通过机器人搬运到固定夹具上焊下车体总成。这种模式具有车型切换时间短、设备控制简单、投资维护成本低等特点，但其设备运行时间较长，节拍内的有效焊接时间会相对减少。

完成所有点焊后的下车体，将通过机器人在下车体总成上完成车身螺柱的焊接。螺柱自动焊工艺能充分保证螺柱的焊接质量和位置精度，并显著降低人力成本和劳动强度，提高焊接效率。

在地板线设置有下车体检查工位，通过人工检查记录，能有效地发现问题，防止不良零件的流出。线尾设置在线测量工位，通过机器人激光测头对下车体关键测量特征 100% 的实时监控和数据采集，有效地控制批量不良的产生和流出。

2.3　车身侧围分总成焊装生产工艺流程

2.3.1　侧围的组成

侧围整体上可按侧围外板分总成、侧围内板分总成来划分(见图 2-8)；也可按部件分为 A 柱、B 柱、C 柱、门槛等(见图 2-9)。

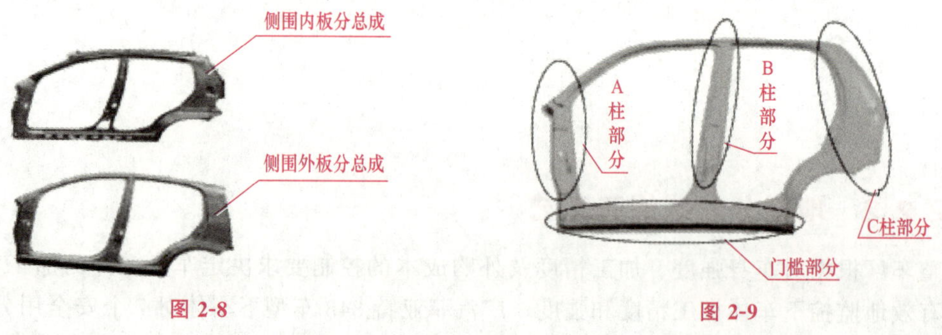

图 2-8　　　　图 2-9

从设计角度来讲，侧围内板的强度远大于侧围外板，在两构件焊接时，由于钣金冲压、焊接等方面的制造偏差，外板就有可能被内板强制拉变形，因此在制定焊装生产工艺时需引起重视。

2.3.2　侧围焊装工艺分析

焊装工艺主要包括 3 个方面：焊接定位、焊接翻边、焊接顺序。侧围部件焊接时通常以孔为定位基准，定位孔通常要求平行于坐标平面；有翻边要求时，焊点距离焊件的边沿通常不小于 12 mm，最好 15 mm 以上，便于翻边；焊接顺序根据设计工艺而定，不同的厂家稍有不同。

1. 焊接结构分析

在钣金件焊装工艺制定时，多使用两层板点焊，减少三层板焊接，杜绝三层以上板件搭接点焊。此外，在同道工序，能够使用同一型号焊钳焊接的焊点，焊接料厚尽可能接近，以便于参数的统一，点焊搭接料厚要求如表 2-1 所示。

表 2-1　点焊搭接料厚要求

搭接形式	材料	单层料厚要求	合计料厚要求
两层板搭接	均为镀锌钢板	较薄板≤1.8 mm	—
	均为低碳钢板	较薄板≤2.0 mm	—
三层板搭接	均为镀锌钢板	较厚板≤2.0 mm	≤3.6 mm
	均为低碳钢板	较厚板≤3.0 mm	≤5.0 mm
三层板以上	不允许		

此外，考虑到三层板点焊过程中焊核偏移对焊接质量的影响，在设计中尽量采用表 2-2中搭接状态 1 的形式。

表 2-2　搭接状态

序号＼项目	搭接状态	说明	料厚要求
1		薄板在中间，厚板在两侧	1. 最薄料厚/最厚料厚≥1/3； 2. 侧围最薄料厚/其余两料厚之和≥1/4
2		厚板在中间，薄板在两侧	
3		薄板、厚板按顺序叠加	

2. 焊点布置分析

焊点的布置受点焊分流和制件结构的限制。当焊件厚度增大时，焊点间允许的最小间距及焊点中心到制件圆弧或边缘的最小间距就会相应增大，否则，会影响总成焊点焊接强度，具体参数如表 2-3 所示。

表 2-3　焊点布置参数

钢板厚度 t/mm		点焊熔核直径 d/mm	最小间距 e/mm
t_1	t_2	$d_L=5\times t_1^{1/2}$	$e=3d_L$
0.5	0.6	3.5	10.5

续表

钢板厚度 t/mm		点焊熔核直径 d/mm	最小间距 e/mm
0.6	0.8	3.9	11.7
0.8	1.0	4.5	13.5
1.0	1.2	5.0	15.0
1.2	1.5	5.5	16.5
1.5	1.6	6.1	18.3
1.6	2.0	6.3	18.9
2.0	2.5	7.1	21.3
2.5	3.0	7.9	23.7

3. 焊点搭接边分析

搭接边是焊接凸缘接触表面的宽度。接触平面之间必须相互平行且搭接在一起。点焊搭接边宽度的设定原则：点焊接头的最小搭接边宽度如图2-10所示，最小搭接边宽度 $b=4\times t_2+8$(当 $t_1<t_2$ 时，按 t_2 计算)，其中 b 为搭接边宽度，t 为母材板厚。

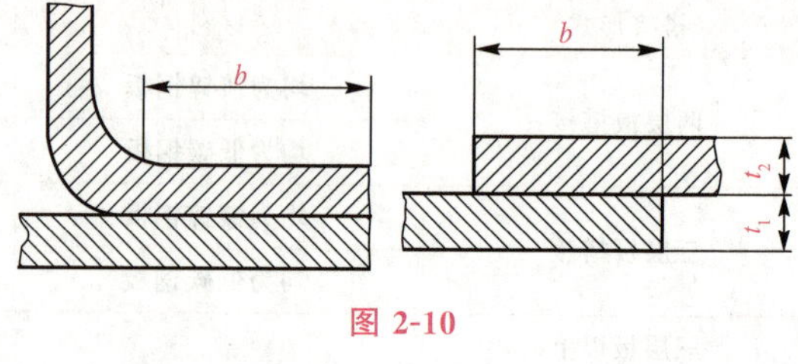

图 2-10

侧围分总成焊装通常采用自动化生产线。在焊接夹具、顶升机构、输送机构等的配合下，由点焊机器人或人工完成焊接工作。

2.4 车身总成焊装生产工艺流程

车身装配线是完成车身总成结构的最后一条线。在国内，生产线一般采用人工操作安装，滚床输送流动的方式。国外一些自动化较高的整车厂也有全自动化装配的生产线设计。车身装配线主要完成的工艺包括四门铰链安装、四门安装、行李舱盖安装、左右翼子板安装、发动机盖安装。

工艺流程简介：

(1)四门铰链及四门安装。后门安装在前，前门安装在后，因为后门的装配间隙段差标准以车身为基准，前门的装配间隙标准需要以后门及车身为基准。

(2)行李舱盖安装。已焊接好的行李舱盖总成采用铰链与车身相连，通常采用人工安装方式。

(3)左右翼子板安装。左右翼子板安装必须在前门安装之后，因为翼子板的装配间隙段差标准以前门及车身为基准。

(4)发动机盖安装。发动机盖的安装必须在左右翼子板之后，因为发动机盖与翼子板

的间隙段差标准以翼子板及车身为基准。

国内某厂的白车身总成焊装生产工艺流程如图 2-11 所示。

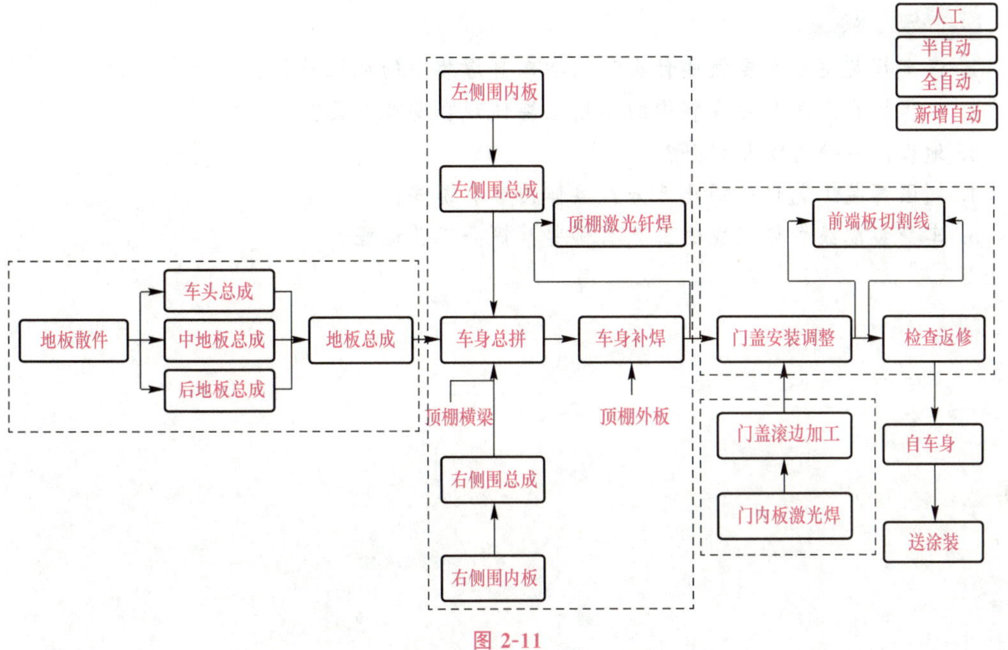

图 2-11

本章小结

1. 汽车焊装主线是车身焊装生产线的核心部分，是把侧围分总成线、地板分总成线、由小件焊接而成的车体钣金组合件及顶盖(顶棚)焊接合装完成车身的生产线。

2. 地板分总成一般由前舱分总成、后地板分总成、前围挡板分总成、前地板分总成、中后地板分总成及一些散件拼焊而成。

3. 车身侧围分总成焊装工艺主要考虑 3 个方面：焊接定位、焊接翻边、焊接顺序，兼顾焊接结构、焊点分布、焊点搭接边等。

4. 车身总成焊装生产线主要完成的工艺包括四门铰链安装、四门安装、行李舱盖安装、左右翼子板安装、发动机盖安装等。

思考与练习

一、想一想

1. 部分汽车的上门踏板在车身中属于哪一部分？汽车天窗又属于哪一部分？

2. 你觉得车身是如何制造而成的？

3. 汽车车身上是焊点多好还是焊点少好？

4. 为什么有些车有 C 柱，而有些车没有？

5. 车身四门两盖安装顺序是否可以混乱？如果混乱会产生什么后果？

二、做一做

1. 汽车焊装主线主要做些什么？它在车身焊装中的地位是什么？
2. 二保焊在汽车车身焊装中的运用主要体现在哪些方面？
3. 地板总成分为哪几部分？
4. 侧围焊装工艺包括哪几部分？具体内容有哪些？
5. 车身装配线主要完成的工艺有哪些？简介工艺流程。

“独臂焊侠”卢仁峰
为坦克缝制“保护伞”

第3章 车身电阻点焊工艺

学习目标

- 了解电阻点焊在汽车车身中的应用。
- 了解电阻点焊电极的材料。
- 知道电阻点焊在针对不同材料时工艺参数的选择。
- 理解电阻点焊的基本原理及其优缺点。
- 掌握电阻点焊的工艺参数及点焊焊钳的类型、特点等。
- 掌握电阻点焊的质量控制。

电阻点焊的
操作步骤

3.1 电阻点焊的基本原理

3.1.1 概述

一、定义

电阻点焊是电阻焊的一种，电阻点焊是对两层或两层以上的金属板材装配成搭接接头，加压并保持一定时间，同时通过利用电流流经工件接触表面及邻近区域产生的电阻产生的热量熔化母材金属，形成焊点的电阻焊接方法，如图3-1所示。

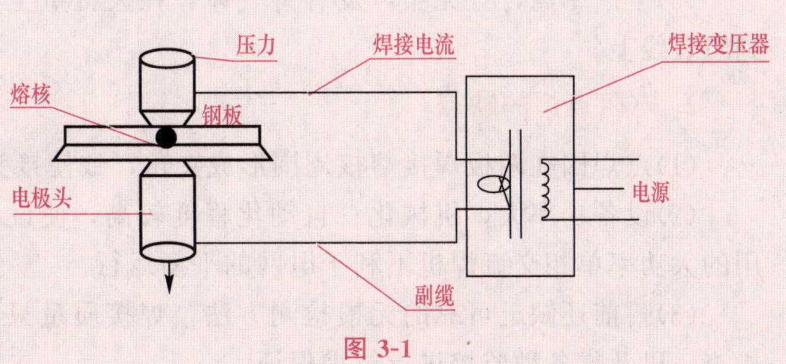

图3-1

电阻点焊是一种高速、经济的连接方法。它适用于制造接头不要求气密，厚度小于 3 mm，冲压、轧制的薄板搭接构件，广泛用于汽车生产、摩托车制造、航空航天工业、军事等领域。由于其焊接广泛的应用，因此对其质量要求更加严格。随着电子技术的发展和大功率晶闸管、整流器的开发，给电阻点焊技术的提高提供了条件。国内已生产了性能优良的次级整流焊机。由集成电路和微型计算机构成的控制箱已用于新焊机的配套和老焊机的改造，使得电阻点焊的自动化更加成熟。而在汽车生产中，车身上目前大约有 90%的焊接都是点焊，每辆车都有 4 000 个左右焊点，因此点焊技术对车辆的生产起着十分重要的作用。

二、分类

按供电方式不同，电阻点焊分为单面点焊（只从工件一侧供电）和双面点焊（从工件两侧供电），如图 3-2 所示；按一次形成焊点的数量，电阻点焊分为单点焊和多点焊（使用两对以上的电极，在同一工序上完成多个焊点的焊接）；按照电流脉冲的不同，电阻点焊分为单脉冲焊（每一个焊点需要一次连续通电完成焊接）和多脉冲焊（多次通电完成焊接）。

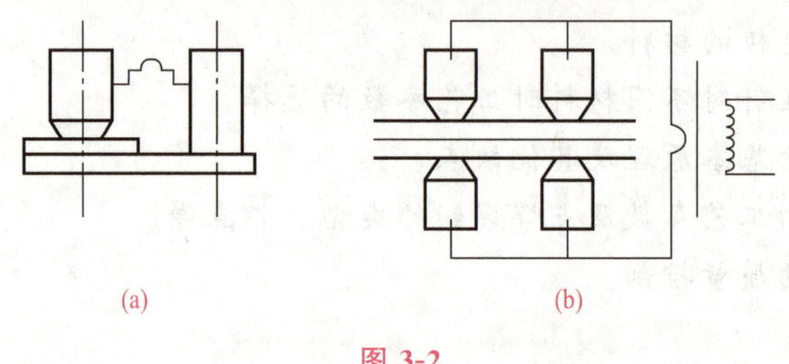

图 3-2

(a)单面点焊；(b)双面点焊

三、电阻点焊的优缺点

1. 电阻点焊的优点

(1)熔核形成时，始终被塑性环包围，熔化金属与空气隔绝，冶金过程简单。

(2)加热时间短，热量集中，故热影响区小，变形与应力也小，通常在焊后不必安排校正和热处理工序。

(3)不需要焊丝、焊条等填充金属等其他焊接材料，焊接成本低。

(4)操作简单，易于实现机械化和自动化，改善了劳动条件。

(5)生产率高，且无噪声及有害气体，在大批量生产中，可以和其他制造工序一起编到组装线上。

2. 电阻点焊的缺点

(1)点焊因在两板焊接熔核周围形成夹角，致使接头的抗拉强度和疲劳强度均较低。

(2)设备功率大，机械化、自动化程度较高，使设备成本较高，维修较困难，并且常用的大功率单相交流焊机不利于电网的平衡运行。

(3)目前还缺乏可靠的无损检测方法，焊接质量只能靠工艺试样和工件破坏性试验来检查，以及靠各种监控进行技术保证。

3.1.2　电阻点焊的基本原理

一、基本原理

电阻点焊就是一个焊接循环，它是指工作中产生某一个焊点的全部过程，其包括预压阶段、焊接时间、断电锻压和休止时间 4 个部分。预压阶段——将待焊的两个焊件搭接起来，置于上、下铜电极之间，然后施加一定的焊接压力，将两个焊件压紧；焊接时间——焊接电流通过工件，由电阻热将两工件接触表面加热到熔化温度，并逐渐向四周扩大形成熔核；断电锻压——当熔核尺寸达到所要求的大小时，切断焊接电流，焊接压力继续保持，熔核在焊接压力作用下冷却结晶形成焊点；休止时间——焊点形成后，电极提起，去掉压力，到下一个待焊点压紧工件的时间。休止时间只适用于焊接循环重复进行的场合。

二、焊接热的产生及影响因素

1. 焊接热的产生

点焊时产生的热量由下式决定：

$$Q=I^2RT$$

式中　Q——产生的热量(J)；

I——焊接电流(A)；

R——电极间电阻(Ω)；

T——通电时间(s)。

2. 电阻的组成

电阻 R 由两焊件本身电阻、它们之间的接触电阻、电极与焊件之间的接触电阻组成，如图 3-3 所示。

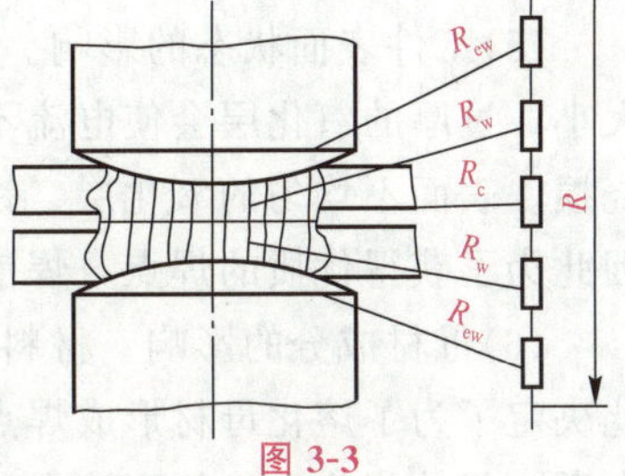

图 3-3

$$R=2R_w+R_c+2R_{ew}$$

式中　R_w——焊件本身电阻(Ω)；

R_c——焊件间的接触电阻(Ω)；

R_{ew}——焊件与电极间的接触电阻(Ω)。

(1)接触电阻(R_c+2R_{ew})是一种附加电阻，通常是指在点焊焊接压力下所测定的接触面(焊件-焊件接触面、焊件-电极接触面)处的电阻值。焊件间接触电阻存在原因如下：

1)焊件表面氧化膜或污物层使电流受到较大阻碍，过厚的氧化膜或污物层会导致电流不能导通。

2)焊件表面凹凸不平，使焊件在粗糙表面形成接触点。在接触点形成电流线的集中，因此增加了接触处的电阻 R_c。

(2)焊件本身电阻。

电流通过焊件而产生的电阻热与焊件本身电阻有关，该电阻按下式计算：

$$R_w=K\rho(\delta_1+\delta_2)/S$$

式中　ρ——焊件电阻系数(ρ 一般随温度升高而增大，故加热时间越长，电阻越大，产热多，对形成焊点的贡献越大)；

δ_1、δ_2——两焊件厚度(mm)；

S——对应于电极接触面积(mm^2)；

K——考虑电流在板中扩散的系数小于 1，K 仅与电极与焊件的几何形状有关。

3. 焊接热影响因素

(1)电流的影响。由公式 $Q=I^2RT$ 可知，电流对产热的影响比电阻和时间的影响都大，在点焊过程中它是一个必须严格控制的参数。其对焊点剪切强度的影响：随着电流的增加，焊点尺寸及强度迅速提高，相当于非熔化焊接。过大的焊接电流会引起飞溅(产生内部孔洞)、焊接裂纹、压痕过深等缺陷，并导致接头强度下降，引起电极过热，加速电极损坏。

(2)焊接时间的影响。焊接时间对焊点强度影响与焊接电流的影响类似。为了保证熔核尺寸和焊点强度，焊接时间与焊接电流在一定范围内可以互为补充。为了获得一定强度的焊点，可以采用大电流和短时间，也可以采用小电流和长时间，选取的原则取决于金属的性能、强度和焊机的功率。

(3)焊接压力影响。焊接压力影响接触电阻，进而影响接头强度。随着焊接压力的增大，接触电阻减小，此时焊接电流虽略有增大，但不能补偿由于接触电阻减小而引起的产热的减小，因此焊点强度总是随着焊接压力的增大而减小。为保证焊点强度不变，在增大焊接压力的同时，应增大焊接电流和延长焊接时间。采用这种焊接条件有利于提高焊点强度的稳定性，焊接压力过小，将引起飞溅，也会使焊点强度降低。

(4)电极的影响。电极的接触面积影响电流密度大小，从而影响焊点尺寸。电极材料要求有好的导电、导热性能，同时应具有一定的强度和硬度以抵抗焊接压力作用下产生的变形和磨损。随着电极端头的变形和磨损，接触面积增大，焊点强度降低。

(5)工件表面状态的影响。工件表面的氧化物、污垢、油和其他杂质影响接触电阻的大小，过厚的氧化层会使电流不能通过。局部的导通会使电流密度过大，产生飞溅或表面烧损。表面不均匀的氧化层、锈皮及杂质会影响接触电阻的变化，引起焊接质量的波动，因此为了获得优质的焊点，焊前必须彻底清理。

(6)母材成分的影响。材料的成分决定了材料的熔点、熔化潜热、传导率等性能，因此决定了为了熔化母材形成焊点所需热量的多少。然而一般情况下，对于大多数金属材料来说，每单位物质加热到熔点所需的热量基本相同，所以电阻率和热传导率成为主要影响因素。例如，铝的热传导率是不锈钢的 10 倍，在电极及焊点周围金属的热量损失要比不锈钢大得多，因此焊接电流要比不锈钢大很多。

3.2 电阻点焊的电极材料

点焊的电极在焊接过程中同时担当向焊件区传输电流、向焊接区传递压力、调节和控制电阻焊加热过程中的热平衡和将工件定位、夹持于适当位置的作用。电极质量将直接影响焊接过程、生产率和焊接质量，所以电极既要有很好的导电性能，又要有一定的强度和耐磨性能。由于焊接的温度很高，因此还要求电极有足够的高温硬度与强度、再结晶温度高、有高的抗氧化能力并与焊件材料形成合金的倾向小。

1. 电极的材料

第一类：导电最好、强度最差，适用于要求电流密度高但高温强度差的焊件，如铝合金。

第二类：具有较高的电导率，硬度高于一类合金。这类合金可通过冷作变形与热处理相结合的方法达到其性能要求。与第一类合金相比，它具有较高的力学性能、适中的电导率，在中等程度的压力下，有较强的抗变形能力，因此是最通用的电极材料，广泛用于点焊低碳钢、低合金钢、不锈钢、电导率低的铜合金，以及镀层钢等，导电适中、强度也适中，适用于大多数件，在汽车行业均采用此类铜合金，有 Cr-Cu 及 Cr-Zr-Cu 等。

第三类：这类合金具有更高的力学性能和耐磨性能，软化温度高，但电导率较低，因此适用于点焊电导率低和高温高强度的材料，如焊接强度及硬度较高的不锈钢、高稳合金等，如表 3-1 所示。

表 3-1　适用于焊接强度及硬度较高的不锈钢、高稳合金的合金性能

材料名称	化学成分（%）	材料性能			适用范围
		硬度（HV 30 kg）	电导率（S/m）	软化温度（K）	
纯铜（Cu-ETP）	Cu＞99.8	50～90	56	423	适合制造焊接铝及铝合金的金属及镀层钢板的电极
镉铜（CuCd）	Cd＝0.7～1.3	90～95	43～45	523	
钴铌铜（CuZrNb）	Zr＝0.1～0.25	107	48	773	

2. 点焊电极的结构

点焊电极由端部、主体、尾部和冷却水孔 4 部分组成，端部是直接和高温工件接触的部位，要求其具有承受高温、高压能力和抗氧化能力；主体和尾部起到连接和固定作用；冷却水孔则是将冷却液直接输送到电极各个部位。

电极的端面直接与高温材料表面接触，在焊接生产中反复承受高温高压，因此黏附、合金化和变形是电极设计中应该考虑的问题。而黏附和合金化与电极和工件材料的亲和力有关，变形抗力取决于材料的强度和硬度。端头的尺寸对电极也有很大的影响，根据端部形状的不同，标准电极又称为直电极。锥形电极、夹头电极、球面电极、偏心电极和平面电极如图 3-4 所示。考虑到散热和变形抗力，通常锥形电极顶角（α）大于 120°，边缘要倒圆。而电极端面的直径 d 和球面半径 R 取决于工件的厚度和熔核的尺寸。

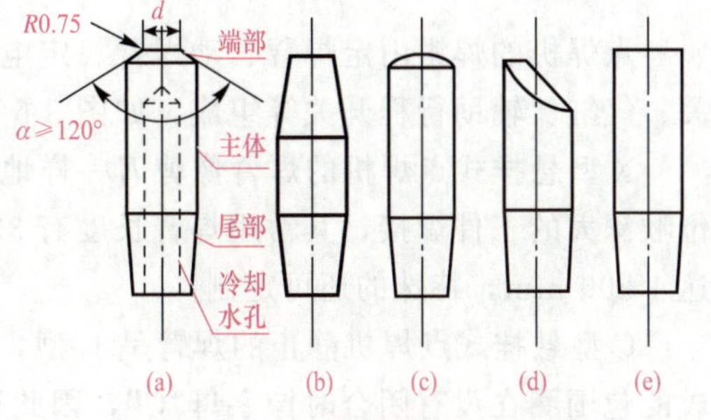

图 3-4　标准电极形状

(a)锥形电极；(b)夹头电极；(c)球面电极；(d)偏心电极；(e)平面电极

为了满足特殊形状工件点焊的要求，有时需要设计特殊形状的电极，如图 3-5 所示。图 3-5(a)为普通弯电极；图 3-5(b)为尾部和主体上刻有水槽的弯电极，目的是使冷却水流到电极的外表面，以加强电极的冷却，这种电极常用于不锈钢和高温合金钢的点焊；

图 3-5(c)为增大横断面的电极，目的是加强电极端面向水冷部分散热。

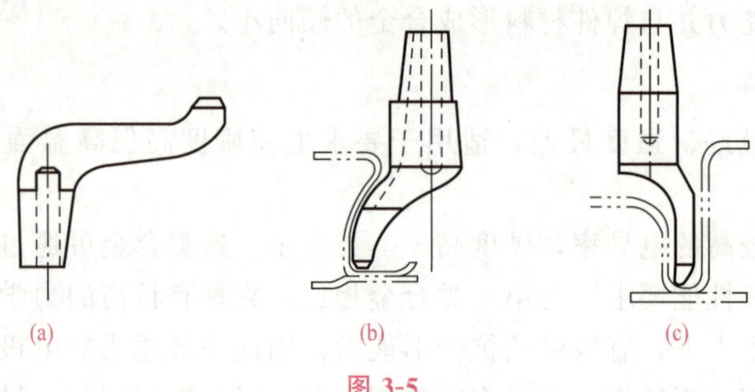

图 3-5
(a)普通弯电极；(b)尾部和立体上刻有水槽的弯电极；(c)增大横断面的电极

3.3 电阻点焊的设备及辅助工具

电阻点焊在汽车生产中主要分两类：悬挂式点焊机和机器人点焊设备。悬挂式点焊机由焊钳、焊机变压器、焊机控制器、水冷却系统、气动加压系统、悬挂装置等部分组成，根据焊臂的动作分为两种：X 型与 C 型；机器人点焊设备主要由点焊控制器、焊钳(包括阻焊变压器)及水、电、气等辅助部分组成。

悬挂式点焊机采用工件不动，焊钳移动的加工方式，主要用于焊接一般固定式焊机不能或不便焊接的低碳钢、低合金钢、不锈钢、镀层钢、板材及圆钢。而机器人点焊设备则采用焊钳和工件都运动的焊接方式，其自动化和劳动强度都得到了很大的改观。所以机器人点焊设备在现代工业生产中得到了广泛的应用，特别是在汽车生产中应用最为广泛。

一、焊钳

1. 焊钳概述

点焊机的焊钳由定焊臂、动焊臂、定电极、动电极、机体、悬臂、手柄、焊接启动开关、气缸、辅助行程开关等组成，如图 3-6 所示，主要分为 X 型和 C 型。

X 型悬挂式点焊机的焊臂像剪刀一样地张开、闭合，该类点焊机适用于尺寸大且焊接位喉深大的工件焊接，其常用焊臂长度有 330 mm、420 mm、500 mm、600 mm，最长可达 1 200 mm，特殊的还可定制。

C 型悬挂式点焊机静止的焊臂呈 L 型，另一焊臂垂直于 L 型焊臂的短边，两条焊臂构成的包围圈在没有闭合时像字母“C”，因此得名 C 型悬挂式点焊机。此类点焊机适用于工件大但焊接位喉深不大、对焊接速度要求较高的行业，如风管口里管道与法兰角铁的焊接。

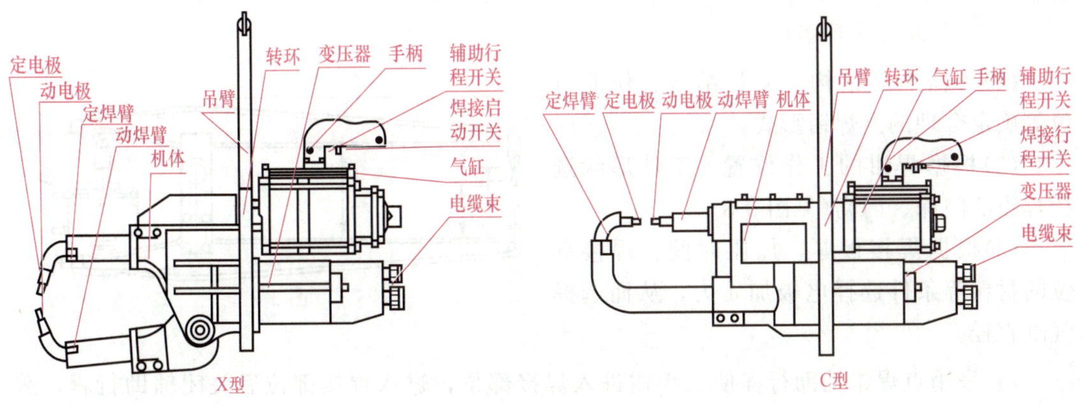

图 3-6　点焊机基本结构形式及主要构成

2. 焊钳的分类

焊钳的分类方法有很多种，按应用场合可分为便携式焊钳、自动平衡焊钳和机器人焊钳三大类。

(1)便携式焊钳。便携式焊钳是用于手工操作的焊钳，结构简单，质量小，灵活方便。其主要有普通型和一体化型两大类，普通型即焊钳与阻焊变压器分离，操作性能好，维修简单，产品较为成熟；一体化型是指焊钳与阻焊变压器安装在一起，共同固定在焊钳手臂末端，其主要优点是节省能量。一体化型焊钳的缺点是焊钳质量增大，要求负载能力变大，但随着逆变焊钳的发展，以及机器人负载能力的提高，一体化型焊钳会得到广泛的应用，如图 3-7(a)所示。

(2)自动平衡焊钳。自动平衡焊钳与便携式焊钳类似，只是在焊接时，焊钳不用人工控制，而将它与夹具配合，固定在夹具上，实现一定程度的自动化生产。

(3)机器人焊钳。机器人点焊设备与焊钳与手工焊钳一样，有 C 型和 X 型两种，但与手工焊钳相比，其使用寿命长、尺寸精度高、结构紧凑且质量小。根据工件及焊接夹具的结构形式来选取焊钳的种类及结构尺寸。对于较复杂的工件，一般需要通过仿真来确定焊钳的尺寸。机器人焊钳与机器人连接，自动控制，精度高，效率高，机构较复杂，质量小，如图 3-7(b)所示。

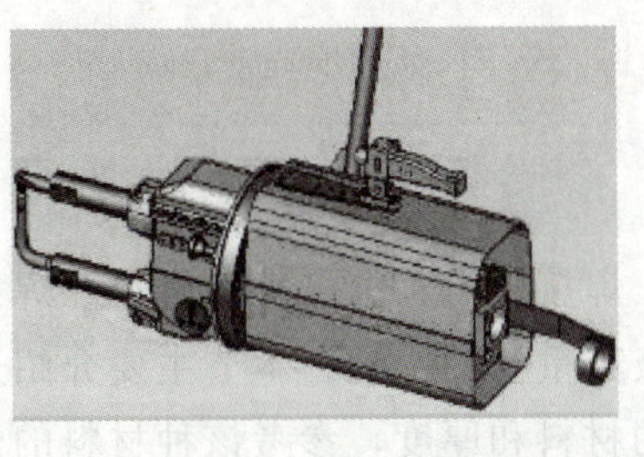

(a)

(b)

图 3-7

(a)一体化型焊钳；(b)机器人焊钳

3. 焊钳选用的基本原则

(1)依据产品结构、夹具结构、作业方位等确定合理的点焊钳形式。

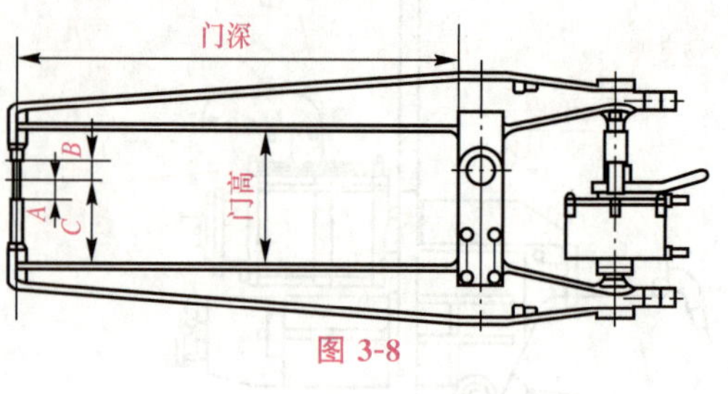

图 3-8

(2)根据焊钳的工作位置、工件形状选择焊钳的门深、门高(见图 3-8)。

(3)根据焊接板厚、加压时间、焊接部位的材料等条件选择电极加压力，从而选择气缸直径。

(4)采用点焊钳辅助行程使点焊钳进入焊接部位，进入焊接部位后关闭辅助行程，采用工作行程，根据焊钳行程选择气缸的长度。

(5)根据客户要求选择电缆连接方式。

(6)根据焊接条件选择手柄型号。

二、点焊机的介绍

(1)单相交流阻焊机：这种焊机是目前最常见的，使用单相交流的控制系统及变压器，能适合大多数的低碳钢类焊接需要。但随着现在国家对工业用电容量的控制，在焊接板厚大的工件时，会对电网造成巨大负担及冲击。而其他 3 种焊接方式的出现，解决了这个问题。

(2)中频逆变焊机：这是目前最为先进的阻焊焊接技术，它经过变压器的整流后，由电极输出直流电，能最大限度地提高功率因数，保证焊接质量，并能节能 30%(与单相交流相比)。并且此类焊机在焊接一些特殊材料，如铝、铝合金、镀锌板等，焊接效果优良。此类焊机的主要技术点在焊接控制器及变压器方面，目前国内也有厂商能够生产制造，但最为成熟的还是德国博世力士乐公司生产的焊接系统。

(3)三相次级整流焊机：此类焊机主要用于点凸焊的焊接，主要特点是能够实现大功率焊接，而对电网冲击小。现在也用于闪光对焊和缝焊的电阻焊接。

3.4　电阻点焊的工艺参数

电阻点焊的主要工艺参数包括焊接电流、焊接压力、电极端面直径和焊接时间 4 个方面。这 4 个方面参数的选择对焊点的质量有极其重要的影响，本节主要介绍这 4 个参数的选择。选择工艺参数的原则通常是根据工件的材料和厚度，参考该种材料的焊接条件表选取，首先确定电极的端面形状和尺寸，其次初步选定焊接压力和焊接时间，然后调节焊接电流。在试焊过程中以不同的电流焊接试样，经检查熔核直径符合要求后，再在适当的范围内调节焊接压力、焊接时间和焊接电流，直到焊点质量完全符合技术条件所规定的要求为止。

1. 焊接电流

焊接时流经焊接回路的电流称为焊接电流，它与本身电阻和焊接电压有关。点焊时电流一般不超过 10 000 A，根据板材的材质和厚度来确定。焊接电流是最重要的点焊参数，焊接电流过大会导致焊点压坑太深、焊点喷溅及和电极粘连等，焊接电流过小则会导致未熔透。电流选择一般是范围值，没有一个确定的值，根据材料的不同可以根据下面的经验公式来计算(在具体材料的参数表中进行查询)：

$$I=(5\sim15)D$$

式中　I——电流(kA)；

D——工件的板厚(mm)。

2. 焊接压力

电阻焊时，通过电极施加在焊接件上的压力，一般要千牛甚至数千牛。焊接压力也是点焊的重要参数之一，焊接压力的过大或过小都会使焊点承载能力降低和分散性变大，尤其对拉伸载荷影响更大。当焊接压力较小时，由于焊接区金属的塑性变形范围及变形程度不足，造成因电流密度过大而引起加热速度大于塑性环扩展速度，从而产生严重喷溅。焊接压力根据材料的不同可以用下面的公式估算：

$$F=(1\,200\sim4\,000)D$$

式中　F——力(N)；

D——板材厚度(mm)。

3. 电极端面直径

电极头是指点焊时与焊件表面相接触的电极端头部分，电极头端面尺寸增大时，由于接触面积增大，电流密度减小，使焊点承载能力降低。电极的端部不但要有足够的力学性能及耐高温、高压能力，因端面形状也有显著影响，通常为了增强端部散热和变形抗力，锥形端部电极的顶角一般大于 120°，边缘要倒角。电极的端面直径和球面半径一般取决于工件厚度和需要的熔核尺寸。电极端部过小就会导致焊点表面喷溅和焊点周围上翘等。

4. 焊接时间

电阻焊时的每一个焊接循环中，自焊接电流接通到停止的持续时间，称为焊接通电时间，简称焊接时间。焊接时间取决于工件材料的性能、厚度及所用焊机的功率，但有上、下限。

选择点焊工艺参数时可以采用计算方法或查表的方法，无论采用哪种方法，所选择出来的工艺参数都不可能是十分精确和合适的，即只能给出一个大概的范围，具体的工作还需经实测和调试来获得最佳规范，通常分为两种情况：

硬规范：大电流，短时间。

软规范：小电流，长时间。

在生产中选用硬规范还是软规范取决于金属的性质、厚度和所用焊接电源的功率。

硬规范有如下特点：加热不平稳，焊接质量对规范参数波动敏感性高，焊点强度稳定性差；温度场分布不平稳，塑性区小；接头缩孔、裂纹倾向大；有淬硬倾向的材料，接头冷裂倾向大；设备容量大，设备价格高；焊点压痕小，接头变形小，表面质量高；电极磨损小，生产效率高。硬规范主要适用于铝合金、不锈钢、低碳钢等厚板材的焊接。

软规范有如下特点：加热平稳，焊接质量对规范参数波动敏感性低，焊点强度稳定性好；温度场分布平稳，塑性区宽，压力作用下接头缩孔、裂纹倾向小，但易变形；有淬硬倾向的材料，接头冷裂倾向小；设备容量小，控制精度不高，设备价格便宜；焊点压痕深，接头变形大，表面质量差；电极磨损快，生产效率低，能耗大。软规范主要适用于低合金钢、可淬硬钢、耐热合金及钛合金等材料的焊接。

3.5 常用金属材料的电阻点焊

一、点焊前的工件和电极清理

电极和工件表面质量影响接触电阻的大小，当它们表面存在油污、氧化膜、油漆及其他杂质时会降低接头强度，影响接头质量的稳定性。电极通常做简单的机械清洗，而焊接的工件则按不同的金属和合金，采用不同的清理方法，简介如下：

1. 铝合金

铝合金对氧的化学亲和力极强，刚清理过的表面会很快被氧化，形成氧化铝薄膜。因此清理后的表面在焊前允许保持的时间是有严格限制的，通常不能超过 4 h，否则要重新清理。

铝表面可以用细砂布和钢丝刷进行机械清理。在批量生产中多用化学方法清理。

2. 镁合金

由于镁与铜易合金化，因此镁的清理是非常重要的，以保证工件与电极间的接触电阻尽可能小。镁合金可用化学清理，然后用铬酐溶液钝化；也可用钢丝刷清理。

3. 铜合金

铍铜和铝青铜化学清理方法很难，应首选机械清理。为了产生均匀的比纯铜高的电阻，有时在铜表面蒸镀一层薄锡。

4. 镍及其合金

镍及其合金在点焊时，保持工件表面的高度清洁是十分必要的，因为油、尘土、油漆的存在能增加硫脆化的可能性，从而使接头产生缺陷，热处理产生的厚氧化膜也应除去。清理方法可用抛光、喷丸、打磨或化学腐蚀。

5. 钛

焊前钛表面要严格清理，因为钛及其合金在焊接温度能与多种元素及化合物反应，氢、氧、碳、氮很容易进入熔核，影响显微组织，降低接头的塑性和韧性。钛表面用丙酮或氢氧化钠溶液脱脂处理，氧化膜可用硝酸和氢氟酸的混合溶液清理。

6. 钢

表面涂有抗蚀油的碳钢和低合金钢，如果未被其他车间脏物或不良导电材料污染，油膜的存在不影响接头质量。未酸洗的热轧钢焊接时，必须用喷砂、喷丸或者化学腐蚀的方法清除氧化皮。

高合金钢和不锈钢由于抗腐蚀能力强，焊前只需去油脱脂即可。

7. 镀层钢

除了少数例外，一般不用特殊处理就可以进行焊接，镀铝钢板则需要用钢丝刷或化学腐蚀清理。带有磷酸盐涂层钢板，其表面电阻会高到在低焊接压力下，焊接电流无法通过的程度，只有采用较高的压力才能进行焊接。

二、各种材料的点焊参数选择

1. 低碳钢的点焊

低碳钢具有良好的焊接性，其焊接电流、焊接压力和通电时间等工艺参数具有较大的调节范围，表 3-2 和表 3-3 分别列出了低碳钢薄板及中厚板点焊的焊接工艺参数，可供参考。

表 3-2　低碳钢薄钢板点焊的焊接工艺参数

板厚（mm）	截锥形电极尺寸		A 级			B 级			C 级		
	d（mm）	D（mm）	焊接通电时间（周波数）	电极压力（N）	焊接电源（A）	焊接通电时间（周波数）	电极压力（N）	焊接电源（A）	焊接通电时间（周波数）	电极压力（N）	焊接电源（A）
0.4	3.2	12	5	1 177	5 400	8	736	4 400	20	392	3 500
0.5	3.5	12	6	1 324	6 000	11	893	5 000	24	441	3 900
0.6	4.0	12	7	1 471	6 600	13	981	5 500	26	490	4 300
0.8	4.5	12	8	1 716	8 000	15	1 177	6 400	30	686	5 000
1.0	5.0	12	10	2 158	9 000	20	1 471	7 200	36	834	5 600
1.2	5.5	12	12	2 697	10 000	23	1 716	8 000	40	981	6 100
1.4	6.0	12	14	3 138	10 800	26	1 961	8 600	46	1 177	6 600
1.6	6.3	12	16	3 269	11 600	30	2 256	9 200	52	1 324	7 100
1.8	6.7	16	18	4 217	12 500	33	2 550	9 800	54	1 520	7 600
2.0	7.0	16	20	4 707	13 200	36	2 940	10 400	58	1 716	8 000
2.3	7.6	16	24	5 590	14 400	44	3 236	11 000	65	1 961	8 600
2.8	8.5	16	29	6 865	16 000	52	4 217	12 400	72	2 256	9 500
3.2	9.0	16	32	8 042	17 400	60	4 707	13 200	78	2 795	10 200
3.6	9.5	20	41	9 022	18 400	72	5 296	14 000	102	3 089	10 800
4.0	10.0	20	50	10 199	19 800	90	5 982	15 000	155	3 530	11 300
5.0	11.2	20	70	13 533	22 400	120	7 649	16 800	210	4 315	12 700

注：1. 单相交流电源，频率 60 Hz。

2. A、B、C 级不一定与接头等级相对应，A 级是高速焊接条件，C 级则适用于小容量焊机的场合。

3. 在 50 Hz 交流电时周波数应乘以 5/6

表 3-3 低碳钢中厚板点焊的焊接工艺参数

板厚(mm)	电极直径(mm)	焊接压力(N)	焊接电流(A)	焊接通电时间(s)
3.0	10.0	7 400	17 000	0.48
4.0	12.5	10 000	21 000	0.94
5.0	14.5	16 200	24 500	1.58
6.0	16.5	20 200	27 500	2.4
7.0	17.5	26 000	30 000	3.1
8.0	19.0	31 000	32 500	4.4
9.0	21.0	35 000	36 000	5.4
10.0	23.0	41 500	38 000	7.5
12.0	26.0	51 000	43 000	11.6

注：1. 本表的焊接条件是将分流影响忽略不计。

2. 交流电源，频率 60Hz

2. 淬火钢的点焊

淬火钢通常采用电极焊后回火的双脉冲点焊方法，以消除淬火组织，改善接头性能，这种方法的第一个电流脉冲为焊接脉冲，第二个电流脉冲为回火热处理脉冲，两个脉冲之间的间隔时间一定要保证使焊点冷却到马氏体转变点 MS 温度以下。回火脉冲幅值要适当，以避免焊接区的金属重新超过奥化体相变点而引进二次淬火。表 3-4 为淬火钢的双脉冲点焊工艺参数的实例，可供参考。

表 3-4 淬火钢的双脉冲点焊工艺参数的实例

钢板厚度①(mm)	截锥体电极端面尺寸 d②(mm)	焊接通电时间(周波数)(60 Hz)				焊接压力(N)			焊接电流(A)		焊核最大直径(mm)	最小抗拉强度	
		焊接	冷却	回火	总计	A级焊接	B级焊接	C级焊接	焊接	回火		力③(N)	应力(MPa)
0.23	3.2	3	6	3	12	1 000	730	480	11 900	9 900	1.9	1 372	495
0.26	3.2	3	6	3	12	1 000	750	500	12 100	10 000	2.0	1 470	470
0.29	3.2	3	6	3	12	1 100	800	520	12 200	10 200	2.2	1 568	430
0.35	3.4	4	7	3	14	1 250	900	580	12 400	10 400	2.4	1 860	420
0.40	3.4	4	7	4	15	1 450	1 050	650	12 600	10 500	2.6	2 009	380
0.50	3.8	4	8	4	16	1 900	1 400	900	12 900	10 800	3.0	2 450	355
0.60	4.0	4	10	4	18	2 500	1 850	1 200	13 200	11 100	3.4	2 940	330
0.70	4.2	5	11	5	21	3 300	2 400	1 600	13 400	11 400	3.8	3 626	320
0.80	4.8	5	13	5	23	3 900	3 000	2 000	13 600	11 600	4.2	4 410	325

续表

钢板厚度[①] (mm)	截锥体电极端面尺寸 d[②] (mm)	焊接通电时间 (周波数)(60 Hz)				焊接压力(N)			焊接电流(A)		焊核最大直径 (mm)	最小抗拉强度	
		焊接	冷却	回火	总计	A 级焊接	B 级焊接	C 级焊接	焊接	回火		力[③] (N)	应力 (MPa)
0.90	5.2	6	16	6	28	4 700	3 500	2 400	13 800	11 800	4.7	5 488	330
1.00	5.8	6	20	6	32	5 400	4 100	2 800	13 900	12 000	5.1	6 762	345
1.20	6.8	7	30	10	47	6 900	5 100	3 400	14 300	12 200	5.9	9 555	360
1.60	8.6	11	52	21	84	9 650	7 300	4 600	15 100	12 800	7.5	16 415	380
1.80	9.5	15	56	28	99	11 600	8 400	5 600	15 600	13 200	8.3	20 580	390
2.00	10.5	19	87	36	142	12 500	9 400	6 300	16 300	13 900	9.2	24 745	380
2.30	12.0	26	112	48	186	14 600	11 000	7 300	17 500	14 900	10.4	32 340	390
3.20	15.2	46	244	92	382	20 500	16 000	10 600	22 400	18 900	14.1	55 370	380
4.00	16.0	64	352	145	561	23 000	20 000	14 000	26 300	21 000	17.3	75 950	390

注：边缘距离、焊点间距与碳钢(未经处理)标准相同。

①本表适用于含碳量为 0.15%～0.60%，抗拉强度为 500～800 MPa 的碳钢，板厚相同的二板搭接点焊，接合面不得有油脂、锈、氧化铁皮及污垢。

②使用 R·W·M·A2 级或与之相当的电极，表中给出端面尺寸，使用球面电极也很好。

③总断裂强度(抗拉强度)与母材强度有关，表中数据为大致标准

3. 镀层钢板的点焊

(1)镀层钢板点焊时，容易出现的主要问题如下：

1) 电极易被镀层黏附，缩短电极使用寿命。

2) 适用的焊接工艺范围较窄，易于导致未焊透或飞溅。

3) 由于加热过程中低熔点的镀层金属首先熔化，增大了两板间的焊接面积，电流密度变小，熔核直径变大，因此焊接电流应比无镀层大。

4)为了将已熔化的镀层金属排挤出接合面，焊接压力应比无镀层时高。

(2)焊接技术要点如下：

1)与普通钢板相比，需要更大的焊接电流和焊接压力，约提高 1/3 以上。

2)电极材料选用 CrZrCu 或弥散强化铜，或镶钨复合电极，电极两次修磨间的焊点数应仅为低碳钢的 1/10～1/20。

3)从提高焊接质量出发，可采用凸焊并配合缓升或直流焊接波形。

4)镀锌钢板焊接时应该采取有效的通风装置，因为 ZnO 烟尘有害人体健康。

表 3-5 为日本焊接学会推荐的镀锌钢板点焊的工艺参数，表 3-6 为耐热镀铝钢板点焊的工艺参数。对于耐蚀镀铝钢板，由于镀层较厚，应采用较大的电流和较低的焊接压力。

表 3-5 镀锌钢板点焊的工艺参数

镀层种类		电 镀 锌			热 浸 镀 锌		
镀层厚(mm)		2～3	2～3	2～3	10～15	15～20	20～25
焊接条件	级别	板厚(mm)					
		0.8	1.2	1.6	0.8	1.2	1.6
焊接压力(kN)	A	2.7	3.3	4.5	2.7	3.7	4.5
	B	2.0	2.5	3.2	1.7	2.5	3.5
焊接时间(周)	A	8	10	12	8	10	12
	B	10	12	15	10	12	15
电流(kA)	A	10.0	11.5	14.5	10.0	12.5	15.0
	B	8.5	10.5	12.0	9.9	11.0	12.0
抗剪强度(MPa)	A	4.6	6.7	11.5	5.0	9.0	13
	B	4.4	6.5	10.5	4.8	8.7	12

表 3-6 耐热镀铝钢板点焊的工艺参数

板厚(mm)	电极球面半径(mm)	焊接压力(kN)	焊接时间(周)	焊接电流(kA)	抗剪强度(MPa)
0.6	25	1.8	9	8.7	1.9
0.8	25	2.0	10	9.5	2.5
1.0	50	2.5	11	10.5	4.2
1.2	50	3.2	12	12.0	6.0
1.4	50	4.0	14	13.0	8.0
2.0	50	5.5	18	14.0	13.0

4. 不锈钢的点焊

不锈钢由于电阻率高，导热性差，高温强度高，因此与低碳钢相比，可采用较小的焊接电流、较短的焊接时间和较高的焊接压力。为防止热影响区晶粒长大和出现晶间腐蚀现象，需准确地控制加热时间和焊接电流，并采用强有力的内部和外部水冷却。马氏体不锈钢由于有淬火倾向，因此点焊时要求采用较长的焊接时间，为消除淬硬组织，最好采用焊后回火的双脉冲点焊。表 3-7 为不锈钢点焊的工艺参数。

表 3-7 不锈钢点焊的工艺参数

板厚[1] (mm)	电极端部尺寸[2]		焊接压力 (N)	焊接通电时间[3] (周波数)	焊接电流(A)	
	d (mm)	D (mm)			母材抗拉强度低于 830 MPa	母材抗拉强度高于 830 MPa
0.4	3.6	12	1 422	4	2 900	2 450
0.5	3.9	12	1 746	4	3 800	3 000
0.6	4.2	12	2 109	5	4 700	3 800
0.8	4.7	12	2 942	6	6 250	4 900
1.0	5.2	12	3 920	7	7 700	5 500

续表

板厚①(mm)	电极端部尺寸②		焊接压力(N)	焊接通电时间③(周波数)	焊接电流(A)	
	d(mm)	*D*(mm)			母材抗拉强度低于 830 MPa	母材抗拉强度高于 830 MPa
1.2	5.7	12	4 905	8	9 000	7 300
1.5	6.5	16	6 475	10	10 700	8 700
2.0	7.6	16	8 731	14	13 700	11 000
2.5	8.8	16	10 693	16	16 500	13 000
3.0	9.7	20	14 225	19	18 200	14 900
3.2	10.2	20	14 813	20	18 800	15 600

注：①本表钢材系 1Cr17Ni7、0Cr19Ni9、0Cr25Ni20、0Cr17Ni12M02 等奥氏体不锈钢。
②电源为单相交流 60Hz 或单相三相整流

5. 高温合金的点焊

高温合金比不锈钢具有更大的电阻率和高温强度，因此需要较小的焊接电流和较大的焊接压力。点焊较厚(2 mm 以上)板件时，最好在焊接脉冲之后再加缓冷脉冲并施加锻压力，以防止缩孔和裂纹，同时采用球面电极，以利于熔核的压固和散热。表 3-8 为推荐的高温合金 GH44、GH33 点焊的工艺参数。

表 3-8 高温合金 GH44、GH33 点焊的工艺参数

板厚(mm)	电极端面直径(mm)	焊接压力(kN)	焊接时间(周)	焊接电流(kA)
0.3	3.0	4~5	7~10	5~6
0.5	4.0	5~6	9~12	4.5~5.5
0.8	5.0	6.5~8	11~17	5~6
1.0	5.0	8~10	16~20	6~6.5
1.2	6.0	10~12	19~24	6.2~6.8
1.5	5.5~6.5	12.5~15	22~31	6.5~7
2.0	7.0	15.5~17.5	29~38	7~7.5
2.5	7.5~8.0	18.5~19.5	39~48	7.5~8.2
3.0	9~10	20~21.5	50~65	8~8.8

6. 铝合金的点焊

铝合金分为冷作强化和热处理强化两大类，其点焊焊接性较差，特别是热处理强化的铝合金。由于铝合金电导率和热导率较高，塑性温度范围窄，线膨胀系数大，凝固时易形成裂纹，表面易生成氧化膜等特点，因此要求铝合金点焊时，应选用短时间、大电流，较大的焊接压力(阶梯形或马鞍形焊接压力)，电极的随动性要好，要求控制精确和加压系统灵敏。表 3-9 和表 3-10 为铝合金的点焊工艺参数，仅供参考。

表 3-9 铝合金 LF21、LF3、LF5 点焊的工艺参数

板厚(mm)	电极球面半径(mm)	焊接压力(kN)	焊接时间(周)	焊接电流(kA)	锻压压力(kN)
0.8	75	2.0～2.5	2	25～28	—
1.0	100	2.5～3.6	2	29～32	—
1.5	150	3.5～4.0	3	35～40	—
2.0	200	4.5～5.0	5	45～50	—
2.5	200	6.0～6.5	5～7	49～55	—
3.0	200	8	6～9	57～60	22

表 3-10 铝合金 LY12CZ、LC4CS 点焊的工艺参数

板厚(mm)	电极球面半径(mm)	焊接压力(kN)	焊接时间(kN)	焊接电流(kA)	锻压压力(kN)	锻压滞后断电时刻(周)
0.5	75	2.3～3.1	1	19～26	3.0～3.2	0.5
0.8	100	3.2～3.5	2	26～36	5.0～8.0	0.5
1.0	100	3.6～4.0	2	29～36	8.0～9.0	0.5
1.3	100	4.0～4.2	2	40～46	10～10.5	0.5
1.6	150	5.0～5.9	3	41～54	13.5～14	0.5
1.8	200	6.8～7.3	3	45～50	15～16	0.5
2.0	200	7.0～9.0	5	50～55	19～19.5	0.5
2.3	200	8.0～10	5	70～75	23～24	0.5
2.5	200	8.0～11	7	80～85	25～26	0.5
3.0	200	11～12	8	90－94	30－32	0.5

7. 铜及其合金的点焊

铜合金焊接性取决于其物理性质和化学成分，导电性越好，点焊越困难，铜和高电导率的铜合金因电极黏附严重，故很少采用点焊，即使用复合电极也只限于点焊薄铜板，表 3-11为黄铜点焊的工艺参数。

表 3-11 黄铜点焊的工艺参数

板厚(mm)	焊接电流(kA)	焊接压力(N)	焊接时间(周)	焊点抗剪力(N)
0.4	8	600	5	1 000
0.6	9	800	6	1 200
0.8	9.5	1 000	8	2 000
1.0	10	1 200	13	3 000

8. 钛合金的点焊

钛合金的焊接性与不锈钢相似，工艺参数也大致相同。其工艺参数可参考表 3-12。

表 3-12 钛合金点焊的工艺参数

板厚(mm)	焊接压力(N)	焊接时间(周)	焊接电流(kA)	接头正拉力(N)	接头抗剪力(N)
0.9	2 700	7	5.5	2 700	7 800
1.5	6 800	10	10.5	4 500	22 000
2.3	11 000	16	12.5	9 500	38 000

三、点焊接头形式的确定

点焊通常采用搭接接头和折边接头(见图 3-9)，可以由两个或两个以上等厚度或不等厚度的工件组成。在设计点焊结构时，必须考虑电极的可达性，即电极必须能方便地抵达工件的焊接部位；同时还应考虑如边距、搭接量、点距、装配间隙和焊点强度等因素。点焊接头尺寸的大致确定见表 3-13。

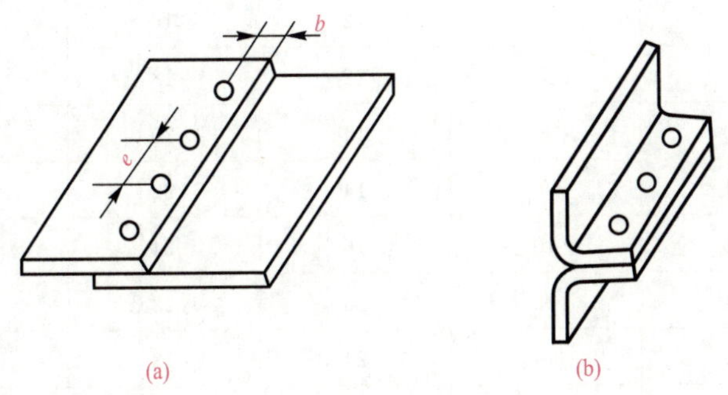

图 3-9

(a)搭接接头；(b)折边接头

表 3-13 点焊接头尺寸的大致确定② 单位：mm

序号	经验公司	简 图	备 注
1	$d=2\delta+3$ 或 $d=5\sqrt{\delta}$	$dOn\times(e)$ e s s s s c' h δ d	d—熔核直径 A—焊透率(%) c'—压痕深度 e—点距 s—边距 δ—薄件厚度 a—熔核数 O—点焊缝符号 $dOn\times(e)$—点焊缝标注
2	$A=30-70$①		
3	$c'\leqslant 0.2\delta$		
4	$e>8\delta$		
5	$s>6\delta$		

注：①焊透率 $A=(h/\delta)\times 100\%$；

②搭接量 $b=2s$

四、选择合适的边距、搭接量和点距

边距的最小值取决于被焊金属的种类、厚度和焊接条件。对于屈服强度高的金属、薄件或采用强条件时可取较小值。搭接量通常是边距的两倍，推荐的最小搭接量见表3-14。点距即相邻两点的中心距，其最小值与被焊金属的厚度、导电率、表面清洁度，以及熔核的直径有关，表3-15为推荐的最小点距。规定点距最小值主要是考虑分流影响，采用强条件和大的焊接压力时，点距可以适当减小。采用热膨胀监控或能够顺序改变各点电流的控制器时，以及能有效地补偿分流影响的其他装置时，点距可以不受限制。

表3-14　接头的最小搭接量　　单位：mm

最薄板件厚度	单排焊点			双排焊点		
	结构钢	不锈钢及高温合金	轻合金	结构钢	不锈钢及高温合金	轻合金
0.5	8	6	12	16	14	22
0.8	9	7	12	18	16	22
1.0	10	8	14	20	18	24
1.2	11	9	14	22	20	26
1.5	12	10	16	24	22	30
2.0	14	12	20	28	26	34
2.5	16	14	24	32	30	40
3.0	18	16	26	36	34	46
3.5	20	18	28	40	38	48
4.0	22	20	30	42	40	50

表3-15　焊点的最小点距　　单位：mm

最薄板件厚度	点距		
	结构钢	不锈钢及高温合金	轻合金
0.5	10	8	15
0.8	12	10	15
1.0	12	10	15
1.2	14	12	15
1.5	14	12	20
2.0	16	14	25
2.5	18	16	25
3.0	20	18	30
3.5	22	20	35
4.0	24	22	35

五、点焊前的装配及定位

装配间隙必须尽可能小，因为靠压力消除间隙将消耗一部分焊接压力，使实际的焊接压力降低。间隙的不均匀性又将使焊接压力波动，从而引起各焊点强度的显著差异，过大的间隙还会引起严重飞溅，许用的间隙值取决于工件刚度和厚度，刚度、厚度越大，许用间隙越小，通常为 0.1～2 mm。

依次完成上述工作后，即可进行机器人点焊或者人工点焊操作。

3.6 电阻点焊在汽车生产中的应用

电阻点焊作为一种高效、廉价且机械化和自动化程度较高的连接技术，在汽车工业中得到了广泛的应用。无论是在汽车车身组装还是在汽车零部件的生产中，电阻点焊工艺都占据了相当重要且相当数量比例的地位。

3.6.1 电阻点焊在汽车车身焊装中的应用

汽车车身也称为车身，是整个汽车零部件的载体，车身制造质量的优劣对整车的质量起着决定性的作用。电阻点焊是车身装配时的主要工艺手段，在车身底板、侧围、车架、车顶、车门及车身总成等部分的焊装中，均大量采用了电阻点焊工艺。据统计，每一辆轿车车身上，有 4 000～6 000 个电阻点焊焊点。例如，上海大众帕萨特车身装配中，每辆车的总焊点数达到 5 892 点。因此，提高点焊质量对保证车身装配质量、控制车体误差有着深远的意义。

汽车车身焊装线上的电阻点焊设备主要有以下 3 类：

(1)悬挂式点焊机。它是目前车身焊装生产线上的主要设备，一个车身焊装车间一般有 200～300 台悬挂式点焊机，用于车身的各个部位的装配点焊，特别用于点焊焊接位置复杂多变的部件。其车身焊接装配线如图 3-10 所示。

图 3-10

(2)点焊机器人。为了提高车身焊装线的自动化程度，减轻操作者的劳动强度，提高工作效率，保证焊接质量，在现代化的车身焊接生产线上，采用点焊机器人代替笨重的悬挂式点焊机，以代替人的单调、重复、长时间的强体力劳动。同时，还适应产品的多样化生产。其车身自动焊装生产线如图 3-11 所示。

图 3-11

(3)多点点焊。采用多点点焊工艺的目的是提高生产效率，减小焊接变形。在车身焊装生产线上，车身底板的点焊装配经常采用多点焊机，如德国的奥迪和宝马的车身底板自动化焊装线上都采用了多点焊机。点焊机器人和多点焊机在车身生产线上所占的比例，体现了该生产线的自动化程度。

3.6.2 电阻点焊在汽车零部件生产中的应用

汽车零部件的生产中也广泛地采用了点、凸焊、缝焊、对焊等多种电阻点焊工艺，具体的应用实例如下。轿车横梁装配焊接、汽车传动轴平衡块凸焊、汽车制动蹄焊接分别如图 3-12～图 3-14 所示。

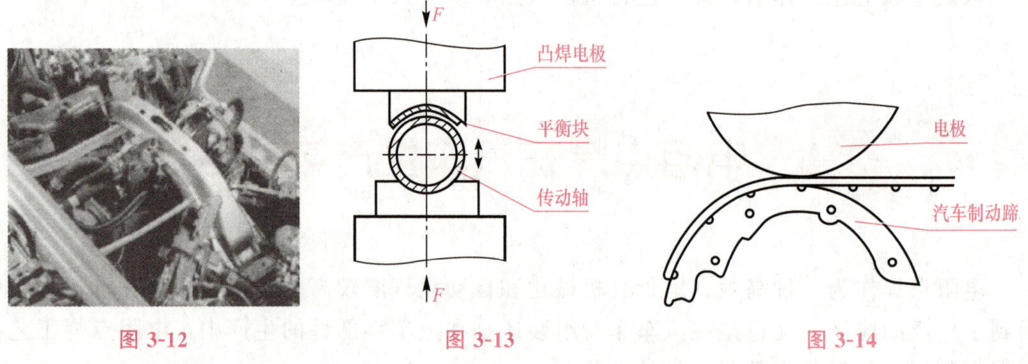

图 3-12　图 3-13　图 3-14

3.7 电阻点焊质量的控制

对于点焊质量的检测，分两种场合进行区分，一种场合(一级)——承受较大的静载荷、动载荷或交变载荷；另一种场合(二级)——承受较小的静载荷或动载荷的一般接头。

一、常用的检验方法

1. 目视检验

焊点的质量从外观上只能进行初步的判断，最终的检验需要依靠撕破或撬边检验。凭眼睛看塑性环包围的熔核，起连接强度作用的是焊点中间的焊核，没有清晰看到焊核，不能说明此焊点有缺陷，这就需要剖检检查才能确定。通常我们说的焊点直径，指的是焊核直径，焊点表面应平整、光洁，不允许出现击穿、烧穿、裂纹等现象。

(1)外观形状、特征。焊点近似圆形，平整无扭曲，压痕深度不超过板厚的 0.2 倍。无镀层的板料，焊点外圈有一周黑色圆环，称为塑性环，通常也称为热影响区；有镀层的板料，焊点外圈塑性环颜色很浅，不呈现黑色，熔核颜色呈黄色。焊点外观形状如图 3-15 所示。

(2)焊点、焊核特征。如果焊接参数调整准确，则塑性环以内的颜色应为金属白色，焊点中间可以明显看到焊核形成，焊核也呈白色，此焊点强度基本保证，有的焊点带有金属铜的颜色，铜的颜色是焊接电极熔化黏到焊点上造成的，在焊点的中间有焊核形成，比较清晰明显，两板厚在 1.5 mm 以上的或是三层板焊点可能出现黑色(一般是厚板和三层

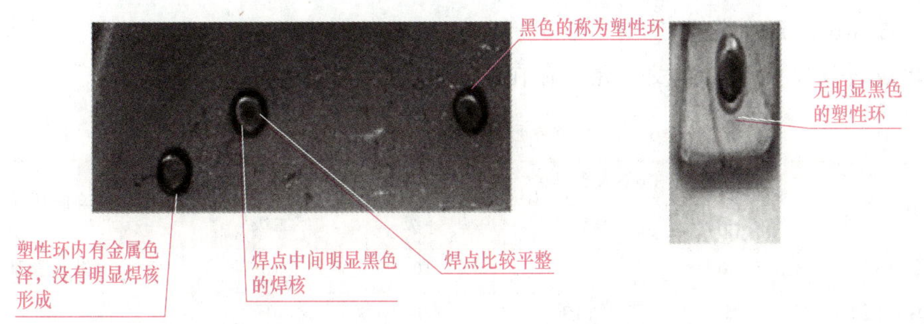

图 3-15

板焊接规范较大造成的)。即使焊点出现黑色，中间也要形成明显的焊核。实际工作中，有一部分焊点不呈现金属色泽，出现黑色，这是由于材料表面油、灰等原因，这不能确认为焊点缺陷。如果出现黑色的塑性环和焊核混合在一起，难以分辨，则说明焊接规范不当，焊点已经炭化，焊点基本不能承受较大的载荷，需要调整焊接规范，如图 3-16 和图 3-17所示。

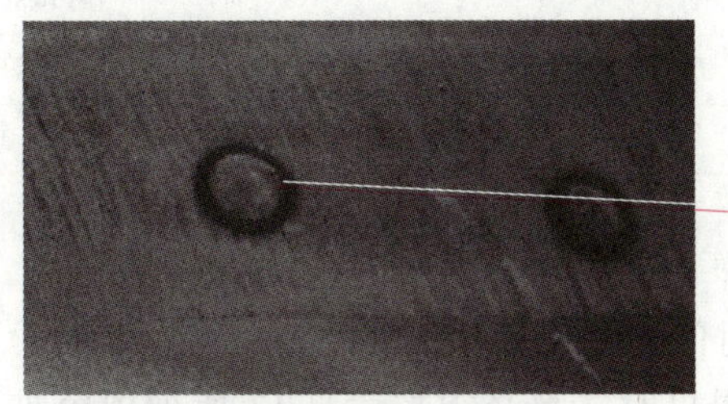

图 3-16

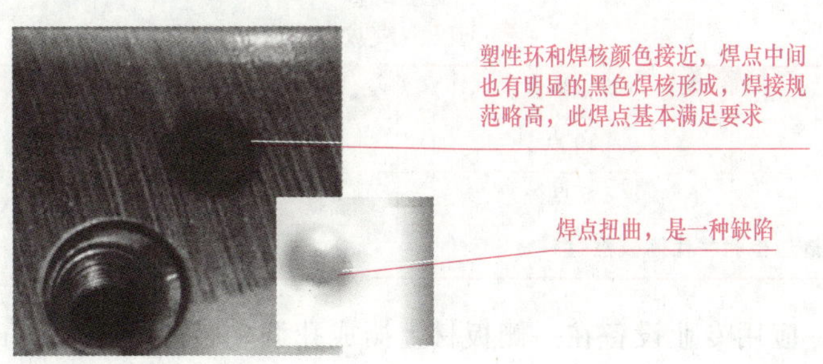

图 3-17

(3)检测要点。

1)焊接接头应 100%进行目视检验，允许用不大于 10 倍的放大镜进行检验。

2)焊点不允许有外部裂纹、飞溅、烧伤、烧穿和板材边缘的胀裂。

3)焊点偏移中心线的距离允许不大于 2 mm。

4)焊点的压痕深度，一级接头不超过板厚的 15%，二级接头不超过板厚的 20%时允许存在。厚度比(两被焊接工件厚度之比)大于 2 的组合，或一面用平面电极时，一级接头不超过板厚 20%，二级接头不超过 25%，也允许存在。

5)重复点焊，压痕深度可比上条规定增大 5%，焊点压痕直径增大或偏离原焊点中心不超过 1.5 mm，允许存在。

6)焊点过深压痕和表面发黑允许存在的数量见表 3-16。

表 3-16　焊点过深压痕和表面发黑允许存在的数量

缺陷名称	允许存在(不大于)		允许修补(不大于)		缺陷修补方法
	一级	二级	一级	二级	
外部飞溅	0	0	10	15	机械清理
过深压痕	10	10	0	0	
脱焊(假焊)	0	0	2	5	重焊
熔核过小	0	0	5	10	重焊
外部裂纹	0	0	5	10	重焊、氩弧焊
表面发黑	0	0	10	15	机械清理
板边胀裂	0	0	2	5	氩弧焊、锉修
烧穿	0	0	每班 1 个	每班 1 个	氩弧焊
烧伤	0	0	5	10	氩弧焊、机械清理
内部飞溅	5	10	10	15	清除可见溅出物
校正引起的脱开	0	0	5	5	重焊

2. 撕破检验

每班开班前，焊机工作中间停止时间超过 1 h，每焊接 100 点左右时，更换电极，在规定范围内调整焊接参数，重新起动焊机时，都必须按表 3-17 所列内容进行检验，在检验无问题时方可继续施焊。

表 3-17　检验内容

接头级别	焊点数量	目视检验	撕破检验
一级	10 点	100%	2 个
二级	5 点	100%	1 个
注：二级焊点可用撬边检验替代撕破检验			

撕破检验时，应用专业设备在一侧板材上撕成孔洞，板厚大于 1.2 mm 时，允许在一侧板材上形成深度不小于板厚 20%的凹坑。

3. 撬边检验

撬边检验是用专用检验器(见图 3-18)将焊件边缘撬起来检查焊点是否良好的一种检验方式，焊透率过小或熔核直径过小的焊点，在撕力作用下发出轻微的撕裂声音并破裂。焊接良好的焊点应不破裂。

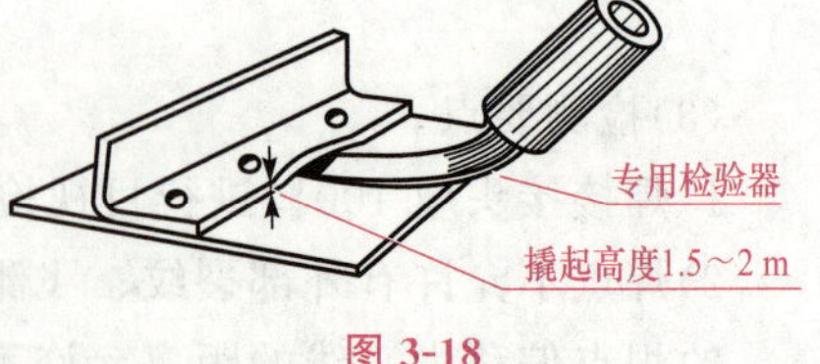

图 3-18

二、点焊缺陷及其产生原因

在点焊过程中，由于焊接规范选择不当，会产生各种焊接缺陷，从而影响焊接质量，表 3-18 列出了点焊时易出现的各种缺陷及产生原因。

表 3-18　点焊缺陷及其产生原因

缺　陷	产生原因
未熔透	电极端部直径过大，焊接电流过小
焊点过小	焊接电流不够大，焊接通电时间太短，焊接压力过大
焊点压坑太深	焊接电流太大，电极端部太小，焊接压力不适当
焊点不正	上下电极未对正，电极端部在通电时滑移，电极端部整形不良，工件与电极不垂直
焊点表面喷溅	焊接压力不足，焊接电流过大，电极端部过小，电极端部整形不良，工件表面污染
焊点喷溅	距边缘太近，焊接电流过大，焊接压力不足，通电时电极移动，上下电极错位
电极工件粘连	工件表面污染，焊接压力太小，焊接电流太大，通电时间太长，电极水冷不良
裂纹、缩孔、针孔	焊点未凝固前卸去焊接压力，焊接压力不足，焊接电流过大，通电时电极移动
焊点周围上翘	焊接电流过大，焊接压力太大，电极端部过小，工件接触不良，上下电极错位

本章小结

1. 点焊基本原理就是一个焊接循环，它包括预压阶段、焊接时间、断电锻压和休止时间 4 个部分。它特别适用于薄壁件的焊接，在汽车车身制造中应用广泛。

2. 点焊电极材料有 3 类，其中第二类应用最为广泛。

3. 电阻点焊在汽车生产中主要分两类：悬挂式点焊机和机器人点焊设备。悬挂式点焊机焊钳根据焊臂的动作分为两种：X 型与 C 型。

4. 点焊的主要工艺参数包括焊接电流、焊接压力、电极端面直径和焊接时间等多个方面。不同材料点焊工艺参数的选择参考表 3-2～表 3-12。

5. 电阻点焊主要用于车身的焊接，在汽车横梁、制动蹄块等方面也会用到。

6. 点焊质量检测主要有目视检验、撕破检验、撬边检验 3 种方法。

7. 点焊缺陷及其产生原因见表 3-18。

思考与练习

一、想一想

1. 我们通常所见的电焊属于电阻点焊吗？

2. 电阻点焊需要焊丝吗？

3. 电阻点焊可用于中厚钢板的焊接吗？为什么？

4. 悬挂式点焊与机器人点焊相比，哪一种自动化程度高？

5. 汽车车身上电阻点焊为什么应用最多？

二、做一做

1. 什么是电阻点焊？它分为哪几种？

2. 电阻点焊有什么优缺点？

3. 试指出点焊的基本原理。

4. 影响焊接热的因素有哪些?

5. 点焊电极的材料有哪几种? 常见的电极形状又有哪几种?

6. 悬挂式点焊机和机器人点焊设备分别由哪些部分组成?

7. 焊钳常用的型号有哪两种? 按使用场合不同分为哪三类?

8. 电阻点焊的主要工艺参数有哪几个?

9. 汽车车身焊装中的电阻点焊主要有哪 3 类? 简述其应用。

第 4 章

车身 CO_2 气体保护焊焊接工艺

学习目标

- 了解电焊的分类。
- 了解 CO_2 气体保护焊的特点。
- 了解 CO_2 气体保护焊的 3 种熔滴过渡。
- 学会 CO_2 气体保护焊气体的提纯。
- 知道焊接的几种接头形式。
- 知道 CO_2 气体保护焊检验要求。
- 掌握 CO_2 气体保护焊的特点。

4.1 电弧焊焊接工艺介绍

4.1.1 电焊的分类

电焊的分类如图 4-1 所示。

基本的焊接方法通常分为三大类，即熔化焊接、压力焊及钎焊，每一大类又可按焊接热源及其他明显特点分为若干种。

按照采用的电极分，电弧焊分为熔化极和非熔化极两类，其中熔化极电弧焊是利用金属焊丝（或焊条）做电极同时熔化填充焊缝的电弧焊方法，它包括手工电弧焊、埋弧焊、CO_2 焊等。非熔化极电弧焊是利用不熔化电极（如钨棒、碳棒）进行焊接的电弧焊，它包括 TIG 焊、等离子弧

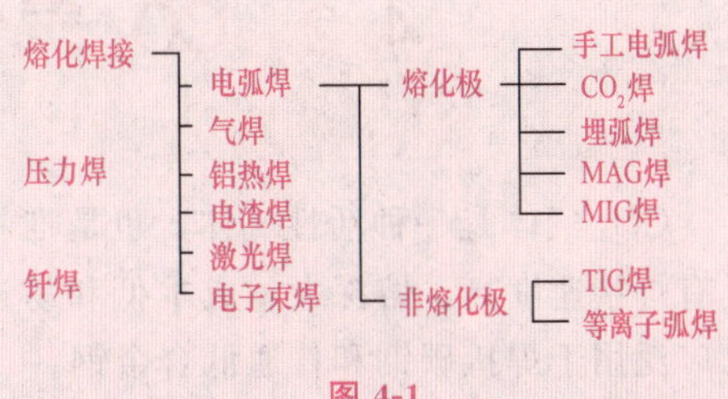

图 4-1

焊等方法。部分术语解释如下：

MIG 焊：金属极（熔化极）惰性气体保护焊。

TIG 焊：钨极（非熔化极）惰性气体保护焊。

MAG 焊：金属极（熔化极）活性气体保护焊。

CO_2 焊：CO_2 气体保护焊（简称二保焊）。

4.1.2　熔化极气体保护焊介绍

熔化极气体保护焊定义：在焊接过程中不加压力将工件接口以及焊丝加热至熔化状态，形成熔池，熔池随热源而移动，同时在熔焊过程中，用气体隔绝大气与高温的熔池直接接触，冷却后形成连续焊缝而将两工件连接成为一体的这种焊接方法称为熔化极气体保护焊。

在熔焊过程中，如果大气与高温的熔池直接接触，大气中的氧就会氧化金属和各种合金元素。大气中的氮、水蒸气等进入熔池，还会在随后冷却过程中在焊缝中形成气孔、夹渣、裂纹等缺陷，恶化焊缝的质量和性能。

为了提高焊接质量，人们研究出了各种保护方法。例如，气体保护电弧焊就是用 Ar（氩）、CO_2（二氧化碳）等气体隔绝大气；又如钢材焊接时，在焊条药皮中加入对氧亲和力大的钛铁粉进行脱氧，就可以保护焊条中有益元素锰、硅等免于氧化而进入熔池，冷却后获得优质焊缝。

在焊接过程中，需要一个能量集中、热量足够的热源。通俗地讲，在金属电极中单位面积所通过的电流越大，能量集中性越好。

焊接部位必须采取有效的隔离空气保护方式，见表 4-1，使焊接部位不能和空气接触，以免造成焊道的成分和性能不良。

表 4-1　3 种保护方式

保护类型	材料及设施	适用范围
气相保护	气体	CO_2、TIG、MIG、MAG 焊
渣相保护	焊剂	手工电弧焊、埋弧焊
真空保护	真空设备及设施	航空航天或稀有金属（电子束焊）

4.2　CO_2 气体保护焊基础知识

CO_2 气体是一种活性气体，也是唯一适合于焊接用的单一活性气体，CO_2 气体保护焊具有焊接速度高、熔深大、成本低和易进行空间位置焊接等优点，因此 CO_2 气体保护焊已广泛用于焊接碳钢和普通低合金钢。

4.2.1　CO_2 气体保护焊接设备

一、设备构成

认识 NBC−350 逆变直流分体式 CO_2 气体保护焊

CO_2 气体保护焊机是焊装车间较多的设备之一，其生产示意图如图 4-2 所示，该焊机由唐山松下产业有限公司生产。其按结构来讲主要分为三大部分：第一部分是电源部分，第二部分是送丝机部分，第三部分是工作部分(见图 4-3)。

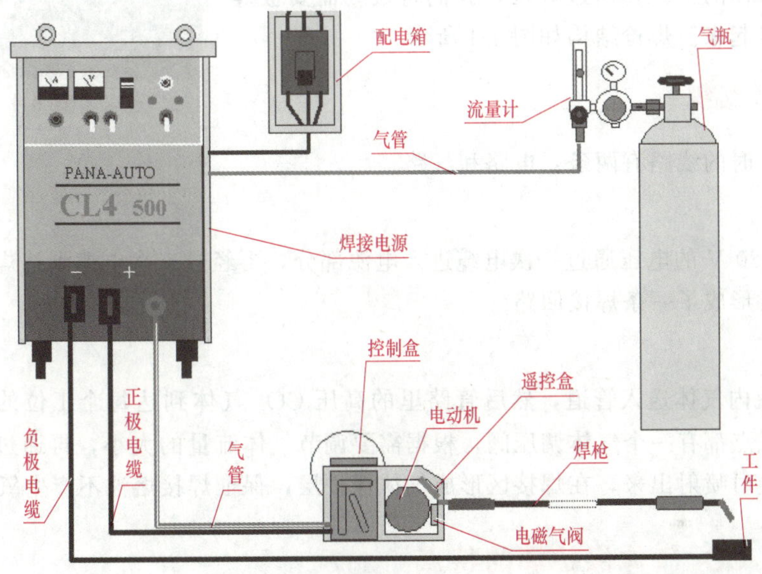

图 4-2

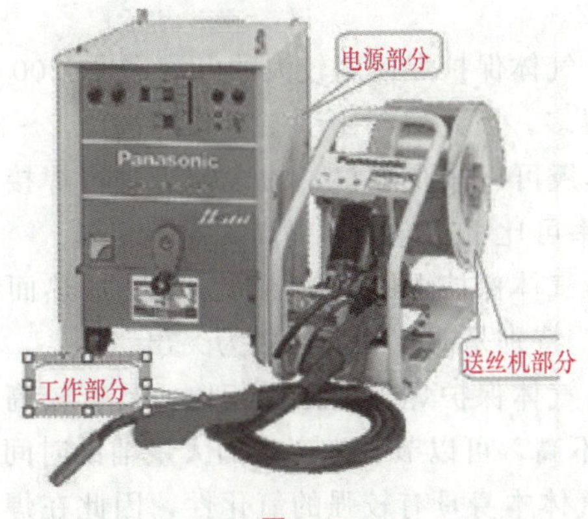

图 4-3

1. 电源部分

CO_2 气体保护焊机的电源部分主要是一台变压器，它具有将 380 V 的高压电转变为 36 V 安全电压的功能。

2. 送丝机部分

送丝机主要由一台送丝电动机组成，两个送丝轮相互压紧，焊丝被压在两个轮子之间，当送丝电动机带动送丝轮动作时，焊丝就被送丝轮强行通过，完成自动送丝过程。送丝机部分还有两个调节手柄，用于调节所需的电流和电压。

3. 工作部分

CO_2 气体保护焊机的工作部分主要是电缆(通气、通焊丝)和焊枪。通气电缆不仅通电，而且通气。焊枪是直接用于生产操作的工具，通过焊枪，我们将最终需要被焊接的焊件焊接起来。焊枪结构如图 4-4 所示。

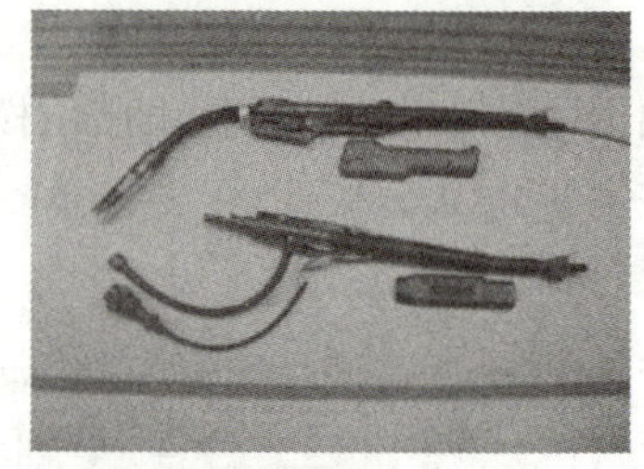
图 4-4

二、工作路线

焊接工作时的线路有两条：电路和气路。

1. 电路

首先是 380 V 的电压通过一次电缆进入电源部分，再经过二次电缆到达焊枪后，在焊接时与地线就形成了一条焊接回路。

2. 气路

CO_2 气瓶内气体送入管道，然后管路里的高压 CO_2 气体到达每个工位的用气点，每个工位的用气点都有一个气体调压阀，根据需要调节气体流量的大小，再通过软管进入电缆随焊枪焊接时喷射出来，在焊接区形成气体保护层，保证焊接熔池不产生氧化层。

4.2.2 CO_2 气体保护焊的特点

(1)焊接成本低。CO_2 气体是酿造厂和化工厂的副产品，来源广，价格低，其综合成本大概是手工电弧焊的 1/2。

(2)生产效率高。CO_2 气体保护焊使用较大的电流密度(200 A/mm^2 左右)，比手工电弧焊(10～20 A/mm^2)高得多，因此熔深比手工电弧焊高 2.2～3.8 倍，对 10 mm 以下的钢板可以不开坡口(对于厚板可以减少坡口，加大钝边进行焊接)，同时具有焊丝熔化快，不用清理熔渣等特点，效率可比手工电弧焊提高 2.5～4 倍。

(3)焊后变形小。CO_2 气体保护焊的电弧热量集中，加热面积小，CO_2 气流有冷却作用，因此焊件焊后变形小，特别是薄板的焊接更为突出。

(4)抗锈能力强。CO_2 气体保护焊和埋弧焊相比，具有较高的抗锈能力，所以焊前对焊件表面的清洁工作要求不高，可以节省生产中的大量辅助时间。

(5)缺点：由于 CO_2 气体本身具有较强的氧化性，因此在焊接过程中会引起合金元素烧损，产生气孔和引起较强的飞溅。特别是飞溅问题，虽然从焊接电源、焊丝材料和焊接工艺上采取了一定的措施，但至今未能完全消除，这是 CO_2 气体保护焊的明显不足之处，与手工电弧焊相比也存在成型不够美观、抗风能力差、设备较复杂等问题。

4.3　CO_2 气体保护焊基本原理

4.3.1　CO_2 气体保护焊焊接基本原理

CO_2 气体保护焊工作原理如图 4-5 所示，焊接时，在焊丝与焊件之间产生电弧，焊丝自动送进，被电弧熔化形成熔滴并进入熔池；CO_2 气体经喷嘴喷出，包围电弧和熔池，起到隔离空气和保护焊接金属的作用。同时 CO_2 气体还参与冶金反应，在高温下的氧化性有助于减少焊缝中的氢，防止气孔等缺陷的产生。

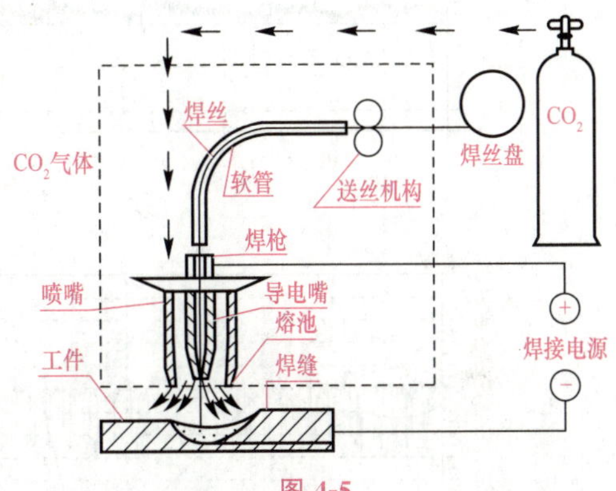

图 4-5

4.3.2　CO_2 气体保护焊熔滴过渡

焊丝端部的金属在电弧热作用下被加热熔化，并在各种力的作用下以滴状形式脱离焊丝过渡到熔池中的现象，称为熔滴过渡。熔滴过渡的特点、规律及其控制，是直接影响焊接过程、提高焊接质量和生产效率的重要因素。

CO_2 气体保护焊有 3 种熔滴过渡形式：第一种是较小电流、较低电弧电压下的短路过渡；第二种是较大电流、较高电弧电压下的射滴过渡(细颗粒过渡)；第三种是介于上述二者之间的半短路过渡(混合过渡)。

1. 短路过渡

焊丝端部的熔滴与熔池接触形成短路，由于强烈过热和电磁颈缩力的作用使其爆断，直接向熔池过渡的形式称为短路过渡。短路过渡是在较小焊接电流和较低电弧电压下发生的熔滴过渡形式。根据焊丝熔滴短路过渡波形的特征，可将短路过渡波形分为 A 型、B 型和 C 型，分别如图 4-6～图 4-8 所示。

A 型短路过渡的电压、电流波形相当标准。

B 型短路是指正常的周期性短路之前发生的连续频繁的瞬时短路行为，其特点是，短路的时间非常短促，同时每一次短路前后的电压基本上不变，电压波形曲线处在同一水平。由此看来，在周期性短路波形前出现的频繁短路不发生熔滴的过渡。

C 型短路则是介于 A 型和 B 型短路之间的一种过渡形式，具有 A 型和 B 型两种短路特征，短路时间短暂，但每一次短路均可以伴有熔滴的过渡。

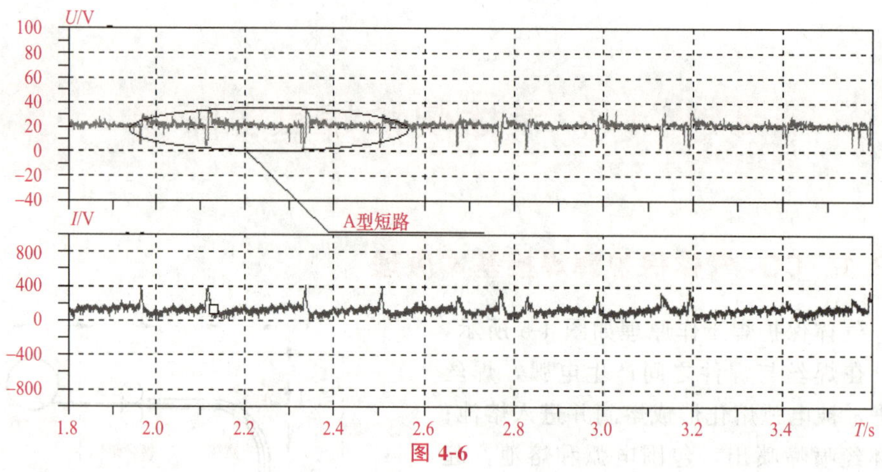

图 4-6

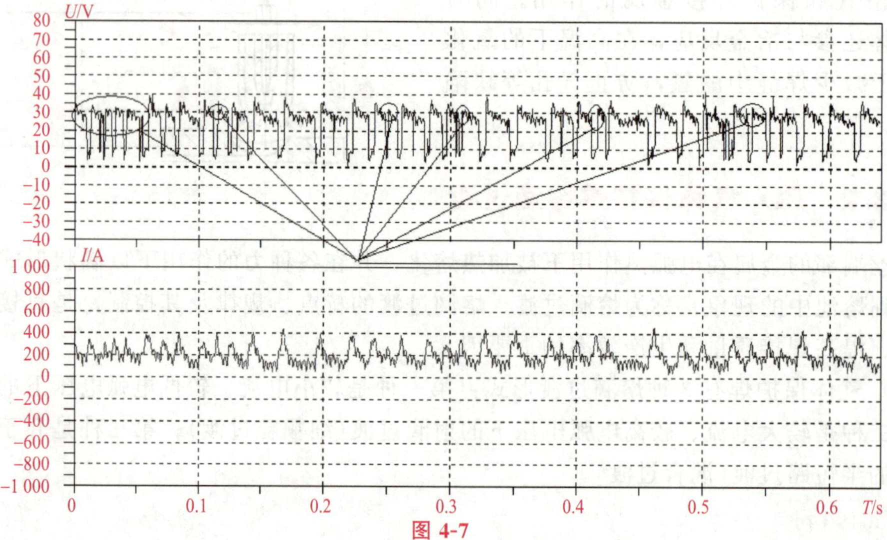

图 4-7

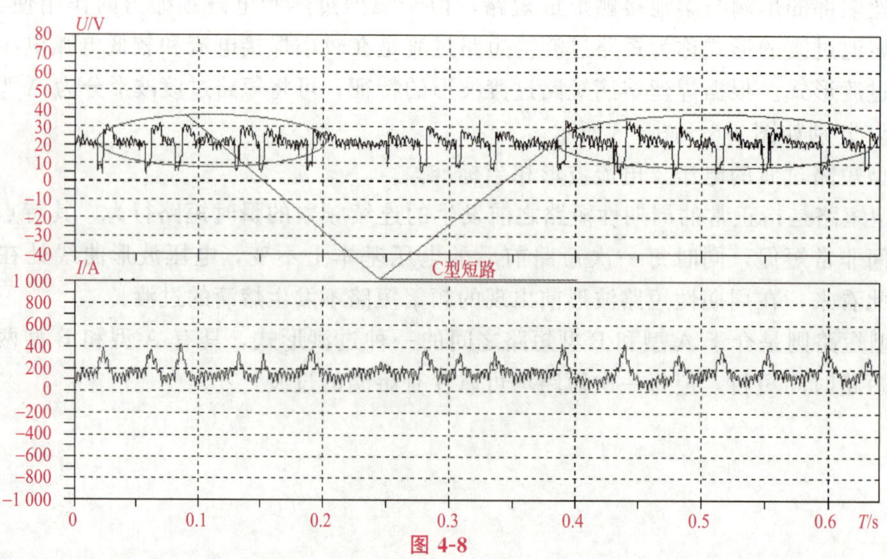

图 4-8

2. 射滴过渡

熔滴尺寸与焊丝直径相当的情况下，以较高的速度通过电弧空间的过渡形式称为射滴过渡。射滴过渡是较大焊接电流和较高电弧电压条件下发生的熔滴过渡形式。在较大焊接电流和较高电弧电压下，随着电流的增加，熔滴尺寸并不增加，反而缩小，而且焊丝端头逐步深入熔池凹坑内，熔滴过渡形式转为接近轴向过渡的射滴过渡。

射滴过渡时不再有短路现象发生，焊接过程较为稳定，焊接飞溅也比较小。这种射滴过渡国内习惯上称为细颗粒过渡，国外常称为非轴向射流过渡。焊丝熔滴呈射滴过渡时，熔滴十分细碎，在熔滴过渡过程中，不会造成弧长的较大起伏，因此电弧电压和焊接电流十分稳定，电弧电压、焊接电流波形只有频率极高的颤动，近似于一条直线。可以看出，射滴过渡的电压、电流比任何过渡形态时都稳定。

3. 半短路过渡

半短路过渡即是在短路过渡的基础上，再增加焊接电流和电弧电压，这时焊丝端头的熔滴随之长大，短路次数减少，短路时间缩短，非短路过渡的比例增加，熔滴呈大滴排斥特点。这是一种短路过渡与非短路过渡相混合的过渡形式，焊接过程不稳，飞溅也比较大。这种过渡形式国内习惯上称为大颗粒过渡，生产中一般不被采用。

4.3.3　熔滴过渡形态

1. 短路过渡熔滴形态

短路过渡电弧的燃烧、熄灭和熔滴过渡过程稳定、飞溅小，在要求较小的薄板焊接中采用。其熔滴形态如图 4-9 所示。

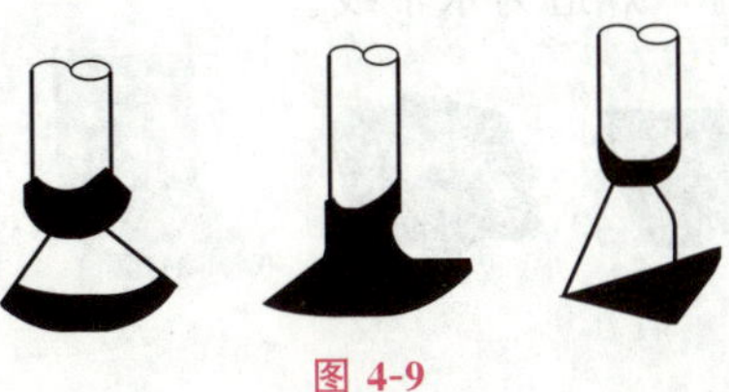

图 4-9

2. 射滴过渡熔滴形态

在较粗焊丝（$>\phi 1.6$ mm）、较大焊接电流（<400A）和较高电压，采用 CO_2 气体保护焊时，会出现大颗粒滴状过渡，这种大颗粒呈非轴向过渡，电弧不稳定，飞溅很大，焊缝成形也不好，因此在实际生产中不宜采用。而在较粗焊丝（$>\phi 1.6$ mm）、较大焊接电流（>400A）和较高电压，采用 CO_2 气体保护焊时，则会出现细颗粒滴状过渡，这种细颗粒也呈非轴向过渡，但电弧稳定，飞溅减小，焊缝成形较好，因此在实际生产中应用广泛。其熔滴形态如图 4-10 所示。

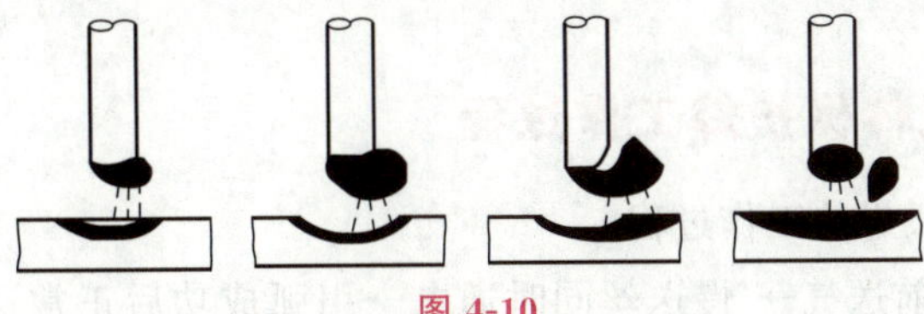

图 4-10

3. 半短路过渡熔滴形态

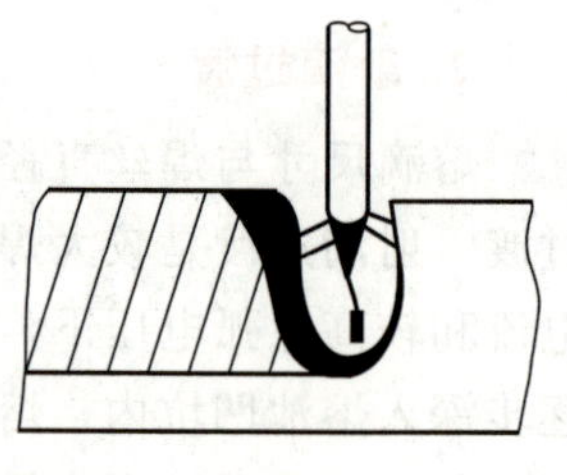

图 4-11

半短路过渡是介于上述两种过渡形式之间的一种过渡形式，焊接中电弧潜入凹坑中，焊丝端头在焊件表面以下，熔滴由非轴向滴状过渡转变为细小的、轴向性很强的射滴过渡，伴有瞬时短路现象。它使金属飞溅量大大减少，焊接过程稳定，母材熔深大，生产中被应用于中等厚度和大厚度板材的水平位置焊接。其熔滴形态如图 4-11 所示。

4.4　CO_2 气体保护焊焊接工艺

4.4.1　CO_2 气体保护焊常见的焊接接头形式

常见的焊接接头形式有对接、搭接、角接、T 接 4 种(见图 4-12)。

焊接方法按操作者的焊接姿势或焊接时工件的摆放位置分为 4 种：平焊、立焊、横焊、仰焊(见图 4-12)。

平焊——焊缝与地面平行，焊道为竖线。

立焊——焊缝与地面垂直。

仰焊——焊缝与地面平行，且焊道在下面。

横焊——焊缝与地面平行，焊道为水平线。

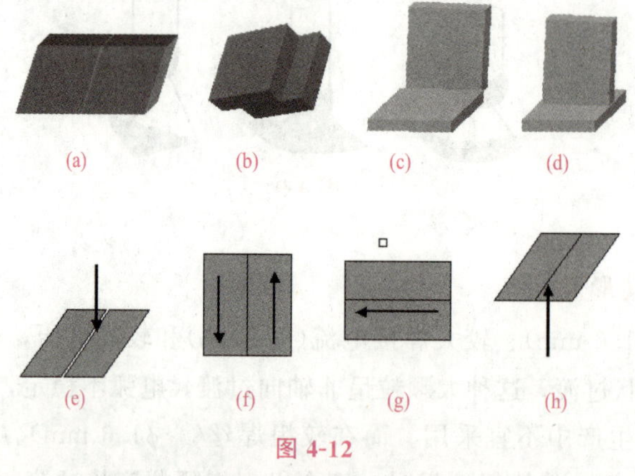

图 4-12

(a)对接；(b)搭接；(c)角接；(d)T 接；(e)平焊；(f)立焊；(g)横焊；(h)仰焊

4.4.2　CO_2 气体保护焊工作过程

CO_2 气体保护电弧焊的工作过程：

按焊枪开关→ 提前送气→ 慢送丝同时通电→引弧成功后正常送丝→根据收弧工作方

式焊接→停止焊接瞬间→焊机继续工作 0.1～0.2 s，将焊丝进行回烧→焊机输出低电压(12～14 V)消融球→以利于再次引弧→滞后停气。

电源的空载电压选择高些(约 70 V)，以保证频繁引弧时能稳定可靠。

4.4.3　CO_2 气体保护焊主要工艺参数

CO_2 气体保护焊在焊接中需要的主要参数有 7 个，分别为气体、焊丝、干伸出长度、焊接电流、焊接电压、焊接速度和极性(见图 4-13)。

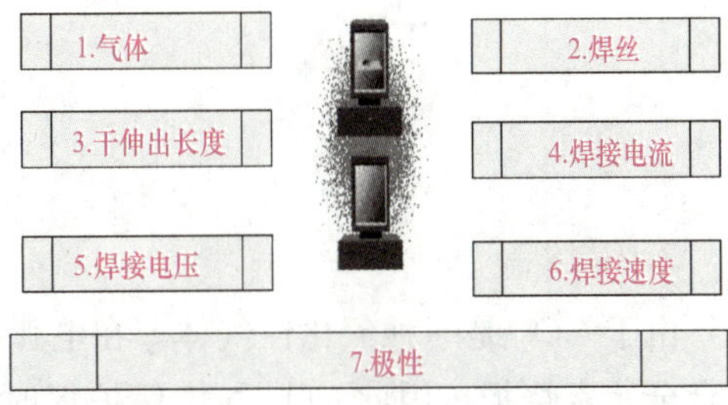

图 4-13

1. 保护气体：CO_2

纯度：纯度要求大于 99.5%，含水量小于 0.05%。

性质：无色，无味，无毒，是空气密度的 1.5 倍。

存储：瓶装液态，每瓶内可装入 25～30 kg 液态 CO_2，比水相对密度小。

加热：气化过程中大量吸收热量，因此流量计必须加热。

容量：每千克液态 CO_2 可释放 510 L 气体，一瓶液态 CO_2 可释放 15 000 L 左右气体，可使用 10～16 h。

流量：小于 200 A 时，气体流量为 15～20 L/min；大于 200 A 时气体流量为 20～25 L/min。

提纯：静置 30 min，倒置放水份，正置放杂气，重复两次(见图 4-14)。

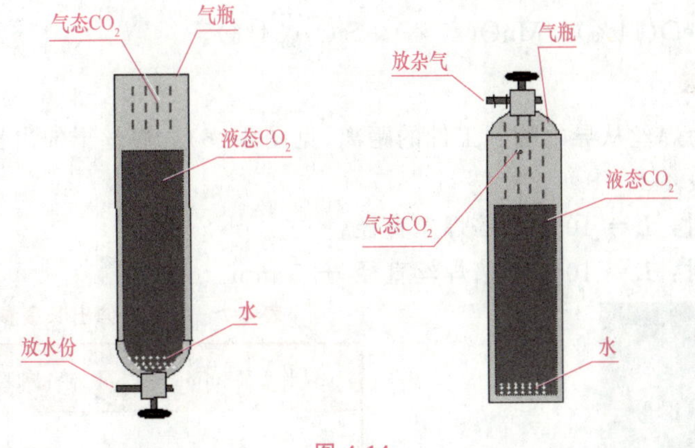

图 4-14

产生气孔的原因如下：

CO 气孔：焊丝不合格，工件含碳量大。

H 气孔：水、油、锈。

N 气孔：气体保护效果不好。

气瓶无气：气路漏气(接头处未紧固、流量计堵塞、流量过小、未加热、电磁阀坏、送丝管密封圈坏、热塑管坏、枪管密封圈坏、气筛坏)；喷嘴堵塞严重；喷嘴松动，焊枪角度太大；干伸出长度大；规范不对，焊接部位有风(见图 4-15)。

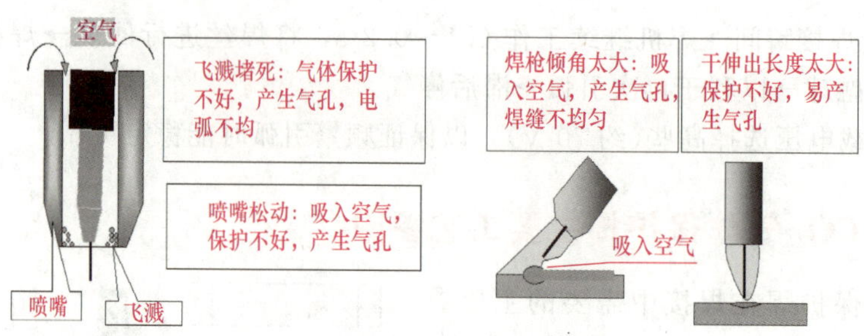

图 4-15

2. 焊丝

由于 CO_2 是一种氧化性气体，在电弧高温区分解为 CO 和 O_2，具有强烈的氧化作用，使合金元素烧损，因此 CO_2 气体保护焊时为了防止气孔、减少飞溅和保证焊缝较高的力学性能，必须采用含有 Si、Mn 等脱氧元素的焊丝，气体保护焊机常用的焊丝有 ER49－1 及 ER50－6 等牌号，规格主要有 ϕ1.2 mm 和 ϕ1.6 mm 两种。

CO_2 气体保护焊使用的焊丝既是填充金属又是电极，所以焊丝既要保证一定的化学性能和力学性能，又要保证具有良好的导电性能和工艺性能。CO_2 气体保护焊焊丝分为实芯焊丝和药芯焊丝两种。焊丝成分如下：

实芯焊丝：2FeO＋ Si、2Fe ＋ SiO(高熔点)。

药芯焊丝：FeO＋Mn、Fe ＋ MnO(密度大)。

Si 与 Mn 的氧化物形成硅酸盐，其熔点为 12 700 ℃，密度也较小(约 3.6 g/cm³)，同时易结成大块而以渣的形式浮出熔池表面。

渣的成分：FeO(14％)、MnO(47％)、SiO_2(34％)。

3. 干伸出长度

干伸出长度为焊丝从导电嘴到工件的距离(见图 4-16)。焊丝干伸出长度可根据公式计算，参考选择见表 4-2。

小于 300 A 时：L＝ 10～15 倍焊丝直径。

大于 300 A 时：L＝ 10～15 倍焊丝直径 ＋ 5 mm。

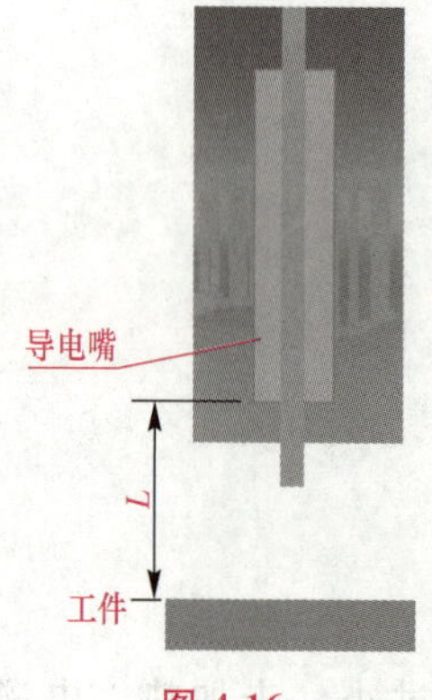

图 4-16

表 4-2　焊丝干伸出长度参考

焊丝直径/mm	干伸出长度/mm
0.8	8～12
1.0	10～15
1.2	12～18
1.6	19～21

选择合适的干伸出长度是保证焊接过程稳定性的重要因素之一。焊接电流一定时，干伸出长度的增加，会使焊丝熔化速度增加，但电弧电压下降，电流降低，电弧热量减少。

热量＝干伸出长度热量＋电弧热量

过长时：气体保护效果不好，易产生气孔，引弧性能差，电弧不稳，飞溅加大，熔深变浅，成形变坏。

过短时：看不清电弧，喷嘴易被飞溅物堵塞，飞溅大，熔深变深，焊丝易与导电嘴粘连。

4. 焊接电流

根据焊接条件(板厚、焊接位置、焊接速度、材质等参数)选定相应的焊接电流。CO_2 焊机调电流实际上是调整送丝速度，因此 CO_2 焊机的焊接电流必须与焊接电压相匹配，即一定要保证送丝速度与焊接电压对焊丝的熔化能力一致，以保证电弧长度的稳定。

焊接电流和送丝速度的关系如图 4-17 所示。

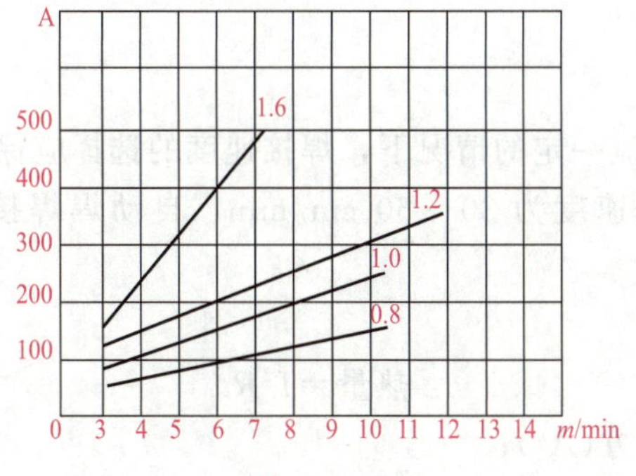

图 4-17

同一焊丝，电流越大送丝速度越快。电流相同，丝越细送丝速度越快

5. 焊接电压

焊接电压即电弧电压，其提供焊接能量。电弧电压越高，焊接能量越大，焊丝熔化速度就越快，焊接电流也就越大。电弧电压等于焊机输出电压减去焊接回路的损耗电压，可用下列公式表示：

$$U_{电弧} = U_{输出} - U_{损}\text{(电缆，接触不良)}$$

根据焊接条件选定相应板厚的焊接电流，然后根据下列公式计算焊接电压：

＜300 A 时：焊接电压 ＝(0.04 倍焊接电流＋16±1.5)V

＞300 A 时：焊接电压 ＝(0.04 倍焊接电流＋20±2)V

举例 1：选定焊接电流 200 A，则焊接电压计算如下：

焊接电压＝ (0.04×200＋16±1.5)V
＝ (8 ＋ 16±1.5)V
＝ (24±1.5)V

举例 2：选定焊接电流 400 A，则焊接电压计算如下：

焊接电压＝(0.04×400＋20±2)V
＝(16＋20±2)V
＝(36±2)V

焊接电压对焊接效果的影响如图 4-18 所示。

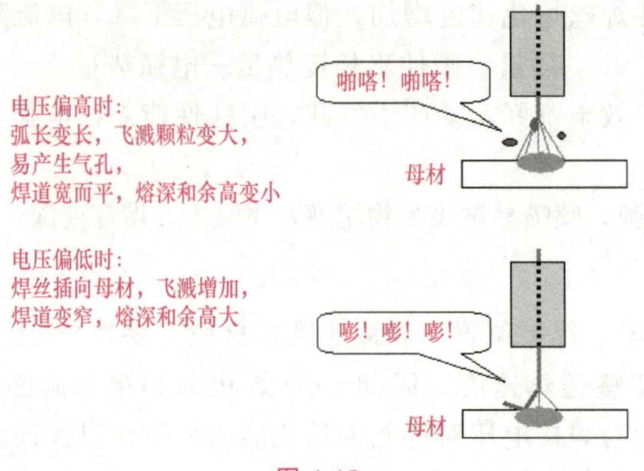

图 4-18

6. 焊接速度

在焊接电压和焊接电流一定的情况下，焊接速度的选择应保证单位时间内给焊缝一定的热量。通常半自动焊接速度为 30～60 cm/min，自动焊焊接速度可高达 250 cm/min 以上。

焊接热量三要素：

$$热量=I^2Rt$$

式中 I^2 为焊接电流的平方(A^2)；

R 为电弧及干伸出长度的等效电阻(Ω)；

t 为焊接时间，速度越快 t 越小(s)。

7. 极性

CO_2 气体保护焊焊接时，通常是焊枪接焊机的正极，工件接焊机的负极，即反极性接法；为了生产的需要有时也采用正极性接法(见图 4-19)。

反极性特点：电弧稳定，焊接过程平稳，飞溅小。

正极性特点：熔深较浅，余高较大，飞溅很大，成形不好，焊丝熔化速度快(约为反极性的 1.6 倍)，只在堆焊时才采用。

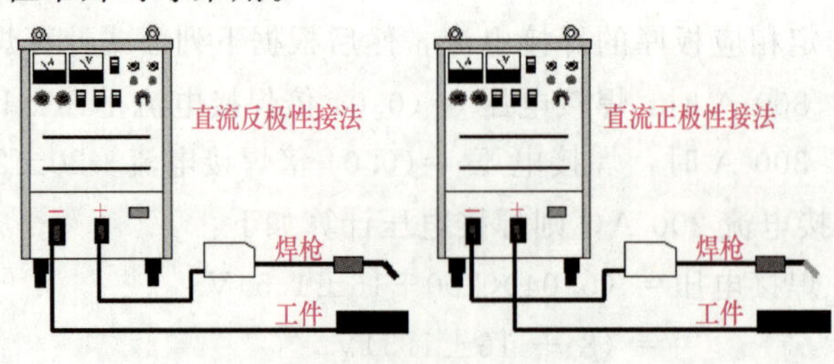

图 4-19

4.4.4 CO_2 气体保护焊焊接质量

CO_2 气体保护焊焊接时，焊缝要求为无气孔、咬边、未焊透、焊缝成型不良、焊接飞溅等。

焊接现场的检验要求见表 4-3。

表 4-3　焊接现场的检验要求

序　号	检验项目	检验标准	工具及方法	记录表格
1	来件质量	达到上道工序目视检验的工艺内容和本工位的工艺要求	目测或板尺	自检记录表
2	焊点/缝数量	符合本工位的作业指导书	目测或板尺	
3	焊接位置	符合本工位的作业指导书	目测或板尺	
4	焊接质量	搭界焊缝的焊角尺寸≥(2 倍薄板厚+0.5 mm)	目测或板尺	
		二区以上的焊点/缝表面不允许有大于 0.2 mm 飞溅，内部焊点/缝的飞溅不允许大于 0.5 mm	目测或板尺	
		焊缝连续，焊缝内无夹渣，无明显裂纹	目测	
		无大于 1.5 mm 的咬边，无大于 2.0 mm 的焊瘤，不允许有气孔、烧穿	目测	

4.5　CO_2 气体保护焊焊接实例介绍

以常见的药芯焊丝 CO_2 气体保护焊平角焊工艺为例进行分析。

药芯焊丝 CO_2 气体保护焊具有工艺性能好、生产效率高、焊接质量好、生产成本低等优点。从操作性能上看，药芯中各种物质在电弧高温作用下造气、造渣，对熔滴和熔池形成气、渣联合保护，明显改善了焊接工艺性能，熔滴呈射滴过渡，电弧稳定，飞溅小，焊缝成型美观，适合全位置焊接，因此被广泛应用于钢结构制造中。但若操作不当，会产生气孔、咬边、焊缝成形不良等缺陷，影响产品质量。

1. 焊前准备

焊前应将焊接接头两侧 30 mm 范围内影响焊缝质量的毛刺、油污、水锈、氧化皮清理干净。检查 CO_2 气体纯度是否符合要求，CO_2 焊机送丝情况是否正常，气路是否畅通，操作地点是否存在安全隐患，在确保安全的前提下才能施焊。

2. 焊接材料

焊丝采用大桥 ER501T－1ϕ81.2 mm 药芯焊丝。CO_2 气体纯度不小于 99.5%。

3. 焊接工艺参数

焊接工艺参数直接影响焊缝的成形和接头质量。生产中应根据板厚、接头形式及坡口尺寸、焊接位置选择合理的焊接工艺参数。焊接钻机平角焊缝时采用二层三道焊，焊接工艺参数见表 4-4。

表 4-4 焊接工艺参数

焊道顺序	焊道	板材厚度/mm	焊丝直径/mm	焊接电流/A	电弧电压/V	焊丝伸出长度/mm	气体流量/($L \cdot min^{-1}$)
	1. 根部焊道	25	1.2	260～300	28～32	15～20	15～20
	2. 盖面焊道			260～300	28～32		
	3. 第 3 道焊			250～300	26～30		

4. 操作要点

(1)根部焊。根部焊道焊接时采用较大的焊接电流，焊枪指向距根部 1～2 mm 处。为保证焊缝熔合良好，焊枪与立板成 35°～45°夹角，如图 4-20 所示。焊接时，采用左向焊法，焊枪做小幅度横向摆动，以获得合适的焊脚尺寸。切不可过分追求获得太大焊脚。否则，会造成铁水下淌，立板出现咬边，底板产生焊瘤，焊缝成形不良等缺陷。

(2)盖面焊。根部焊道焊完后，将焊道上的熔渣、飞溅清理干净。先焊焊道 2，焊枪指向根部焊道与底板的焊趾处，可采用直线焊接或小幅摆动焊接法。要注意底板一侧达到所要求的焊脚尺寸，同时焊趾整齐美观。焊枪角度如图 4-21 所示。

(3)第 3 道焊。焊接时，焊接电流要比第 1 道和第 2 道小些，焊接速度要快些，以保证焊缝成形，不产生咬边缺陷。焊枪角度如图 4-22 所示。

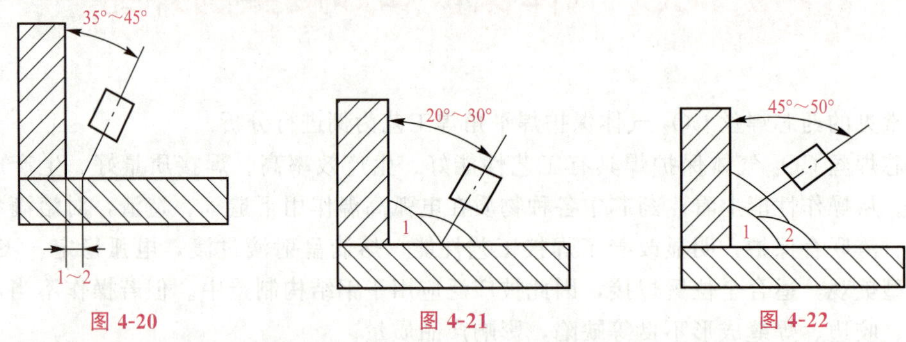

图 4-20　图 4-21　图 4-22

5. 注意事项

(1)施焊过程中灵活掌握焊接速度，防止未熔合、气孔、咬边等缺陷。

(2)熄弧时禁止突然切断电源，在弧坑处必须稍作停留，待填满弧坑后收弧，以防止产生裂纹和气孔。

(3)当板厚不同时，应使电弧偏向厚板一侧，正确调整焊枪角度，以防咬边、焊缝下垂，保持焊角尺寸。

(4)焊后关闭设备电源，用钢丝刷清理焊缝表面，目测或用放大镜观察焊缝表面是否有气孔、裂纹、咬边等缺陷，用焊缝检验尺测量焊缝外观成形尺寸。

本章小结

1. 基本的焊接方法通常分为三大类，即熔化焊接、压力焊及钎焊。

2. CO_2 气体保护焊具有焊接成本低、生产效率高、焊后变形小、抗锈能力强等特点，当然也存在一些不足。

3. CO_2 气体保护焊有 3 种熔滴过渡形式：第一种是较小电流、较低电弧电压下的短路过渡；第二种是较大电流、较高电弧电压下的射滴过渡(细颗粒过渡)；第三种是介于上述二者之间的半短路过渡(混合过渡)。

4. 常见的焊接接头形式有对接、搭接、角接、T 接 4 种；焊接方法按操作者的焊接姿势或焊接时工件的摆放位置分为 4 种：平焊、立焊、横焊、仰焊。

5. CO_2 气体保护焊在焊接中需要的主要参数有 7 个，分别为气体、焊丝、干伸出长度、焊接电流、焊接电压、焊接速度和极性。

6. CO_2 气体保护焊焊接时，通常是焊枪接焊机的正极，工件接焊机的负极，即反极性接法；为了生产的需要有时也采用正极性接法。

7. CO_2 气体保护焊焊接时，焊缝要求为无气孔、咬边、未焊透、焊缝成形不良、焊接飞溅等。

思考与练习

一、想一想

1. 电焊为什么在车身制造中成为一种主要的连接方式？
2. 焊接薄板是用电弧焊还是 CO_2 气体保护焊好？
3. 水平焊与仰焊相比，哪个容易实现？
4. CO_2 气体保护焊与普通电弧焊相比，对操作者的健康影响哪个大？
5. CO_2 气体保护焊平焊是从左向右焊好还是从右向左焊好？为什么？

二、做一做

1. CO_2 气体保护焊有何优点？
2. CO_2 气体保护焊如何防止气孔的产生？
3. 焊接通常如何进行分类？
4. 什么是熔滴过渡？CO_2 气体保护焊通常有哪 3 种过渡形式？
5. 常见的焊接接头形式有哪几种？从操作者的操作姿势来看焊接方法有哪几种？
6. 试简述 CO_2 气体保护焊焊接的工作过程。
7. CO_2 气体保护焊的主要工艺参数有哪几个？
8. CO_2 气体保护焊焊接时正极性和反极性接法各有什么特点？

火箭“心脏”
焊接人：高凤林

第 5 章

汽车车身激光焊接工艺

学习目标

- 了解激光的特点及产生的基本原理。
- 了解激光器的结构及各部分作用。
- 掌握激光焊接的原理及特点。
- 知道激光焊接设备及辅助工具。
- 掌握脉冲激光焊接和连续激光焊接的工艺参数。
- 知道激光焊接焊缝质量的标准及判定。
- 知道激光焊接的检测方法。
- 了解激光焊接在汽车制造中的应用。

激光焊接是利用激光进行加工制造技术应用的重要方面之一。激光焊接有两种基本模式，即热导焊和深熔焊。由于其独特的优点，激光焊接已成功应用于航空航天、机械汽车制造、电子电工等行业中。汽车行业现阶段主要用于焊接薄壁材料和低速焊接，焊接过程属热传导型，即激光辐射加热工件表面，表面热量通过热传导向内部扩散，通过控制激光脉冲的宽度、能量、峰值功率和重复频率等参数，使工件熔化，形成特定的熔池。

5.1 激光产生的基本原理

激光因具有单色性、相干性、高能量和平行性等特点，适用于材料加工，尤其是激光的空间控制性和时间控制性很好，对加工对象的材质、形状、尺寸和加工环境等的适用范围很广，特别适于自动化加工。目前国内外已开发出 20 多种激光加工技术，近年来，国内各大汽车制造公司在车身制造中，也首先考虑用激光热加工技术取代传统工艺，并显现出极好的应用前景。为了提高加工的效率、降低成本、加快产品的更新换代，欧美国家

50%～70%的汽车零部件加工都用激光技术来实现。激光现已普遍用于汽车的焊接、切割、钻孔、打标及其他制造过程，从而使汽车性能得到改进。

5.1.1　光的激励辐射

由物理知识得知，原子是由中心部分带正电荷的原子核与在核的周围轨道上运行并带负电荷的电子组成(见图 5-1)。每种元素的原子都有自己确定的电子轨道状态和电子数。原子的能量由在轨道上运动的电子的动能和所在轨道的势能之和表征。越靠外层的电子能量越大。

电子所处的能量较低的轨道(形态)称为基态，能量比基态高的状态则称为激发态。原子中的电子从某能级转移到另一能级的现象称为电子的跃迁。发光时，原子内发生的电子跃迁是电子由激发态(用 E_2 表示)跃迁到能量较低的状态(用 E_1 表示)，将能量的差 $E_2-E_1=\Delta E$ 以辐射出光子的形式表现出来。光子频率 $\upsilon=\Delta E/h=(E_2-E_1)/h$（$h$ 是普朗克常数)。

原子辐射出光子的现象称为辐射。完全不受外界影响、具有随机统计规律性质的辐射，称为自发辐射(见图 5-2)。自发辐射时高能态的原子自发地辐射出光子并迁移至低能态。这种辐射的特点是每一个原子的跃迁是自发地、独立进行的，其过程全无外界的影响，彼此之间也没有关系。因此它们发出的光子的状态是各不相同的。这样的光相干性差，方向散乱。

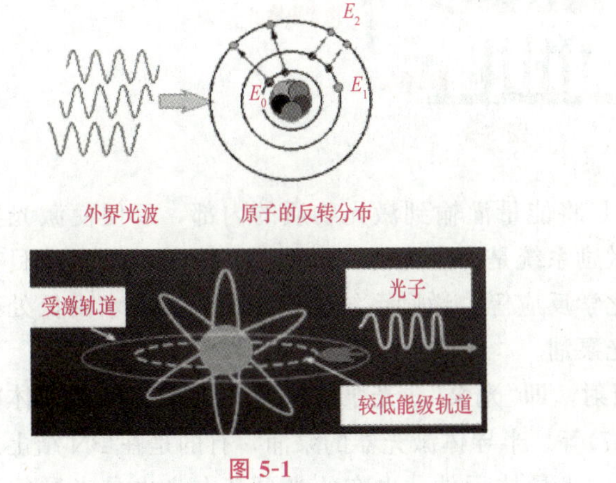

图 5-1

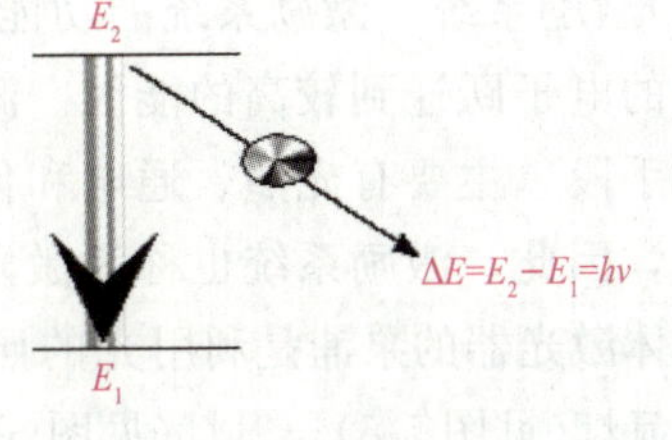

图 5-2

如果用外界的光照射处于激发态的原子，并且外界光的频率恰好等于激发态的原子跃迁发射光子的频率，原子就受“激励”发射光子。此时，原子发射光波的频率、相位乃至传播方向都与原入射光相同。这种原子发射光子的现象称为受激(励)辐射。

受激辐射的最大特点是由受激辐射产生的光子与引起受激辐射的原来的光子具有完全相同的状态，它们具有相同的频率，相同的方向，完全无法区分出两者的差异。这样，通过一次受激辐射，一个光子变为两个相同的光子(见图 5-3)。这意味着光被加强了，或者说光被“放大”了。这正是产生激光的基本过程。

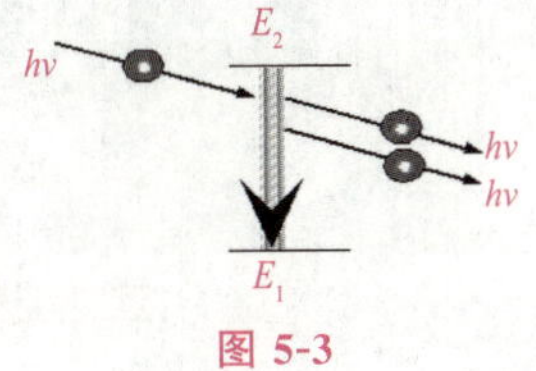

图 5-3

5.1.2 光的吸收

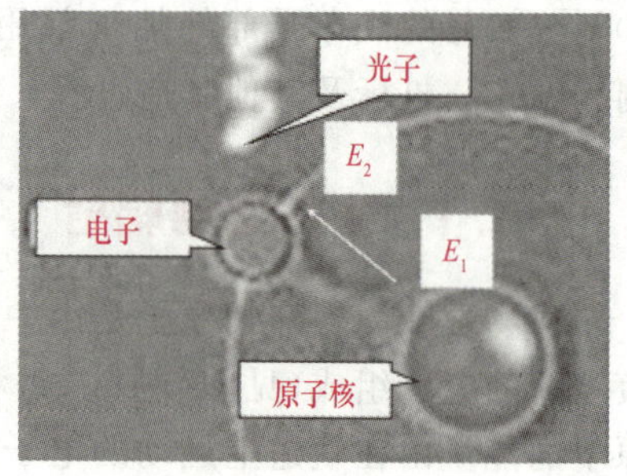

图 5-4

原子外围轨道上的电子也会吸收外界来的能量，为 $h\upsilon = E_2 - E_1$，光子由 E_1 态跃迁到 E_2 态，这是受激辐射的逆过程(见图 5-4)。

光的吸收和受激辐射是激光的基本物理现象。

5.1.3 激光与激光器

1. 激光的定义

激光英文中是 Light Amplification by Stimulated Emission of Radiation，含义为受激辐射并放大的光。

2. 激光器的基本构成

激光器是产生激光的装置。激光器种类很多，但其构造原理基本相同，大多由激励系统、激光物质和光学谐振腔 3 部分组成(见图 5-5)。

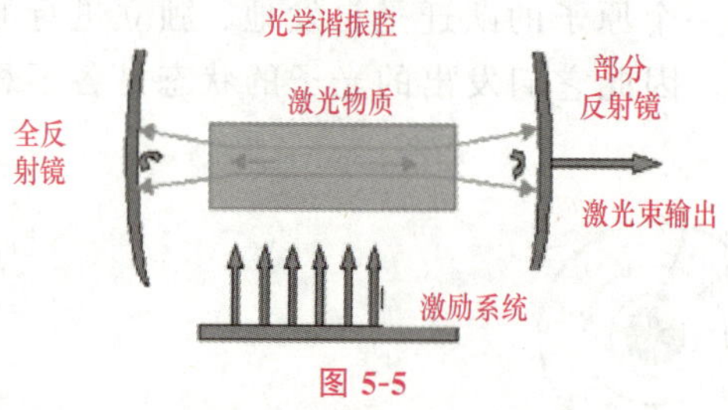

图 5-5

(1)激励系统。激励系统的功能是将能量灌输到激光物质的内部，以便使激光物质的原子中的电子跃迁到较高的能级。激励系统是产生光能、电能或化学能的装置。目前使用的激励手段，主要有光照、通电和化学反应等。激励系统的技术手段与将水由低处泵往高处类似，因此，激励系统也称为激光泵浦。

固体激光器的泵浦是利用光的照射，即"光泵"。光泵往往是充有各种惰性气体的弧光灯，如氙灯(见图 5-6)、氪灯(见图 5-7)等。半导体激光器的泵浦，有的是在 PN 结上通过大电流(见图 5-8)，有的是用电子束照射半导体元件，也有的光泵其本身也是半导体激光器件——激光二极管。近年来也开发出以激光二极管作为光泵的固体激光器，如图 5-9 所示。

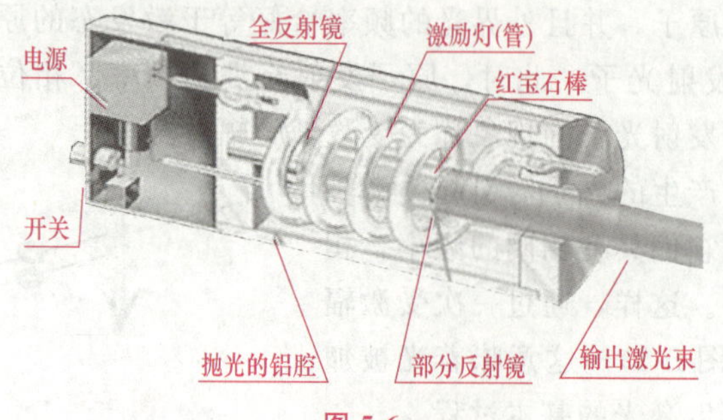

图 5-6

图 5-7

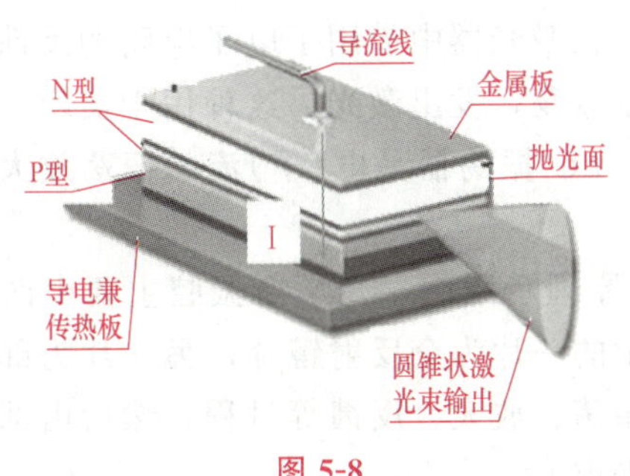

图 5-8

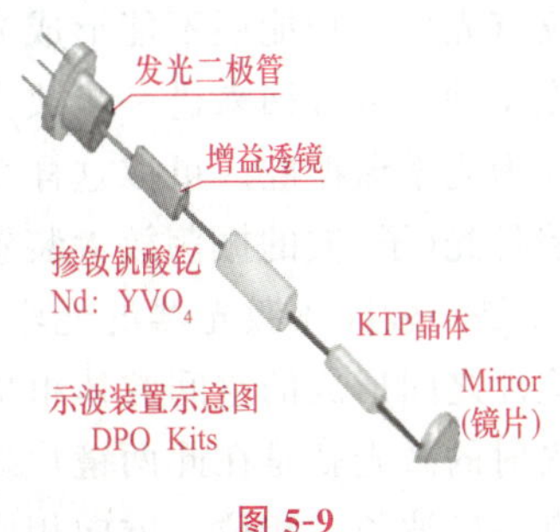

图 5-9

(2)激光物质。受激辐射是产生激光的首要条件，也是必要条件，但还不是充分条件。如果让这些受激光子一个一个地发射出来，是不能形成强大的能量的。一般地，电子被激发到高能级后，在高能级上停留的时间是短暂的。而有些物质的电子处于第二能级 E_2 的时间较长，仅次于基态能级 E_1，该能级称为亚稳能级。要形成激光，激光工作物质必须具有亚稳态能级。

外来的光子能激发出光子，产生受激辐射，但也可能被低能级所吸收。在激光工作物质中，受激辐射和受激吸收这两个过程都同时存在。在常温下，吸收多于发射。选择适当的物质，使其在亚能级上的电子比低能级上的电子还多，即形成粒子数反转，使受激发射多于受激吸收。激光物质也必须符合这一条件。

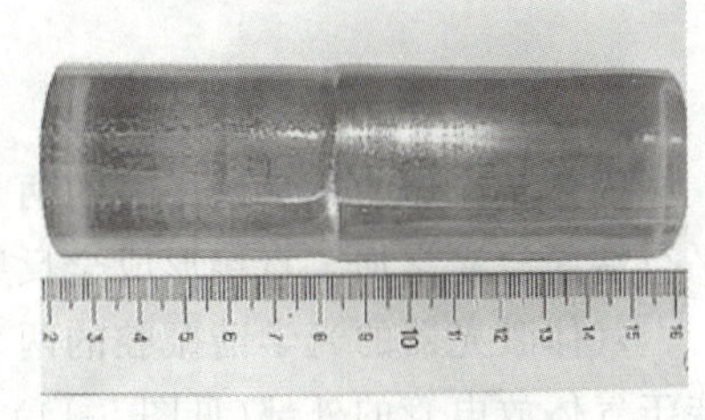

图 5-10

激光物质可能是固体，如红宝石(见图 5-10)、钕玻璃(见图 5-11)、半导体等；激光物质也可能是气体，如氖气、氦气、氩气、CO_2(见图 5-12)等。激光物质还可能是半导体(见图 5-9)、液体。

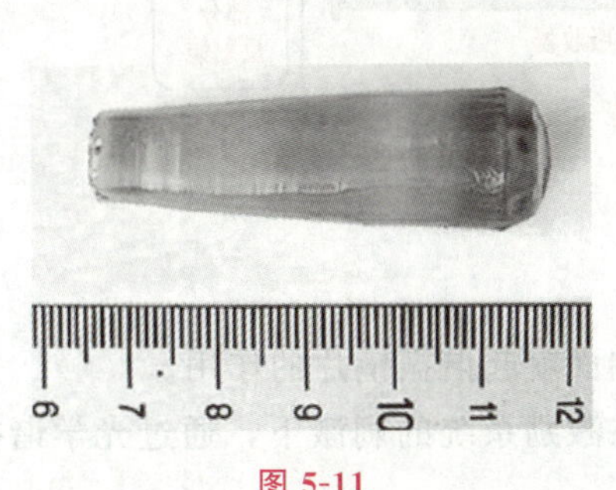

图 5-11

图 5-12

(3)光学谐振腔。激光器中开始产生的光子是自发辐射产生的，其频率和方向杂乱无章。要使频率单纯，方向集中，就必须有一个光学振荡腔。

激光器的发光是利用光的受激辐射原理。处于粒子数反转分布状态的大多数电子在受到外来入射光子激励时，会同步发射光子，受激辐射的光子和入射光子不仅波长相同，而且相位、方向也相同。这样由弱的入射光激励而得到了强的发射光，起到了光放大作用。

但是仅有光放大功能还不能形成光振荡，在激光器中借用了电子电路的反馈概念，把放大了的光反馈一部分回来进一步放大，产生振荡，发出激光。这种用于实现光的放大反馈的装置称为光学谐振腔。可以这样来设想：*LC* 振荡器是电(子)流的振荡放大装置；而光学谐振腔是光(子)波的振荡放大装置。

图 5-13 是一般固体激光器的光学谐振腔原理示意图，光学谐振腔主要由两个光反射镜片及两镜片之间形成的空间腔体组成。其中的一片为全反射镜片，另一片为部分反射镜片，受激辐射的激光就是在此两镜片之间经振荡、放大、反馈等过程，然后由部分反射镜片输出具有一定波长、相位、方向相同的激光束。

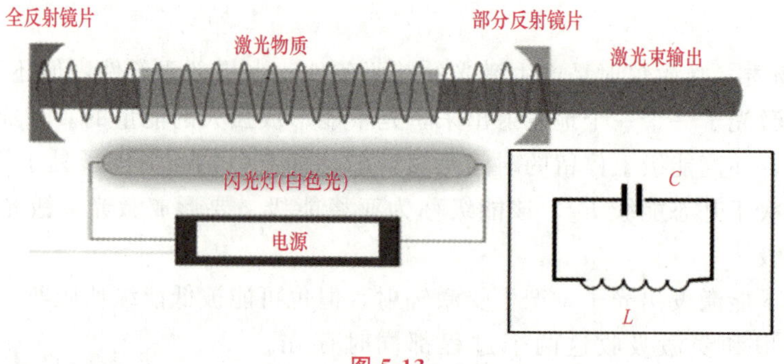

图 5-13

固体激光器的光学谐振腔的两个反射镜片安装于固体激光物质外面，也可将激光棒两平行端面经光学加工直接形成全反射镜片及部分反射镜片。

气体激光器的光学谐振腔的两个反射镜片，有的安装于气体放电管的内部，也有的安装于气体放电管的外部(见图 5-14)。

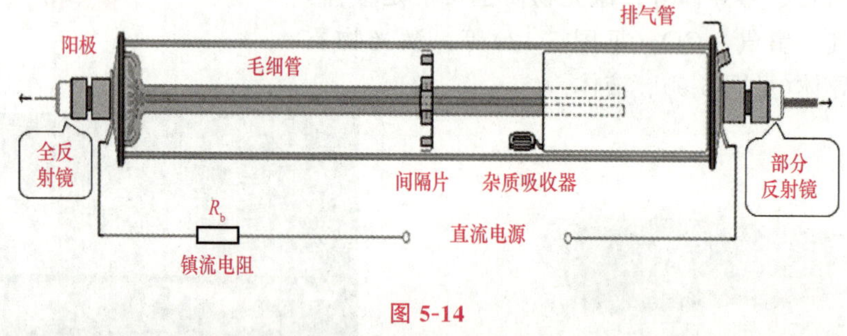

图 5-14

对半导体激光器来说，被抛光的半导体材料的端面就起谐振镜片的作用。

激光产生的基本原理可简单描述为：激光物质在激励系统的刺激下，通过光学谐振腔的整理，最后产生激光。

5.1.4 激光的特点

1. 单色性

在激光器的谐振腔内，每个光子受激辐射的激光的相位是完全相同的(见图 5-15)，这意味着激光是持续时间很长的正弦波。

2. 相干性

单色光通过双窄缝时会产生干涉条纹(见图 5-16)；用激光作光源，通过双窄缝时也会产生干涉条纹，说明激光也是单色光，也就表明激光是具有“时间”、“空间”相干性的光。

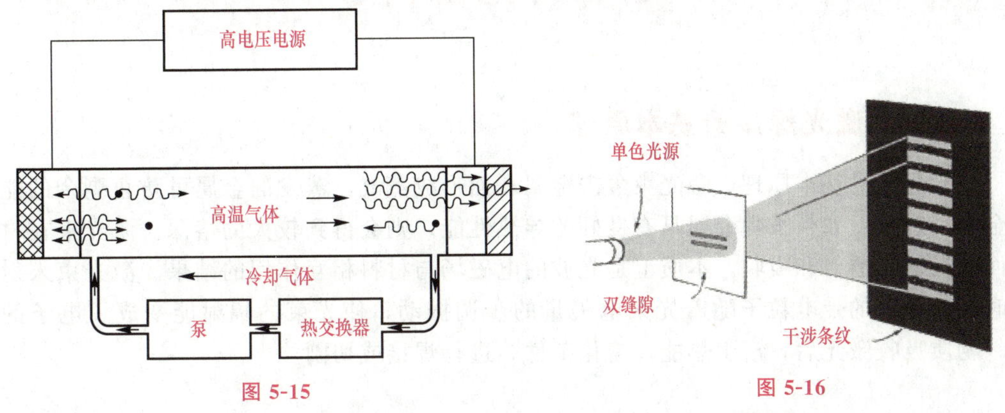

图 5-15　　图 5-16

3. 平行性

激光谐振腔内的激光束是平行性(见图 5-17)极好的单色光束，这也表明激光束是完整的平面波，即不“发散”。

利用适当的透镜聚焦系统(图 5-18 和图 5-19 只示意地给出透镜聚焦系统，而实际的激光机根据用途的不同，使用着复杂的聚焦系统)，可将平面波激光束收敛为球面波，这就能将激光束聚集在非常小的一点上，形成激光光斑。于是，在单位面积上聚集了光强极大的激光，这正是使激光有了广阔市场的主要原因，如激光焊接、激光切割、激光扫描、激光打标、激光测距、激光武器、激光唱片等。

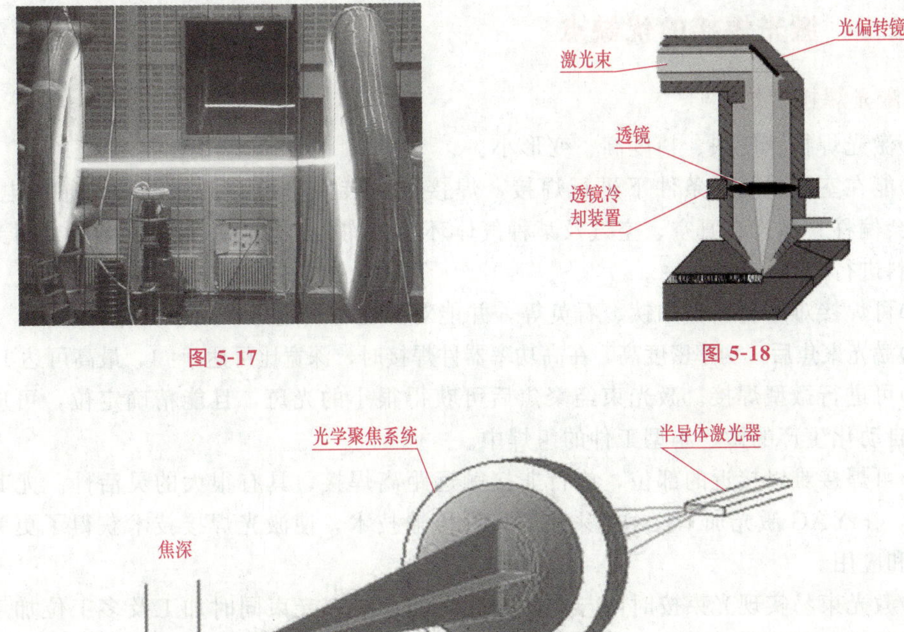

图 5-17　　图 5-18

图 5-19

5.2 激光焊接

5.2.1 激光焊接的基本原理

激光焊接的基本原理：激光束轰击金属表面形成蒸气，蒸发的金属可防止剩余的能量被金属反射掉。如果被焊金属具有良好的导热性能，则会得到较大的熔深。激光束在材料表面的反射、透射和吸收，本质上是光波的电磁场与材料相互作用的结果。激光束入射材料时，材料中的带电粒子随着光束电矢量的步调振动，使光束的辐射能变成了电子的动能。物质吸收激光后，产生热能，熔化工件，进行焊接或切割。

5.2.2 激光焊接的分类

世界上的第一个激光束于1960年利用闪光灯泡激发红宝石晶粒所产生，因受限于晶体的热容量，只能产生很短暂且频率很低的脉冲光束。虽然瞬时脉冲峰值能量可达 10^6 W，但仍属于低能量输出。

随着技术的发展，随后相继出现以钕(Nd)、CO_2 气体、二极管、液体等为激发元素的激光器，但广泛应用的激光焊接按激光物质分为两大类：

(1)固体激光焊：以固体为工作介质，产生的激光呈脉冲式、波长短、功率低。

(2)气体激光焊：以气体或金属蒸汽作为工作介质，产生的激光呈连续式，波长长、功率大。

5.2.3 激光焊接的优缺点

1. 激光焊接的优点

(1)激光焊接速度快、精度高、变形小。

(2)能在室温或特殊条件下进行焊接，焊接设备装置简单。例如，激光通过电磁场，光束不会偏移；激光在真空、空气及某种气体环境中均能施焊，并能通过玻璃或对光束透明的材料进行焊接。

(3)可焊接难熔材料，如钛、石英等，并能对异性材料施焊，效果良好。

(4)激光聚焦后，功率密度高，在高功率器件焊接时，深宽比可达5∶1，最高可达10∶1。

(5)可进行微型焊接。激光束经聚焦后可获得很小的光斑，且能精确定位，可应用于大批量自动化生产的微、小型工件的组焊中。

(6)可焊接难以接近的部位，施行非接触远距离焊接，具有很大的灵活性。尤其是近几年来，在YAG激光加工技术中采用了光纤传输技术，使激光焊接技术获得了更为广泛的推广和应用。

(7)激光束易实现光束按时间与空间分光，能进行多光束同时加工及多工位加工，为更精密的焊接提供了条件。

2. 激光焊接的缺点

(1)要求焊件装配精度高，且要求光束在工件上的位置不能有显著偏移。这是因为激光聚焦后光斑尺寸小，焊缝窄，需填充金属材料。若工件装配精度或光束定位精度达不到要求，很容易造成焊接缺陷。

(2)激光器及其相关系统的成本较高，一次性投资较大。

5.3 激光焊接设备及辅助工具

5.3.1 激光焊接的技术可行性

激光有很多特性。首先，激光是单色的(单频的)。有些激光器可以同时产生不同频率的激光，但是这些激光是互相隔离的，使用时也是分开的。其次，激光是相干光。相干光的特征是其所有的光波都是同步的，整束光就好像一个"波列"。再次，激光是高度集中的，具有平行性，也就是说它要走很长的一段距离才会出现分散或者收敛的现象。

激光的这些独特性质加上由此而来的超高亮度、超短脉冲等性质使它已经牢牢地和现代产业结合在一起，这些特性非常适合焊接加工。

5.3.2 激光焊接设备及辅助工具

1. 激光焊接设备

激光焊接设备由激光器、导光系统和数控加工机床或焊接机器人三大部分，以及相关辅助设备组成(见图5-20)。激光器是焊接系统的主要部件，激光器的性能直接影响激光加工质量。

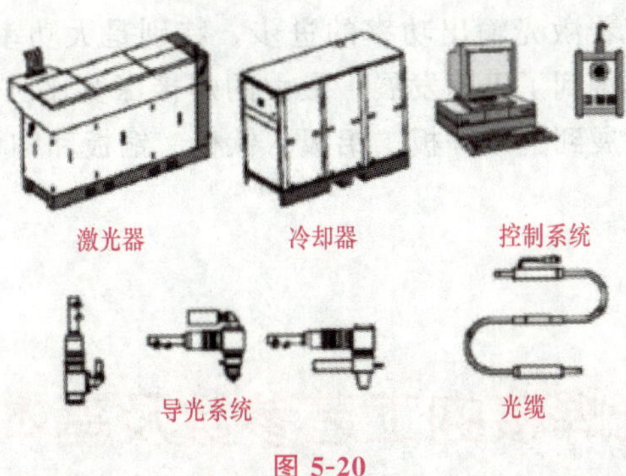

图 5-20

(1)激光焊接设备的关键是激光器(产生激光的器件)。激光器一般按产生激光的工作物质不同来分类，主要有半导体(GaAs、InP等)激光器、固体(Nd：YAG等)激光器、气体(CO_2、He—Ne等)激光器、液体(可调谐染料等)激光器、化学激光器、自由电子激光器等。目前广泛应用的是其中的两大类：一类是气体激光器，气体激光器以气体或金属蒸汽作为工作介质，产生均匀的 10.6 μm 的红外激光，可以连续工作并输出很高的功率，标准激光功率在 2～5 kW 之间。它是目前种类最多，激励方式最多样化，激光波长分布区域最宽的激光器，可轻易实现大功率连续输出。另一类是固体激光器，其将产生激光的粒子掺于同体基质，其相对密度比气体大，因而可以获得比较大的激光能量输出。其具有能量大、峰值功率高、机构紧凑、牢固耐用等特点，适用于柔性制造系统或远程加工，通常用于焊接精度要求比较高的工件。

激光器按能量输出方式分为脉冲激光器和连续激光器。脉冲激光器产生的激光加热斑点小，约为微米级，瞬时功率大，每个激光脉冲在金属上形成一个焊点。连续激光器结构简单，输出功率范围大，能量转换高。

(2)导光系统主要由激光测量系统、光束改善系统、光闸系统、45°反射镜及激光、加工头等组成。

(3)数控加工机床主要功能是使导光头和工件做相对运动，实现激光加工。机床驱动部分可根据用户所需采用交流伺服、直流伺服电动机。当空间狭小，距离较长或者路径不规则时，焊接的操作经常会用到焊接机器人。

2. 辅助工具

为保证激光焊的顺利进行，提升自动化程度，通常还需要一些辅助设备：

(1)焊接夹具。可以保证激光焊接时所连接板材或总成的精确定位，保证焊缝间隙，防止焊接变形，从而提高激光焊接接头的质量。

(2)激光焊接控制系统。激光焊接控制系统主要包括焊接过程的视频监视系统、焊缝自动跟踪系统和矫正系统、送丝控制系统等。对于不同的激光焊接方式，控制系统的组成也有所不同。

(3)冷却机组。当外循环冷却系统冷却内循环的温度超过 39 ℃时，冷却机组工作冷却外循环温度，使激光共振器和放大器在 30 ℃正常工作。

激光焊接技术在制造领域的应用稳步增长，由脉冲到连续，由小功率到大功率，由薄板到厚件，由简单单缝到复杂外形，激光焊接在不断的演化过程中已经逐步成为一种成熟的现代加工工艺技术。随着激光输出功率的进步，特别是大功率 CO_2 激光器的出现，激光深穿透技术在国内外都得到了迅速发展，最大的焊接深宽比已经达到了 12∶1，激光焊接材料也由一般低碳钢发展到了镀锌板、铝板、钛板、铜板和陶瓷材料，激光焊接速度已达到了每分钟几十米。

5.4 激光焊接的工艺参数及基本焊接技术

根据激光对工件的作用方式，激光焊接可分为脉冲激光焊接和连续激光焊接。脉冲激光焊接时，输入工件上的能量是断续的、脉冲的，每个激光脉冲在焊接过程中形成一个圆形焊点。连续激光焊接在焊接过程中形成一条连续的焊缝。两种激光焊接有不同的工艺参数，分别介绍如下。

5.4.1　脉冲激光焊接的工艺参数

1. 功率密度

功率密度是激光加工中关键的参数之一。采用较高的功率密度，在微秒时间范围内，表层即可加热至沸点，汽化。因此，高功率密度对于材料去除加工，如打孔、切割、雕刻有利。采用较低功率密度，表层温度达到沸点需要经历数毫秒，在表层汽化前，底层达到熔点，易形成良好的熔融焊接。

2. 激光脉冲波形

激光脉冲波形在激光焊接中是一个重要的参数，尤其对于薄片焊接更为重要。当高强度激光束射至材料表面，金属表面将会有60％～98％的激光能量因反射而损失掉，且反射率随表面温度变化。在一个激光脉冲作用期间内，金属反射率的变化很大。

3. 激光脉冲宽度

脉宽是脉冲激光焊接的重要参数之一，它既是区别于材料去除和材料熔化的重要参数，也是决定加工设备造价及体积的关键参数。

4. 离焦量

激光焊接通常需要一定的离焦量，由于激光焦点处光斑中心的功率密度过高，因此被焊接材料能轻易蒸发成孔。离开激光焦点的各平面上，功率密度分布相对均匀。离焦方式有两种：正离焦与负离焦。焦平面位于工件上方为正离焦，反之为负离焦。按照几何光学理论，当正负离焦量相等时，所对应平面上功率密度近似相同，但实际上所获得的熔池外形不同。负离焦时，可获得更大的熔深，这与熔池的形成过程有关。实验表明，激光加热50～200 μs材料开始熔化，形成液相金属并出现部分汽化，形成高压蒸气，并以极高的速度喷射，发出刺眼的白光。与此同时，高浓度气体使液相金属运动至熔池边沿，在熔池中心形成凹陷。当负离焦时，材料内部功率密度比表面还高，易形成更强的熔化、汽化，使光能向材料更深处传递。所以在实际应用中，当要求熔深较大时，采用负离焦；焊接薄材料时，宜用正离焦。

5.4.2　连续激光焊接的工艺参数

1. 激光功率

激光功率是指激光器的输出功率，没有考虑导光和聚焦系统所引起的损失，是连续激光焊接关键的参数之一。连续工作的低功率激光器可在薄板上以低速产生有限传热焊缝。高功率激光器则可用小孔法在薄板上以高速产生窄的焊缝，也可用小孔法在中厚板上以低速产生深宽比较大的焊缝。

2. 焊接速度

焊接速度的快慢会影响单位时间内的热输入量，焊接速度过慢，则热输入量过大，导致工件烧穿；焊接速度过快，则热输入量过小，造成工件焊不透。

3. 光斑直径

通常来讲，光斑直径越小，功率密度越高。

4. 离焦量

离焦量不仅影响焊件表面激光光斑大小，而且影响光束的入射方向，因而对焊接熔深、焊缝宽度和焊缝横截面形状有较大的影响。离焦量很大时，熔深很小，属于传热焊，当离焦量减小到某一值后，熔深发生跳跃性增加，此处标志着小孔产生。

5. 保护气体

保护气体有两个作用，一是保护焊缝金属不受有害气体的侵袭，防止氧化，提高接头的性能；二是影响焊接过程中的等离子体，抑制等离子云的形成。保护气体通常采用 Ar 或 He。

5.4.3　激光焊接的工艺方法

1. 焊接接头形式

焊接接头形式主要有 10 种(见图 5-21)，最常见的为对接接头和搭接接头。激光焊接对焊件装配质量要求较高，对接焊时，如果接头错边太大，会使入射激光在板角处反射，焊接过程不稳定；薄板焊时，如果间隙太大，焊后焊缝表面成形不饱满，严重时形成穿孔；搭接焊时，板间间隙过大容易造成上下板间熔合不良。经验表明，间隙超过板厚的 3%，焊缝将不饱满。

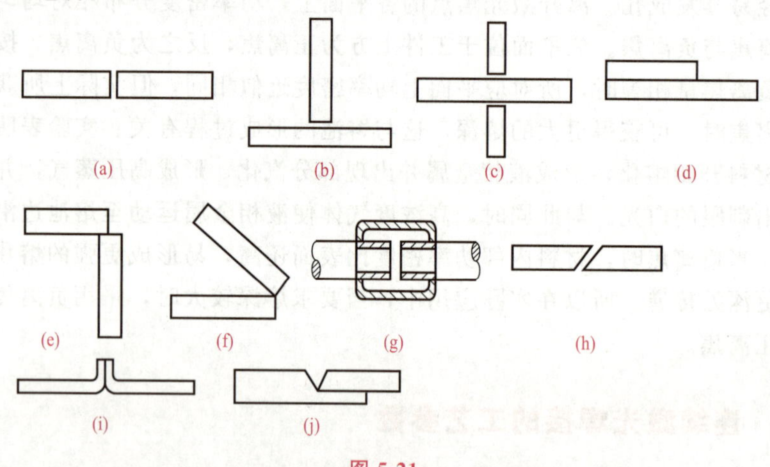

图 5-21

(a)对接接头；(b)T 形接头；(c)十字接头；(d)搭接接头；(e)角接接头；(f)端接接头；(g)套管接头；(h)斜对接接头；(i)卷边接头；(j)锁底接头

焊接过程中，焊件应严紧，以防止焊接变形。对于钢材的焊接，焊接前需进行除锈、脱脂处理，要求较严格时，需先打磨，然后用酒精、洗涤剂等进行清洗。

激光焊接适合于自熔焊，一般不添加焊接材料，靠被焊材料自身的熔化形成接头。但有时为了提升装配精确度、改善焊缝成形和提高焊接结构的适应性，也需加填充金属焊丝。

2. 焊接形式

(1)片与片间的焊接。一般采用手动焊接和自动化焊接，其包括对焊、端焊、中心穿透熔化焊、中心穿孔熔化焊 4 种工艺方法。

(2)丝与丝的焊接。一般采用手动焊接和半自动焊接，其包括丝与丝对焊、交叉焊、平行搭接焊、T 型焊 4 种工艺方法。

(3)不同金属的焊接。焊接不同类型的金属要解决可焊性与可焊参数范围的问题，不同材料之间的激光焊接只有某些特定的材料组合才有可能，如铁和铜、铜和锂可焊接，但铜和铝不能焊接。

(4)金属丝与块状元件的焊接。采用激光焊接可以成功地实现金属丝与块状元件的连接，块状元件的尺寸可以任意。在焊接中应注意块状元件的几何尺寸。

(5)块状物件补焊。采用激光将激光焊丝熔化沉积到基材上，一般适合模具等产品的修补。

5.5 激光焊接焊缝质量标准及判定

5.5.1 激光焊接的质量检测

激光焊接中常见的缺陷有如下几种：由于汽车激光焊接过程的复杂性以及众多的影响因素，当出现加工质量下降时，无法用一个概括的原因进行解释。一般激光焊缝轨迹的开始和结尾段被认为是最为关键的部分。图 5-22 所示是汽车车身激光焊接的一些典型缺陷。

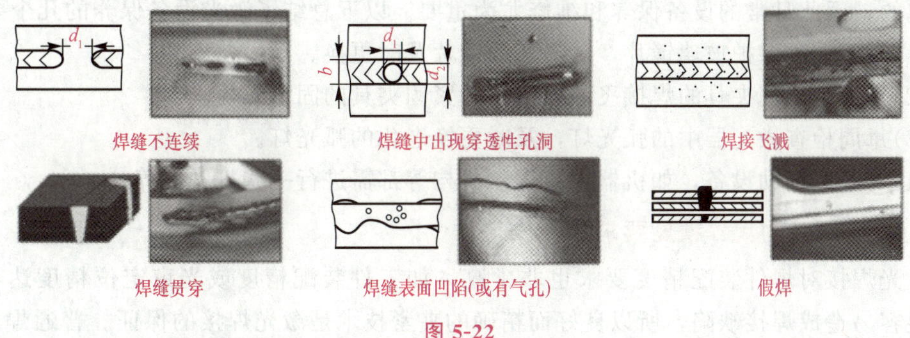

图 5-22

(1)焊缝不连续：焊缝塌陷或凸起，影响美观，同时影响结构性能。

(2)焊缝中出现穿透性孔洞：材料被焊穿产生较大的孔洞，影响质量与美观。当毛孔的直径小于 0.2 mm 时就是微小毛孔；当毛孔的直径大于 1.0 mm，就称为孔洞。

(3)焊接飞溅：因激光焊机参数选择不当，导致熔化的金属飞溅。

(4)焊缝贯穿：使焊缝处性能不稳定，容易被破坏。

(5)焊缝表面凹陷(或有气孔)：密封不严，容易破损。

(6)假焊：也称虚焊，起不到任何作用，要极力避免。

(7)还有诸如焊缝开头/焊缝结尾问题：在加工件的边缘会出现焊缝填充不足或过剩的现象。

5.5.2 影响汽车激光焊接质量的因素

实际生产中质量缺陷产生的可能原因：

1. 激光设备的原因

(1)脏了的保护玻璃镜片或激光器中老化的弧光灯都会降低激光的功率。

(2)激光的焦点位置不正确。当激光焦点的直径太小时，太多的激光能量被集中在焊条上，因此使焊料变得过热，而同时加工件的侧边却没有得到足够的加热，这样焊料就不容易流到加工件的缝隙中去。而激光焦点的直径太大时，激光能量不集中，焊不牢。

2. 其他的原因

(1)焊枪预热温度错误。

(2)焊条引导速度不恒定或是与激光设备加工头速度不相符，或者机器人速度波动等。

(3)由于熔液的凝固而引起的气体分子的泄漏。

3. 间隙尺寸原因

被焊接零件之间的间隙尺寸超过激光设备要求。

5.5.3 汽车激光焊接的质量控制

1. 设备保养

在汽车激光焊接的质量缺陷及影响的因素中，提到了大多数质量缺陷都是由于设备故障造成的，因此日常的设备保养和维修尤为重要。以下总结了激光设备保养的几个要求：

(1)每天检测保护玻璃镜片，对损坏的镜片及时更换。

(2)每天需清理夹具的焊接飞溅残留物并紧固夹具的固定螺栓。

(3)每周检查激光器中的弧光灯，及时更换老化的弧光灯。

(4)对一些辅助设备，如机器人、送丝机构等都需进行一些日常保养。

2. 焊接工件的尺寸精度要求

激光焊接对焊件装配精度要求也非常高，如工件装配精度或光束定位精度达不到要求，很容易造成焊接缺陷，所以良好而精确的夹紧技术是激光焊接的保证。普通焊接对被焊接零件间的配合间隙要求在 2 mm 左右，而激光焊接理想的情况是配合间隙越小越好，通常在车身生产中以被焊接零件间的配合间隙 0.2 mm 来控制。

3. 车身功能尺寸的质量控制

根据现场车身激光焊接质量控制经验，成立一个尺寸小组对影响激光焊接质量的关键尺寸进行监控是很有必要的。尺寸小组由测量部门、生产部门、质量保证部门(质保部门)、样板部门组成。小组成员定期召开尺寸会议讨论并解决出现的尺寸偏差。测量部门需每天对关键尺寸进行测量并提供相应的报告，生产部门需及时的反馈信息，质保部门对产生的质量问题进行判定，并协同样板部门制定解决方案。

5.5.4 激光焊缝质量的检验

焊接检测方法很多，一般可以按以下方法分类：

一、按焊接检测数量分

1. 抽检

在焊接质量比较稳定的情况下，如自动焊、摩擦焊、氩弧焊等，当工艺参数调整好之后，在焊接过程中质量变化不大，比较稳定，可以对焊接接头质量进行抽样检测。

2. 全检

对所有焊缝进行 100%的检测。

二、按焊接检验方法分

1. 非破坏性检验

(1)目视检验：激光焊缝非破坏性检验主要是目视检验。检验者采用一些适宜的工具，如放大镜、照相机或其他测量检验工具对焊缝的存在、数量、长度、外观及位置按照图纸要求进行检查。在上面提到的激光焊接质量缺陷中，气孔、焊接飞溅、焊穿、中断的焊缝、边缘熔接等问题都可以通过目视检验出来。在汽车车身生产过程中要求对每一条焊缝都进行目视检验，以此评判它的质量。

(2)耐压试验：包括水压试验和气压试验等。水压试验用于检查受压容器的强度和焊缝致密性，试验压力是工作压力的 1.25～1.5 倍。气压试验通常用于低压容器和管道的检验，试验要在隔离场所进行。试验前在输气管道上要设置一个储气罐，储气罐的气体出入口均装有气阀、工作压力计和监控压力计以保证进气稳定，所用气体应是干燥、洁净的空气、氮气或其他惰性气体，当试验压力达到规定值(一般为产品工作压力的 1.25～1.5 倍)时，关闭气阀门，停止加压。注意，施压下的产品不得敲击、振动和修补焊缺陷，停止加压后，用涂肥皂水检漏或检验工作压力表数值变化，如没有发现漏气或压力表数值稳定，则为合格。

(3)无损检测：包括射线探伤、超声波探伤、磁粉探伤、渗透探伤等。射线探伤和超声波探伤是用专门仪器检查焊接接头是否有内部缺陷，如裂纹、未焊透、气孔、夹渣等。磁粉探伤是利用处于磁场中的焊接接头表面磁粉分别具有的特征来检查铁磁性材料表面及近表面缺陷(如微裂纹等)。渗透探伤是用带有荧光染料(荧光法)或红色染料(着色法)的渗透剂对焊接缺陷的渗透作用来检查表面微裂纹。

2. 破坏性检验

激光焊缝的破坏性检验分为金相试验和凿击检验两种。

(1)金相试验是通过显微镜对激光焊缝的横断面磨片进行判定的一种检验方法。常见的缺陷一般为无连接、边缘缺口、根部突起等。检验的频次取决于工艺的可靠性，实际生产中由生产部门和各主管的质保部门协商确认，每月至少一次。对于由于设备故障或质量缺陷对激光参数进行调整后的情况，必须对焊缝做金相试验评定。

(2)凿击检验是借助凿子，使激光焊缝受力凿打直至出现断裂，然后测量断裂面(焊缝的长度和宽度)的一种检验方法。凿击检验能反映出激光焊接设备的功能可靠性，所以凿击检验一般在离生产线很近的地方进行，当焊缝被发现有不合格时，就可以通知相应工艺和维修人员。在汽车车身生产中对所有激光焊缝以2次/月的频次检验。

3. 返工方法

对通过上述各种检验方法发现缺陷的激光焊缝，需进行返工。一般汽车车身激光焊接返工方法如下：

(1)电阻定位焊。电阻定位焊要求有较高的接触位置或法兰边宽度，而且在这种情况下不允许熔核在激光焊缝上，也不允许熔核与激光焊缝连接在一起。当工件法兰边很短(<8 mm)或不能钻孔时，可在搭接处用MIG(惰性气体)焊。

(2)当搭接接头成角焊缝时可使用MIG(惰性气体)、MAG(活性气体)焊接。

(3)重新进行激光焊接，但新焊缝不允许焊在有缺陷的焊缝上，而只能焊在焊缝之间的空缺处，返工焊缝长度应与焊缝缺陷位置的长度相同。

5.6 激光焊接在汽车车身制造中的应用

激光加工是利用高辐射强度的激光束，经过光学系统聚焦，对工件加工部位施加高温进行热加工的技术。与传统的焊接方法相比，激光焊接生产效率高和易实现自动控制的特点使其非常适于大规模生产线和柔性化制造。其中，激光焊接在工程车辆制造领域中的成功应用可大大提高生产效率和产品质量，已经凸显出激光焊接的巨大优势。

5.6.1 车身激光焊接

普通激光焊接工艺主要被用于车顶焊接，可以降噪和适应新的车身结构设计。欧洲各大汽车厂中，如德国大众、宝马公司、瑞典沃尔沃、意大利菲亚特，激光器绝大多数被用于车顶焊接(见图5-23和图5-24)。在我国，长春一汽、广汽菲亚特、上海大众也已经在众多车型上采用了激光技术来焊接车顶和侧围外板。

图5-23

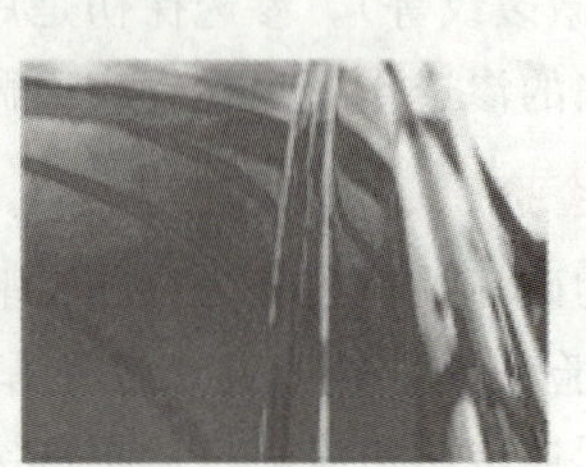

图5-24

车身顶盖
激光焊接

当然，在汽车车身制造中，激光堆焊、激光钎焊也应用越来越多。

由于激光光束可在焦距之内照射堆焊工件(见图 5-25)，因此，堆焊送粉装置的设计等离子弧堆焊简单方便；又由于激光光束的功率可精度控制，因此激光堆焊堆焊层的质量稳定性高；而有些零件的连接不宜采用激光熔焊，如车身的某些对焊接变形要求十分高的部位，但可利用激光作为热源，用光纤进行较远距离传输，施行激光钎焊(见图 5-26)。

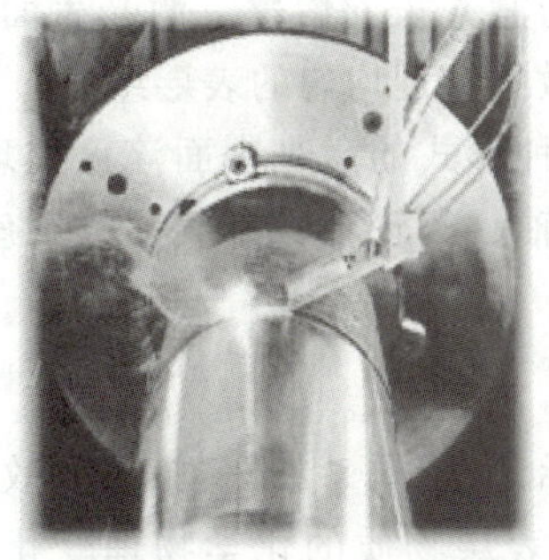

图 5-25

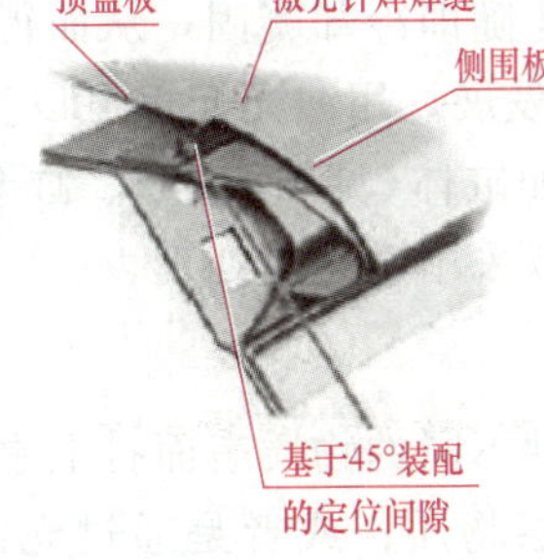

图 5-26

与传统点焊相比，激光焊接的焊接质量和效率都大大提高，焊接完毕后，无须增加车顶饰条，提高了整车的美观度。

使用激光焊接的优点很明显，焊接速度快(以 5～6 m/min 的焊接速度，焊接 1.5 m 车顶只需十几秒)、焊缝质量好、连接强度高(激光焊缝强度是常规电阻点焊的 1.5 倍)且具有较高的密封性；缺点是设备投资成本较高，如两台焊接系统的成本约为 250 万美元，远远高于电阻点焊设备的投资。

现在先进的激光焊接为远程激光焊接(见图 5-27)，此种焊接为非接触式焊接，采用专门的镜头将激光聚焦在 1～2 m 远的焊接工件上，镜头由机器人驱动，通过机器人移动和激光聚焦点的变化，灵活地实现各个部位的焊接。激光远程焊接技术发挥了单侧、非接触式激光焊接带来的技术和经济优势，并将其与高速扫描镜片带来的优势相结合，大大缩短了焊接时间，在整个焊接工艺流程中提高了总生产效率。激光远程焊接的优点在于更经济、占用空间更少，与要使用 6～8 套夹具的电阻点焊相比，远程激光焊接仅需一套夹具。另一方面，远程激光焊接的缺点在于其对工件匹配要求很高，这使得设计和制作夹具非常复杂。

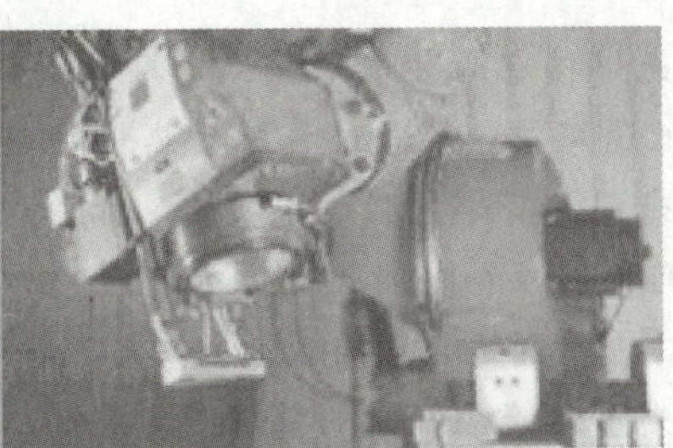

图 5-27

目前普通激光焊接和激光钎焊技术已比较成熟，远程激光焊接仍然在不断发展中，是一种高效率、灵活的焊接方式。

5.6.2 激光在汽车制造中的其他应用

1. 激光表面处理

激光表面处理通常包括两种工艺技术，即激光表面淬火与激光表面熔覆。激光表面淬火中的激光束，使金属表面融化随即冷却凝固，从而得到细微的接近均匀的表层组织。

随着大功率 CO_2 激光器的发展，用激光光束可以实现各种形式的激光表面淬火处理，汽车发动机的许多关键部件，如缸体(见图 5-28)、缸套、曲轴、凸轮轴、排气门、阀座、摇臂、铝活塞环槽等几乎都可以采用激光热处理。

2. 激光打标

激光打标是用激光束在各种不同的物质表面打上永久的标记(见图 5-29)。打标的效应是通过表面物质的蒸发露出深层物质；或者是通过光能导致表层物质的化学物理变化而“刻”出痕迹；或者是通过光能烧掉部分物质，显出所需刻蚀的图形、文字。

图 5-28

图 5-29

在车身制造中，采用激光焊接技术可以提高产品设计的灵活性，提高生产效率，增强车身的刚度，提高产品质量和市场竞争力。随着激光技术的不断成熟和成本的逐步下降，各种激光加工工艺必将在汽车制造中得到越来越广泛的应用。

本章小结

1. 激光焊接有两种基本模式，即热导焊和深熔焊；汽车行业现阶段主要用于焊接薄壁材料和低速焊接，焊接过程属于热传导型。

2. 激光因具有单色性、相干性、高能量和平行性等特点，适用于材料加工，尤其是激光的空间控制性和时间控制性很好，对加工对象的材质、形状、尺寸和加工环境等的适用范围很广，特别适合于自动化加工。

3. 激光器是产生激光的装置，大多由激励系统、激光物质和光学谐振腔 3 部分组成。

4. 激光焊接的原理及分类。

5. 激光焊接具有焊接速度快、精度高、变形小等一系列优点，但也存在一些不足。

6. 脉冲激光焊接与连续激光焊接工艺参数略有不同。

7. 激光焊接的缺陷主要有焊接不连续、小孔、孔洞等，能根据缺陷分析产生原因。

8. 激光焊接的检测方法主要有非破坏性检验和破坏性检验两大类。

9. 普通激光焊接工艺主要被用于车顶焊接，其他地方的应用也逐渐增多。

思考与练习

一、想一想

1. 激光焊接通常用在车身制造中的哪些地方？
2. 激光焊接需要焊丝吗？
3. 固体激光焊接跟气体激光焊接相比哪个好？
4. 车顶与侧围焊接采用点焊还是激光焊接好？
5. 除了在汽车车身上运用了激光技术外，在哪些领域也用到了激光技术？

二、做一做

1. 简述激光产生的基本原理。
2. 激光器由哪 3 部分组成？简述各部分作用。
3. 激光的特点有哪些？
4. 激光焊接的基本原理是怎样的？按激光物质通常分为哪两大类？
5. 试说出激光焊接的优缺点。
6. 激光焊接设备有哪些？各有什么作用？
7. 试分别指出脉冲激光焊接与连续激光焊接的工艺参数。
8. 影响汽车激光焊接质量的因素有哪些？
9. 检测激光焊缝质量的方法有哪几种？
10. 激光焊接若有缺陷，返工方法有哪几种？

孙红梅：给飞机“心脏”做手术

第6章 汽车包边与滚边工艺

学习目标

- 了解包边与滚边工艺设备。
- 知道包边与滚边工艺要求。
- 知道机器人滚边影响因素。
- 掌握机器人滚边所用场合。

6.1 概　述

6.1.1 包边与滚边工艺简介

包边即通过包边设备将外板折合后包住内板，使之连成一体，以提高包边件的强度。如今也有一种说法称为滚边，其实滚边也是包边，只不过用的工艺不同，通常来讲，滚边是机器人的滚轮沿钣金件边沿来回运动，包边是模具对钣金边沿整体的冲压。

在汽车制造中，通常使用包边工艺的是四门、发动机盖、行李舱盖、左右翼子板、开天窗顶棚和左右侧围轮罩等。包边要求零件外表面光顺平整，没有凹坑、压痕等外表面缺陷，还要保证整个工件的轮廓度和轮廓尺寸精度，但又缺乏完善的理论计算和全面可靠的模拟分析，因此包边工艺对产品设计、设备、工装都有很高的要求。完成包边的常用工艺手段有手工包边、液压机+包边模、机器人滚边和专机包边，其中手工包边由于效率低，重复性差，外观质量难以保证，现已基本不再应用在大批量的工业生产中。

6.1.2 常见包边与滚边设备

1. 液压机十包边模

该套系统主要由电气控制系统、液压系统、机械系统构成，其包边的功能实现是由电气控制系统对包边主机进行控制，液压系统提供包边动力，机械系统执行预包边和本包边，机械部分在下降过程中完成两道工序，分别为 45°折弯和 90°压平。如图 6-1 所示，上下框内分别是液压系统和机械系统部分。

图 6-1　液压包边机

液压包边机经历了较长时间的发展，技术已较为成熟，包边的质量较好，稳定性也较好，并且可以用于大批量的工业生产中，生产节拍可以达到 40～50 s/台，另外，液压包边在生产不同车型时只需要切换包边模，能够实现柔性生产，这种包边方法曾广泛应用于汽车生产中。

2. 机器人滚边

机器人滚边设备主要由机器人、滚边胎膜、滚头装置、电气控制系统组成，机器人滚边一般由 3 道工序完成：90°→60°→30°→0°，在产品形状比较规则时，也可以 2 道工序完成滚边，特殊部位(复杂产品的过渡区域、前盖水滴状滚边包边)需要通过 4 道滚边完成。机器人滚边通过近年来的发展，技术已较为成熟，能满足较高的生产要求，投资成本较低，后期维护较为简单，也能实现柔性切换生产，但生产节拍超过 60 s/台，机器人滚边方法还是较难实现的，同时机器人滚边对冲压的工件状态要求更高(见图 6-2)。

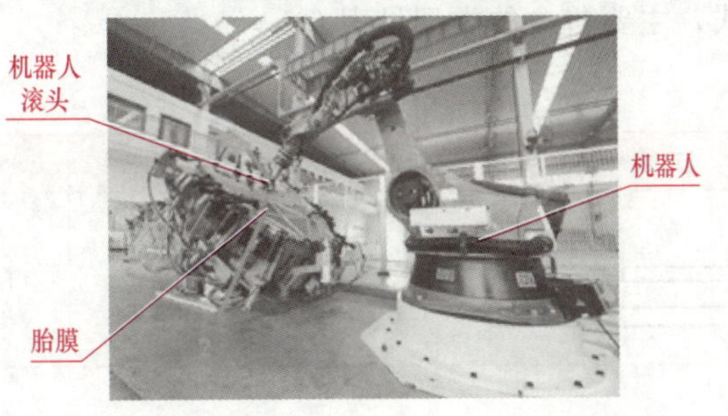

图 6-2

机器人滚边工艺起源于欧洲，目前已被国内的主机厂大量使用。机器人滚边的供应商在国内主要有 Edag、ABB、COMAU、Thyseen Krupp 等。滚头作为机器人滚边的核心技术，各家公司都有自己的风格并各自申请了专利保护。国内使用较多的是 Edag、Kuka、ABB、COMAU，其中 Edag、ABB、COMAU 使用的是气缸或者弹簧来调整预滚边压力和最终压力，Kuka 公司使用的是一套伺服机构来控制滚边压力，但 Kuka 的滚头只能与 Kuka 的机器人配合使用，不能与其他机器人进行配套使用。

3. 包边专机

包边专机系统是由液压站提供压力并按照一定顺序驱动液压缸动作，带动包边模块向定位好的门盖外板翻边用力，分步实现 45°和 90°包边的一套轻量化系统。

包边专机主要由液压站、定位压紧装置、底模、角部包边总成、包边总成和底部组件构成。其特点如下：

(1)投资低，适合大批量或小批量生产。

(2)设备组件多为标准件。

(3)节拍与液压机包边一样，平均可达到 40～50 s/台。

(4)设备所占空间小，对地基无特殊要求，搬迁方便。

(5)设备调试人员可以观察到包边过程，调试简单。

(6)多个包边专机可共用一个液压站，重复投资较低。

(7)设备简单、维修费用较低等。

ABB 包边专机系统

6.2 汽车包边工艺

6.2.1 包边类型及缺陷

汽车的门盖大多都采用包边工艺，包边类型根据产品的设计特征各有不同，在不同的位置有不同的包边方式，主要包含的类型见表 6-1。

表 6-1 包边类型

类型	包边形式	包边说明	备注
标准包边		适用于一般部位	门盖包边主要的包边类型
空包边		适用于无内板部位	
尖角包边		适用于内板板件厚或内板板件厚度不均时	
水滴数包边		主要适用于半密封形式的包边	行人保护要求，一般在发动机罩盖后部使用

汽车包边对产品的平顺、光滑要求特别高，在实际的生产过程中经常可以发生各类型

的缺陷，这些问题都会直接影响顾客对产品的评判，因此在生产过程中对缺陷问题的改善是非常重要的一个工作，下面列出一些经常出现的问题，这些问题无论是在液压包边还是机器人滚边中都可能出现，如图 6-3 所示。

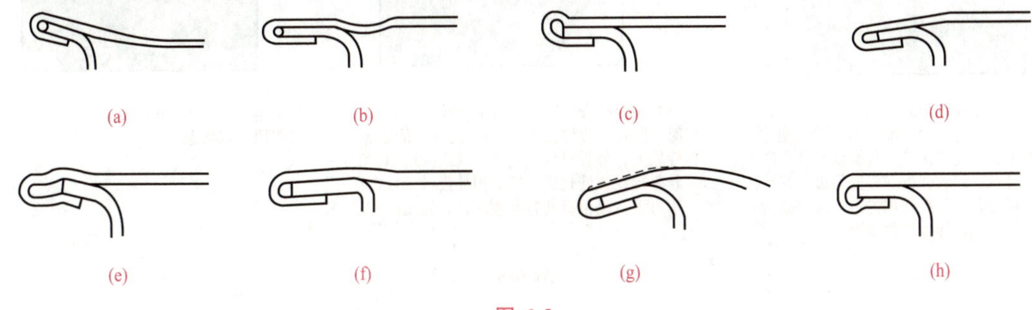

图 6-3

(a)上翘；(b)外板曲折；(c)外板末段突出；(d)包边面折断；
(e)外板发生双重线；(f)内板干涉导致外板曲折；(g)外板曲折；(h)包边后的 R 角过大

6.2.2 包边的控制要点

1. 对外板的要求

包边在不同部位对产品的要求不一致，如普通部位、圆弧拐角部位、门盖角部部位等对冲压件的翻边高度要求都不一样，但对冲压件的公差和稳定性要求都比较严格，一般都为±0.5 mm 以内，在部分部位，如角部部位，要求可能会更高，如图 6-4 所示。

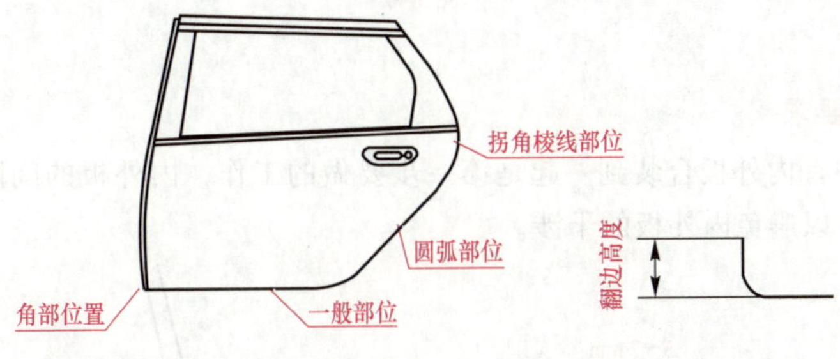

位置	一般翻边高度
一般部位	7~9 mm
圆弧部位	5~7 mm
拐角棱线部位	3.5~5 mm
角部位置	视情况而定

图 6-4

门盖的角部位置根据产品的设计特征，决定是全包还是半包，抑或保持冲压件的原始形态，其主要决定的因素为产品本身在角部的圆弧半径 R 的大小，具体要求如图 6-5 所示。

对于一般用于前盖后部的水滴状包边(见图 6-6)，其形状与普通的包边有所不同，对产品的设计要求也不太一样。

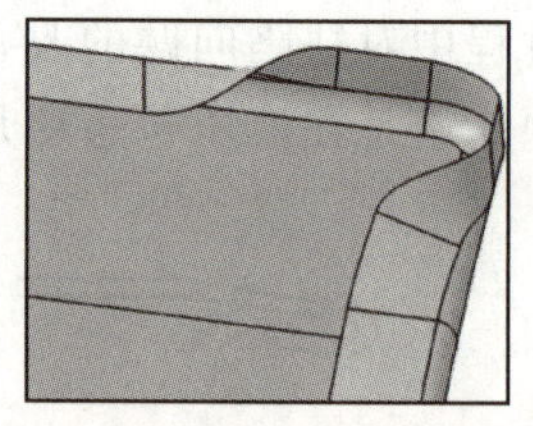

当弯角半径小于5 mm(铝件6 mm)时，翻边高度建议为3 mm。此时弯角处刚性很大，无法滚边，外板维持冲压件打开状态。若强行在该处包边，容易损坏设备，且在作用力下，该角极其容易翘起，导致工件变形

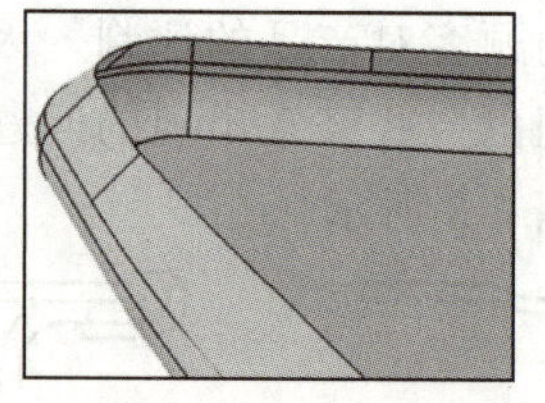

当弯角半径介于5～8 mm(铝件6～10 mm)时，翻边高度建议为4 mm。此时弯角处刚性较大，外板可包边至半包状态(45°～60°)。若强行在该处包边，容易损坏设备，且在作用力下，该角极其容易翘起，导致工件变形

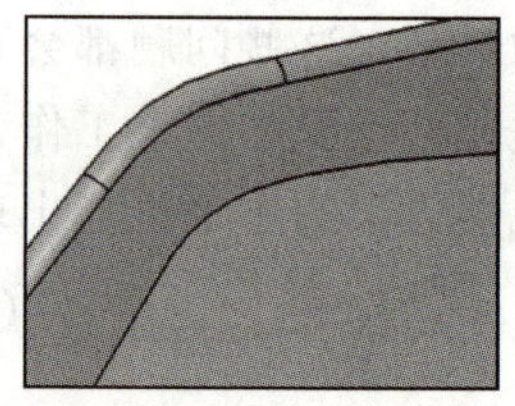

当弯角半径大于8 mm(铝件10 mm)时，可实现全包状态

图 6-5

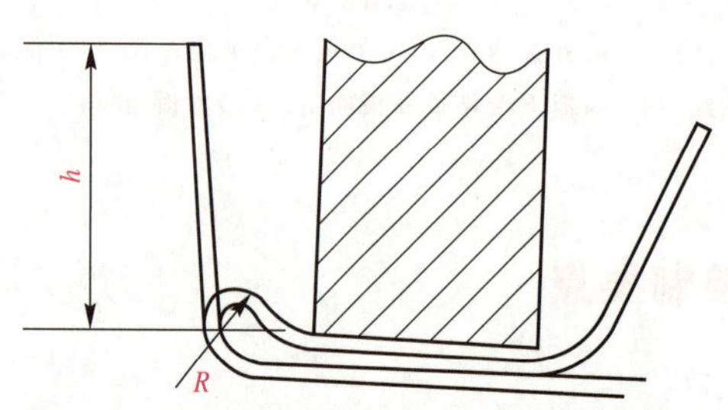

位置	一般值/mm
水滴半径R	2～3
翻边高度h	13～15

图 6-6

2. 对内板的要求

在包边过程中，内外板合装到一起是第一步要做的工作，内外板的间隙一般要求 1.5～2 mm(见图 6-7)，以避免内外板的干涉。

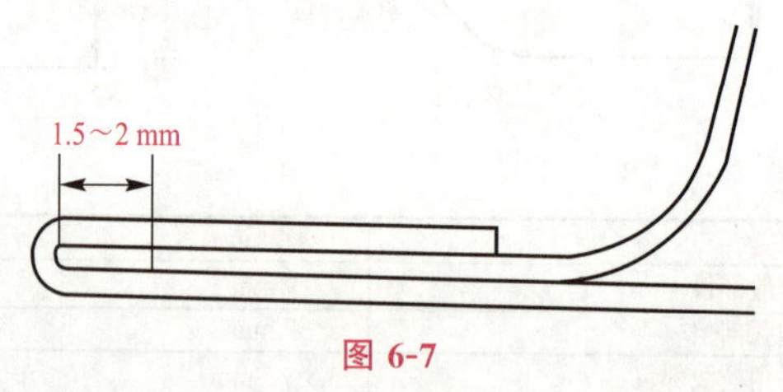

图 6-7

3. 滚边缩进量(Roll－in)

在包边过程中，产品的轮廓线都会因为材料向内侧翻转的力的原因，会轻微的向内侧收缩一定的量，根据工艺性质的不同，该量也不尽相同，如钢板件使用机器人滚边一般为 0.2～0.3 mm，另外，有些时候该轮廓线也会往外侧挤出一点。滚边缩进量也与包边工艺有关，参考值如图 6-8 所示。在生产过程中，该值的大小量并不是特别重要，重要的是整个包边区域的量要一致，且不能出现较大的偏差(大于 0.3 mm)，否则包边后的轮廓线会有波动，在涂装喷漆后会变得更加明显，影响包边的平顺、光滑性。

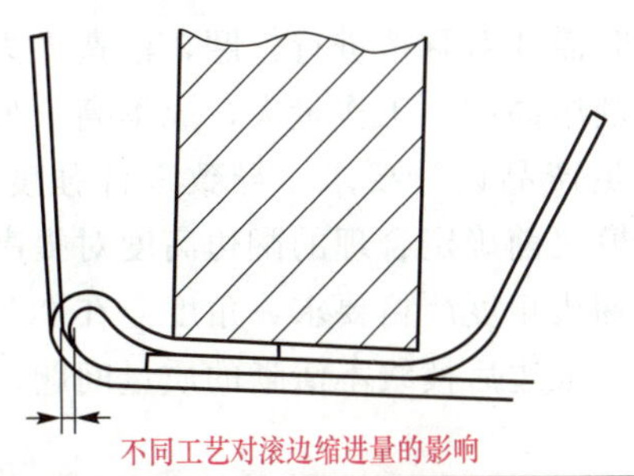

不同工艺对滚边缩进量的影响

包边工艺	滚边缩进量
液压包边	0.2～0.3 mm
机器人滚边	0.2～0.3 mm
包边专机	最多可达0.7～0.8 mm

图 6-8

由于包边一般都会要求很高，因此对产品单件和工装夹具的要求都比较高，在项目前期尤其要对冲压产品进行深入分析，对翻边高度和角度都要进行检讨，对内部与外板的合装通过 CATIA/UG 等软件进行动态模拟分析，保证内外板之间有足够的间隙，规避后期合装时的干涉风险。对工装夹具都要反复检讨其合理性，以避免在后期出现问题，引起上面提到的不良问题的发生。夹具设计定型后，很大程度上就决定了包边后的整体状态，因此在项目前期一定要做充分的研究分析工作。

6.3　汽车滚边工艺

机器人滚压包边是通过安装在机器人臂上滚边头中的滚轮，在滚边胎膜的支撑下沿板件包边型面进行滚压包边的新型内外板连接技术，具有成本低、模具占地小、柔性化程度高等特点。目前，国内外一些先进的汽车制造企业已将此项技术应用于制造外挂件，如车门、后盖和发动机罩，以及其他应用领域，如天窗开口、轮罩包边等。

机器人滚边零件质量好坏直接影响车身装配尺寸精度、车身覆盖件的表面质量、整车外观美观性及强度，因此，机器人滚边质量控制尤为重要。通过简单介绍机器人滚边系统，拟从零件状态、机器人滚边硬件设备和软件等方面，探讨对滚边零件质量影响因素及影响情况，为机器人滚边技术的应用和滚边零件质量的提升提供参考。

影响机器人滚边的主要因素有产品特征，即冲压件的翻边高度和角度，还有机器人本身的滚边程序(包含滚边压力和滚边速度)，以及相关的滚头设备设计和与之相关的工装夹具(胎膜、定位方式)。

1. 冲压件翻边角度

零件滚边是板料非线性大变形的成型工艺，翻边参数的确定直接影响滚压零件质量和制造成本。一方面，翻边高度太高会导致滚压过程中产生翻边起皱现象，零件质量差。此时，在现场调试滚边操作时需要对翻边进行打磨，浪费人力物力，而对于冲压模具，需要重新修模，以获得合理的翻边高度，工作量大，成本高。另一方面，翻边高度过低则会产生包不住等问题，难以满足产品设计要求，导致零件强度不足或留下漏水等整车质量隐患。因此，如何在冲压开模之前确定合理的翻边高度对提高整车质量和降低生产成本意义重大。同时，一般情况下翻边角度严格要求，角度应在 90°～100°，最大也不要超过 120°，否则会出现轮廓线不清晰，滚边后棱线不清晰的质量问题。

2. 机器人滚边程序

机器人滚边质量与滚边程序编制密切相关。在实际应用中，滚边硬件设备到位后，首要的工作就是根据具体冲压件的尺寸及状态进行现场调试，包括滚边轨迹、机器人运动速度、机器人姿态、滚轮切入角度、滚边压力等，要求机器人调试工程师具备丰富的现场调试经验，应对现场出现的各种问题，以保证滚边零件质量。整个程序编制以及调试优化得是否合理、是否完善，对零件滚边成型有着至关重要的影响。

机器人程序在调试过程中往往需要反复调试，而一个经验丰富的机器人示教工程师会大大减少重复的次数，在质量改善提高的过程中，通常需要管控质量的人员与机器人示教人员共同协作，完成调试工作。

3. 滚边压力

机器人滚边过程中，对滚压头施加压力进行合理控制是取得良好滚边质量的关键之一。滚边压力大会破坏钣金，造成零件滚边开裂缺陷，同时，可能在外板外表面形成包边印，造成零件表面质量缺陷。而滚边压力小则会造成包边过松、滚边起皱等缺陷，甚至出现内外板错动的现象，不能满足产品设计要求。另外，滚头压力控制不匀也易造成零件在涂密封胶烘烤之后出现气泡，影响滚边零件外观质量。

目前机器人滚边过程中滚边压力控制可通过以下几种方式实现：机器人直接施压、弹簧施压、气囊或气缸施压、液压及伺服电动机驱动等。一般供应商采用弹簧控制压力的较多，而 kuka 使用一套伺服电动机来控制。无论通过什么方式来控制压力，滚边的压力都要与使用的滚头直径、产品特征共同考虑，一般部位滚边压力可以达到 1 200～1 800 N，但对于某些产品部位容易变形的小区域位置，滚边压力可能只有 600～800 N。滚边压力也是一个需要长时间调试的工作。

4. 滚边速度

零件滚边的速度与零件的最终质量有密切关系。如果滚边速度过快，会导致零件滚压部位产生起皱，降低零件滚边质量；如果滚压速度慢，则会增加零件制造时间，从而影响制造成本。因此针对不同零件，合理选择零件滚压速度是机器人滚边质量控制的途径之一。

一般情况下，机器人的滚边速度设置在 200 mm/s，在滚边曲率变化大、翻边角度大的区域，机器人的滚边速度要慢一些，通常在 50～150 mm/s，相对平直、曲率变化小、翻边角度小的区域速度可选择 200～300 mm/s，机器人轨迹人优化较好的情况下可以达到 500 mm/s。

5. 胎膜及定位夹具

滚边胎模采用整体铸造数控加工而成，其型面与零件外板的型面相吻合，它的定位精度直接影响零件的整体尺寸精度。胎模定位机构的精度直接影响包边前零件的内外板相互关系，从而影响最终包边后的质量，而胎膜的表面质量会直接反映在零件外板表面上。同时，胎模的设计也影响滚边压力的稳定性，从而影响滚边零件质量。图 6-9(a)所示为普通的滚边预折弯方法，滚轮不与滚边模具直接接触，滚轮的位置与压力完全由输入机器人的程序决定，需多个示教点。图 6-9(b)所示为采用模具引导面的预先折弯加工，滚边模具上设置导向面，部分滚轮与模具直接接触，即使是少量指令点的情况，也能在不影响板材性状(凸凹)的前提下提供稳定的滚边压力，从而提高滚边质量。

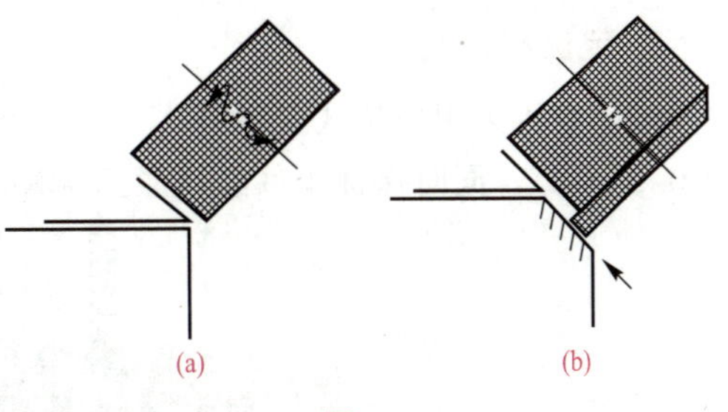

图 6-9
(a)普通的滚边预折弯加工方法；
(b)采用模具引导面的预先折弯加工方法

需要注意的一点是，胎膜在长时间的往返滚边过程中，胎膜会慢慢的变形，所以对胎膜的硬度和耐磨性提出了较高的要求，一般情况，胎膜的硬度要达到 HRC58 以上，同时每隔一段时间应该进行专业的维护和保养。

6. 滚头特征

目前，ABB、edag、Kuka/Thyseen Krupp 等公司都有自己不同理念的滚头设计，各有其优势。需要注意的是，滚头耐磨性一般都非常的高，但滚头表面有时会在长时间的滚边过程中粘上铁屑，要及时进行清理，否则可能会造成质量缺陷，造成滚边区域凹凸不平。

6.4 包边专机工艺

汽车门盖包边在包边工艺的发展过程中，由最初的冲压模包边方式发展到机器人滚边，虽然柔性化、成本控制等都有一定程度的提高，但机器人滚边的包边方式相对传统的包边方式还是有两个比较明显的劣势：稳定性没有冲压模包边的高以及超过 60 件/h 的产量时，滚边实现的困难程度较高，因此，汽车专机包边的方式应运而生。

6.4.1 包边专机系统

包边专机系统由液压站或者其他动力设施提供动力，驱动气缸动作，带动包边模块向定位好的门盖外板翻边用力，某汽车厂实现包边的一套轻量化包边系统主要的机构如图 6-10所示。

1. 液压站

液压站是液压系统的重要组成部分(动力源)。它向液压系统提供一定压力、流量的工作介质。

2. 定位压紧装置

包边专机采用框架式气动压紧定位机构(见图 6-11)，保证内板具有较高的定位精度(±0.2 mm)，同时保证工件经压紧后无畸变及划痕，还可防止外板受力后在底模上移动。

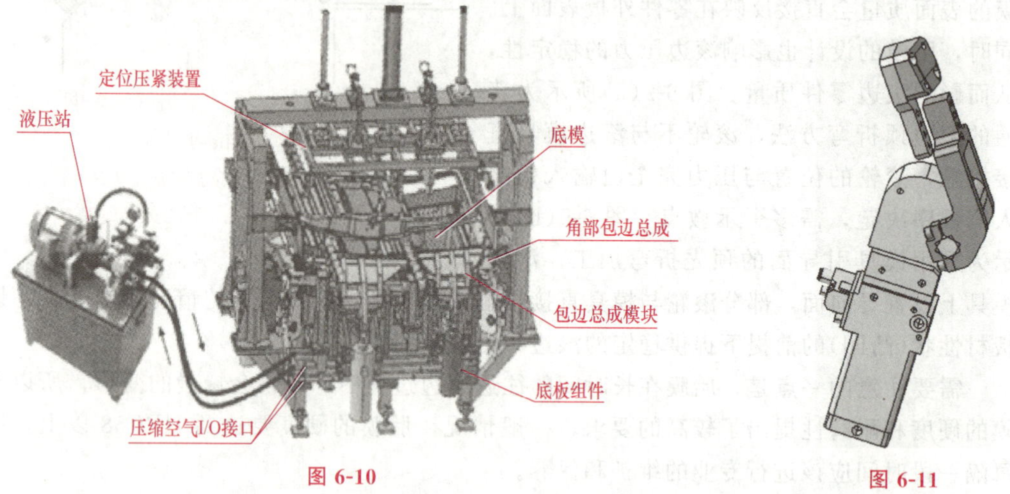

图 6-10

图 6-11

3. 底模

底模选择铬钼合金材质，进行适当的热处理以保证足够的强度、硬度及耐磨性，表面硬度应达到 HRC50 以上，部分公司甚至要求达到 HRC58 以上，根据零件外板数模进行设计，对精度要求较高(见图 6-12)。

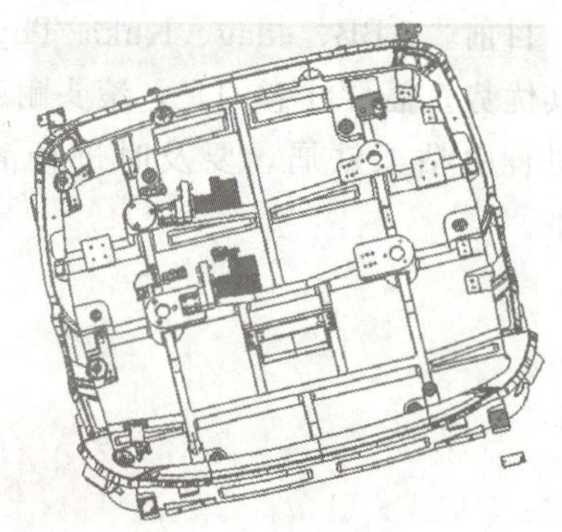

图 6-12

4. 角部包边总成

部分产品的角部要求全部包边，或者半包状态，这种情况下是不能通过直接包边的结构完成的，而需要一套专门在角部工作的机构来完成此类工作。

5. 包边总成模块

除门盖的拐角包边采用角部包边总成完成外，门盖的其他部位包边均可由包边总成模块完成，为保证压实，模块的线压要保持在 1 000～1 500 N/cm 范围内。包边总成模块由两个模块构成，一个为预包边模块，一个为包边模块，两个机构分别完成 45°包边和 90°包边的工作(见图 6-13)。

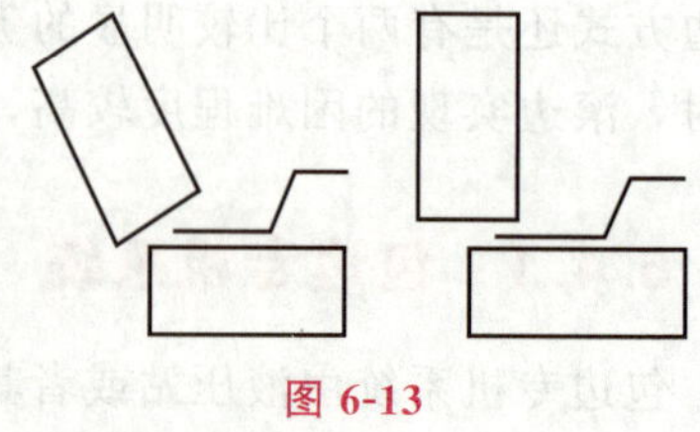

图 6-13

6. 地板组件

包边机底座结构件要求采用 Q235 板材，板厚不小于 25 mm，具体要求根据不同公司的要求会有所不同。下部的油管、气管以及各个部位的接头均应保证在工作时没有油气等泄漏问题。

6.4.2　包边专机的优势

包边专机的优势在概述已有详细的叙述，此处不再赘述，总结起来可以概括为：效率高，能满足高节拍的生产，同时投资也较低，但同时对冲压的零件要求也比较高。

本章小结

1. 包边即通过包边设备将外板折合后包住内板，使之连成一体，以提高包边件的强度。

2. 在汽车制造中，通常使用包边工艺的是四门、发动机盖、行李舱盖、左右翼子板、开天窗顶棚和左右侧围轮罩等。

3. 常见包边和滚边设备有液压机＋包边模、机器人滚动和包边专机等。

4. 包边控制要点主要从外板、内板以及滚边缩进量 3 个方面考虑。

5. 机器人滚边影响质量的因素有冲压件的翻边高度和角度，还有机器人本身的滚边程序(包含滚边压力和滚边速度)，以及相关的滚头设备设计和与之相关的工装夹具(胎膜、定位方式)等。

思考与练习

一、想一想

1. 手工包边与其他包边方法相比有哪些优缺点？
2. 汽车车门、发动机盖等地方为什么要进行包边？
3. 滚边与包边有区别吗？

二、做一做

1. 指出包边的定义，并说明在汽车车身制造中哪些地方需要用到包边工艺。
2. 常见的包边设备有哪些？其中机器人滚边设备由哪几部分组成？
3. 包边专机有什么特点？
4. 常见的包边缺陷有哪些？
5. 包边时的控制要点有哪些？
6. 包边专机系统通常由哪些部分组成？

第 7 章 汽车车身其他连接方式

学习目标

- 了解结构胶/膨胀胶/折边胶的用途及特点。
- 了解凸焊在汽车车身中的运用，知道凸焊的工作原理。
- 了解螺柱焊的工作原理以及在汽车车身中的运用。
- 掌握螺栓连接的特点及质量控制。
- 了解铆接的分类及应用。
- 掌握切割的种类及常见切割方式。

7.1 结构胶/膨胀胶/折边胶涂胶技术

7.1.1 定义及特点

结构胶是指强度高，能承受较大的载荷，且耐老化、耐疲劳、耐腐蚀，在预期寿命内性能稳定，适用于承载力强的结构件粘接的胶粘剂，可部分替代焊接、铆接、螺栓连接等传统的连接方式。

膨胀胶又称发泡胶、隔振胶，用来减弱钢板与加强梁在行车过程中的振动和噪声，提升整车的舒适性；减少或完全取消结合焊点，提高车身外表美观性。涂胶的直径由板层的间隙来设定，在板层间隙为 2～3 mm 时，采用直径为 $\phi5$～$\phi8$ mm，胶的膨胀率为 30%～50%。

折边胶是用于车身包边处胶粘剂的统称。包边采用粘接工艺已远远大于焊接强度，而且不会产生应力集中，大大提升了车身撞击安全性能和车身寿命。

结构胶和膨胀胶在焊装加工的过程中并不能起到强度连接的作用，因此，在焊装的加

工过程中，板层直接的连接不能只靠结构胶以及膨胀胶，还需要借助其他的连接方式，如点焊、弧焊、激光焊。但是由于胶在高温的情况下会失去原有的性能，因此胶与弧焊和激光焊是不能兼容的，但是与点焊是兼容的(见图 7-1)。

汽车的车门、发动机罩和行李舱盖等部件通常是将内、外盖板折边后点焊连接的。点焊产生的焊点在车身表面形成凹坑，对车身的外观质量产生了严重影响。为了解决这个问题，开始采用粘接取代点焊的方法来生产汽车车门、发动机罩和行李舱盖的折边结构，所用的胶粘剂称为折边胶(见图 7-2)。

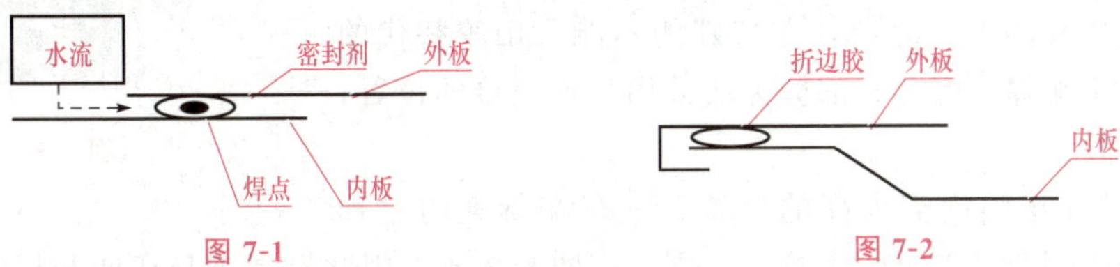

图 7-1　　图 7-2

折边胶按是否需要采用预固化工艺可分为采用两步固化的普通折边胶、不需要预固化的带玻璃微珠折边胶(见图 7-3)和自固化折边胶。普通的折边胶在焊装车间需要预固化，将内外板的相对位置固定，为了保证内外板之间的装配精度，在预固化之前，采用定位焊接(点焊、CO_2 焊)。由于外板属于外观件，因此部分厂家采用单边焊(傀儡焊)，如图 7-4 所示。不需要固化的带玻璃微珠折边胶中的玻璃珠在压力的作用下具有铆钉的作用，从而提高内外板的连接强度。自固化折边胶是指双组分的折边胶，其中的一种成分起到催化剂的作用，能使胶在常温下 5～15 min 内固化，从而起到连接内外板的作用。

图 7-3

图 7-4

在焊装车间无独立的胶粘剂固化设备，因而胶的固化要随同电泳底漆的烘干而固化，这就要求未固化的胶经得起碱洗、磷化、水洗、阴极电泳漆及电泳后的冲洗等工艺介质的作用。另外，还要求胶具有良好的油面粘接性能，这样就可以使被粘的钢板不必严格除油，适应大批量流水线生产。

7.1.2 用途

1. 结构胶

结构胶不仅能起到强度连接的作用，对于那些装配后被遮蔽而难以涂布焊缝密封胶的部位，结构胶也起到了密封的作用。

结构胶主要用于以下几种情况中：

(1)用于无法采用焊点连接的位置(见图 7-5)。在设计时，为了防止板层与板层之间在运动的过程中产生噪声，在板层与板层有接触的地方都需要设置连接方式以达到固定板层的目的，同时也是为了起到强度连接的作用。但是在部分位置，由于结构的特殊性，不能采用点焊，因此设计时会采用具有强度连接效果的结构胶或者弧焊代替。而弧焊的工艺比胶的工艺复杂，在特殊的不能采用胶替代的位置才会采用弧焊，因此大部分无法采用焊点连接的位置，都采用结构胶。

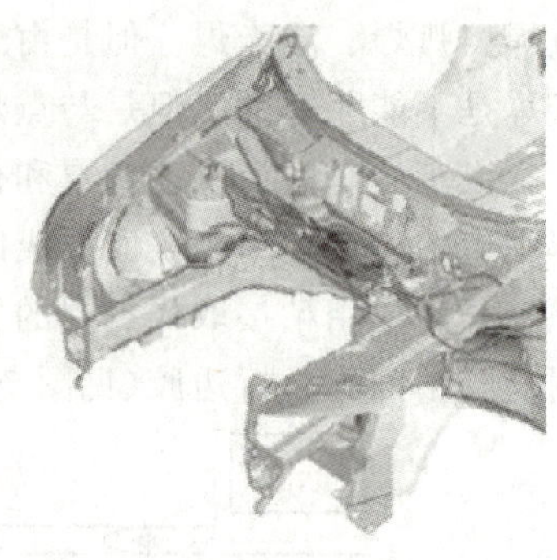

图 7-5

(2)用于连接强度需求高的位置。汽车在行驶的过程中，车身会受到两种工况的影响，分别是弯曲和扭转。因此提高车身弯曲和扭转能力对于提高车身的整体强度起到了至关重要的作用。

车身在弯曲工况下的应变能力的分布如图 7-6 所示，应变能主要分布在前纵梁、上边梁、A 柱、门槛、B 柱、门槛梁、地板中间横梁。

车身在扭转工况下的应变能力的分布如图 7-7 所示，应变能主要分布在上边梁局部、三角窗、前纵梁、A 立柱，以及后轮罩与地板的轮罩的搭接处。

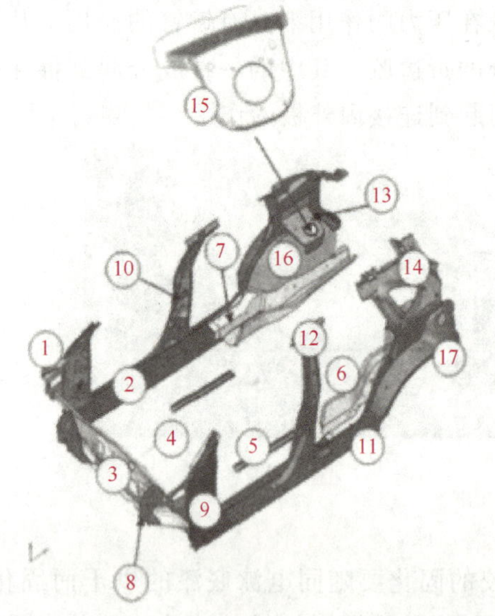

图 7-6

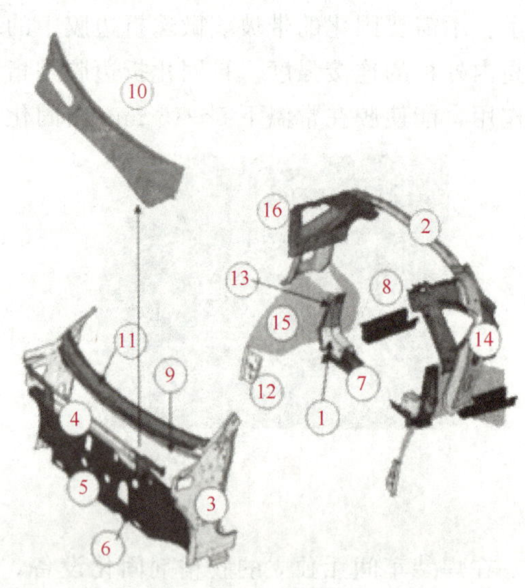

图 7-7

为了提高车身的弯曲工况和扭转工况，对于应变能力分布集中的部分，在点焊的基础上增加结构胶，从而提供连接强度(见图 7-8)。

(3)用于在焊装之后被零件遮蔽或不易涂布焊缝密封胶的竖立缝隙。此类结构胶不仅起到了强度的作用，还起到了密封的作用(见图 7-9)，所以

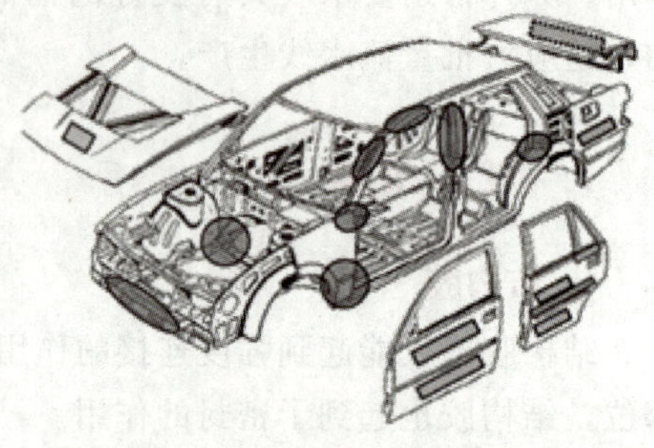

图 7-8

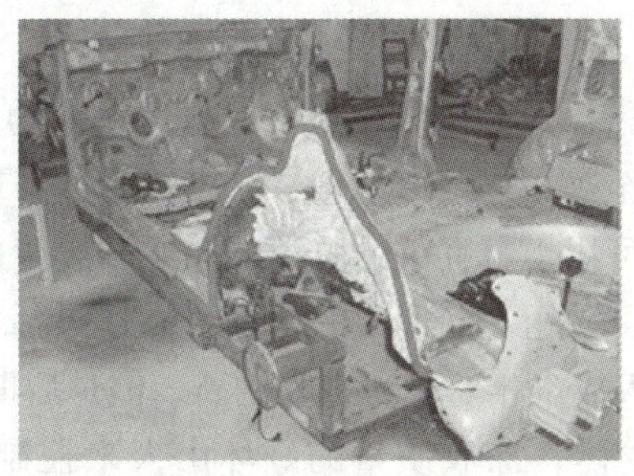

图 7-9

这类结构胶又称点焊密封胶。

2. 膨胀胶

膨胀胶主要用于车身外观件与横梁的搭接、车门外板与横梁的搭接(见图 7-10)、前后盖外板与加强板的搭接、顶棚与横梁的搭接。在焊装前，将膨胀胶涂在内外板搭接处，经过涂装油漆烘干设备加热固化后，膨胀胶具有了较高的粘接强度，将横梁与外板紧密地结合在一起，从而起到减少振动和噪声的作用。

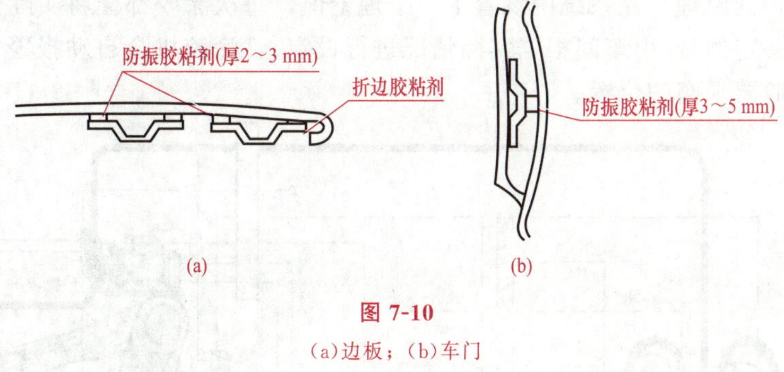

图 7-10

(a)边板；(b)车门

3. 折边胶

折边胶用于车门、发动机盖、行李舱盖、翼子板内外板、带天窗顶棚外板与内板滚边搭接处，以粘代焊，消除焊接工艺造成的车身凹坑(焊点痕迹)，固化后的折边胶与内外板形成了一个整体，有效地解决了汽车运动过程中内板与外板之间的摩擦而产生的噪声问题。

7.1.3　实现形式

胶如何涂在板层之间？根据操作者否处于焊装车间主要有两种形式：一种是人工涂胶，一种是自动涂胶。

人工涂胶是指操作者手持涂胶设备，将胶涂至工件表面。人工涂胶设备有两种，一种是便携式的胶枪(见图 7-11)，此类胶采用支状形式进行储存。此类涂胶前期设备投资成本低，但是由于储存量少，单位成本比桶装胶高，因此这类涂胶设备用于涂胶量少的

图 7-11

地方。

另外一种是采用高压空气挤涂，利用压缩空气或电力作为动力，驱动高压泵，将密封胶由料桶吸入泵的工作腔内，并增至高压(5～30 MPa)，然后通过高压软管、胶枪，由人工操作将胶液涂在工件表面。此类涂胶可用于黏度高的胶液，胶泵、胶枪的输胶压力可调，出胶量易于控制，对于不同的焊缝部位，可采用不同形式的枪嘴，操作灵活简便，出胶量大，连续作业性好。这类涂胶方式前期设备投入成本相对于便携胶枪高，但是后期的胶料成本低。

采用人工涂胶，人作为主体，涂胶质量的好坏由人来控制，因此需要操作者具有强烈的责任感，做事认真负责。此外，还需要一套系统的质量管理体系。

自动涂胶是指通过机器人将胶涂至工件表面。自动涂胶有两种方式，一种是机器人抓住零件，通过机器人移动在固定式胶嘴下涂胶；另一种是零件是固定的，机器人带着胶嘴，通过机器人的移动将胶涂至零件上。自动涂胶也是采用高压空气挤涂的方式，但是由于涂胶量是自动控制，因此需要增加控制胶量的定量设备，根据胶是否需要加热分为加热性的和非加热性的自动涂胶机(见图 7-12)，因此其前期设备投入成本最高。采用自动设备如何控制其涂胶的质量？焊装车间一般采用两种方式，一种是人定期检查，而涂装车间通常采用人工涂胶进行修补。根据不同公司的要求，其检查频率不一样。另一种是通过视觉系统进行监控，其原理是在系统中设置了一个理论值，每次涂胶都会将实际值与理论值进行比对，超过一定的量(由车间根据实际情况进行设定)，涂胶机会自动报警。后者的成本高，适用于涂胶要求高的位置。

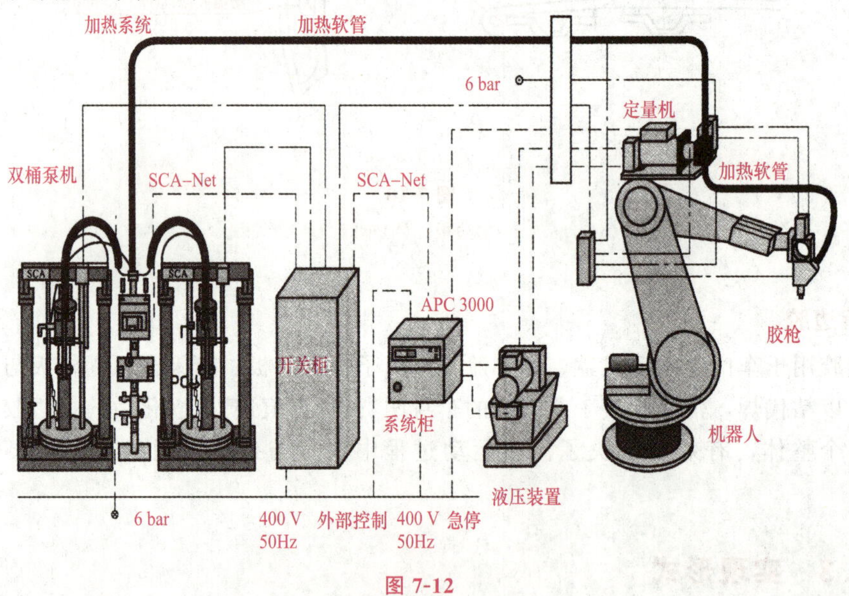

图 7-12

7.1.4　现状

胶作为汽车生产中重要的工艺材料之一，渗透在汽车制造的每一个环节，具有独特的功能，推动着汽车的发展。

结构胶/膨胀胶/折边胶在汽车的结构增强、密封防锈、减振降噪以及简化制造工艺、减小车身质量等方面具有重要的作用。

随着汽车向环保节能，安全舒适，轻量化，低成本，长寿命和无公害方向发展的需求，新型的高品质的汽车用胶也会越来越重要。

焊装车间主要用胶有结构胶、膨胀胶、折边胶、补强胶贴、高膨胀阻尼填充胶等。

结构胶、膨胀胶以及折边胶在前文都有详细的描述，这里主要讨论补强胶贴以及高膨胀阻尼填充胶在车身上的应用。

补强胶贴的目的是使车身轻量化，在使用薄板材的前提下，车身的刚度同样也可以保证。补强胶贴经过涂装烘烤后会硬化，从而达到增强钣金刚度的效果(图 7-13 为补强胶贴的补强效果图)。补强胶贴主要用于侧围后部与其他零件无搭接的地方，以及车门、翼子板的外板上，从而可以提高粘贴处的零件的刚度。

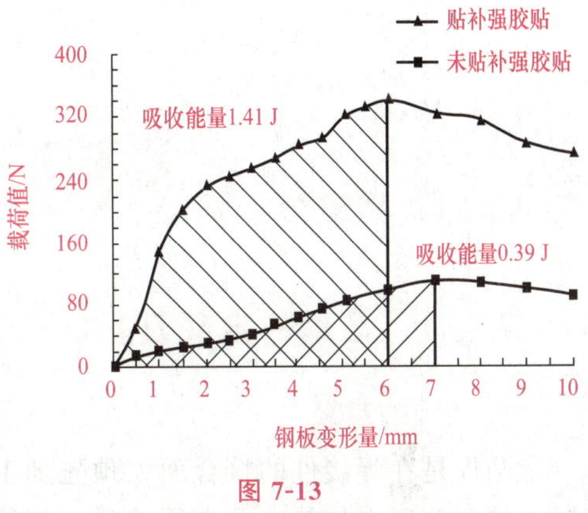

图 7-13

高膨胀阻尼填充胶主要用于车身结构的空腔中，目的是隔离外界及内部噪声。噪声从车身前端进入侧围内部，因侧围结构为空腔结构，故外界噪声及空气通过侧围内部流通，噪声从车外界传到车内部，再通过侧围空腔流动性，贯通整车侧围内部，使整车 NVH 性能指标下降，无法保证乘员在车内乘坐的舒适性。高膨胀阻尼填充胶分为片式膨胀胶(见图 7-14)和骨式膨胀胶(见图 7-15)。片式膨胀胶因结构单一，无须复杂成形结构，价格较低，被各大主机厂所认可，在车身小空间及空间简单结构处应用广泛。骨架膨胀胶结构多变，膨胀容易控制，骨架具有限制其发泡方向作用，其强度较高，对空腔封堵效果较好，但是成本高。

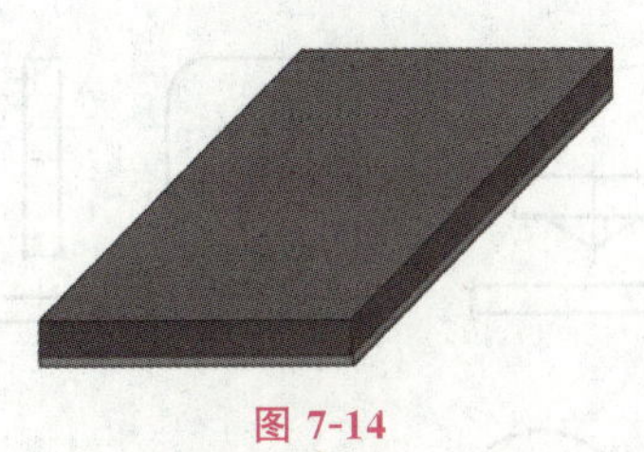

图 7-14

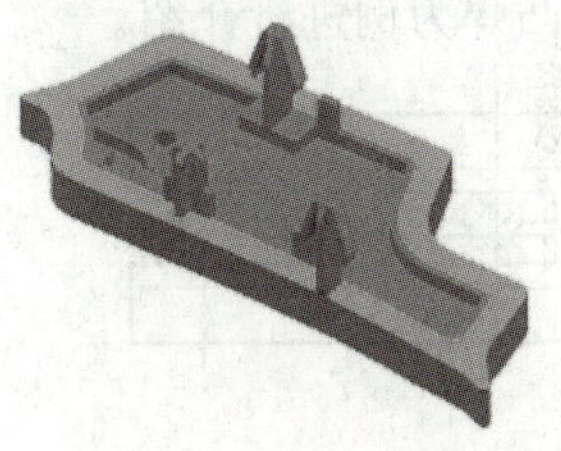

图 7-15

当然，胶也不是在汽车上使用越多越好，优化胶在车身的布置，在保证强度的情况下，减轻单台车用胶量也成了车身用胶的一个重要发展方向。

7.1.5　车身用胶的质量控制

胶的质量控制包括 3 方面：原材料的质量控制、工艺过程的控制和成品件的检查。

(1)原材料的质量控制：每批胶到车间，都必须对其检查，首先确认是否在有效期范围内，每批原材料用于批生产的产品之前应按材料性能的标准严格进行复验。经材料复验之后，当试验报告数据合乎标准时，即可用于生产。

(2)工艺过程的控制：在保证原材制料合格的情况下，工艺过程的控制直接影响产品的质量。工艺过程的质量可从两个方面进行控制，一是控制各道工序操作和各个工艺参数，二是工序间的检查，这是两种不同性质的控制。前者是直接控制影响产品性能的因素，后者只是帮助我们了解操作和工艺参数是否掌握正确并防止不合格品进入下道工序。

(3)成品件的检查：除了对成品件的外观进行检查外，目前，国内外检验胶接质量检查的方法有很多种，如敲击法、声阻法、谐振法、X 射线透视法(软射线)等。还有厂家定期对车身进行全拆解，检查胶是否符合要求。

7.2　凸　焊

7.2.1　凸焊的定义及基本原理

1. 凸焊的定义

凸焊是在焊接件的接合面上预先加工出一个或多个凸点，使其与另一焊接件表面相接触，加压并通电加热，凸点压溃后，使这些接触点形成焊点的电阻焊方法。

凸焊是点焊的一种变形，主要用于焊接低碳钢和低合金钢的冲压件，板件凸焊最适宜的厚度为 0.5～4 mm，小于 0.25 mm 时常采用点焊。随着汽车工业的发展，高生产率的凸焊在汽车零部件制造中占重要地位，并获得大量应用。

根据凸焊接头的结构形式，凸焊可分为单点凸焊、多点凸焊、环焊、T 型焊、滚凸焊、线材交叉焊(见图 7-16)。凸焊在汽车车身中应用最为广泛的是多点凸焊和环焊。以下主要以多点凸焊为例进行介绍。

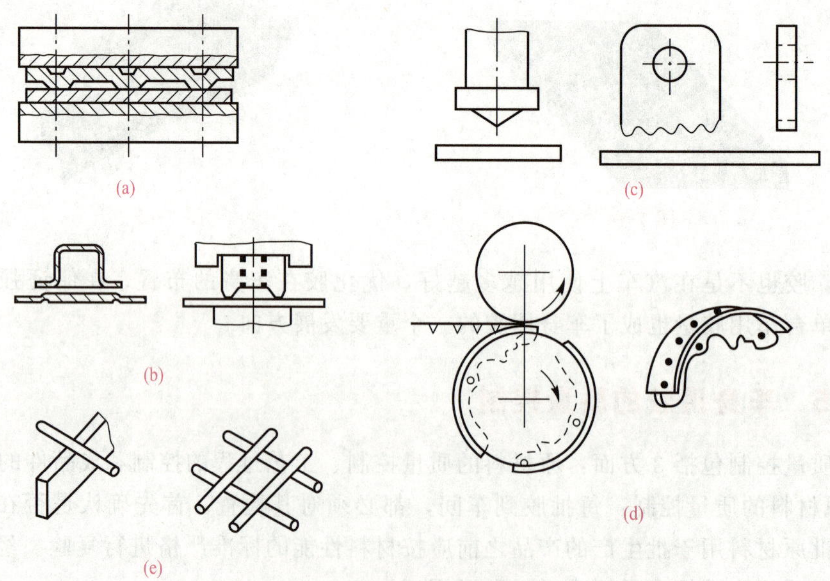

图 7-16

(a)多点凸焊；(b)环焊；(c)T 型焊；(d)滚凸焊；(e)线材交叉焊

多点凸焊凸点设计成球面形、圆锥形和方形，并预先压制在薄件或厚件上，图 7-17 所示为凸焊螺柱。

图 7-17

2. 凸焊的基本原理

凸焊时将板件放置在下电极上，且定位销穿过板件上开设的凸焊过孔，上电极下降，完成凸焊过程。

如图 7-18 所示，凸焊一般由 4 个过程组成，第一为准备过程，在该阶段完成上件、电极压紧等准备工作；第二为加压过程，在该阶段预设在螺母上的凸点在焊接压力的作用下产生变形，高度下降且板件表面的氧化膜被破坏，螺母与被焊板件达到良好的结合；第三为通电过程，该阶段包括凸点压溃过程和熔核形成过程；第四为保持过程，该阶段电流集中通过凸点位置，凸点被彻底压平。

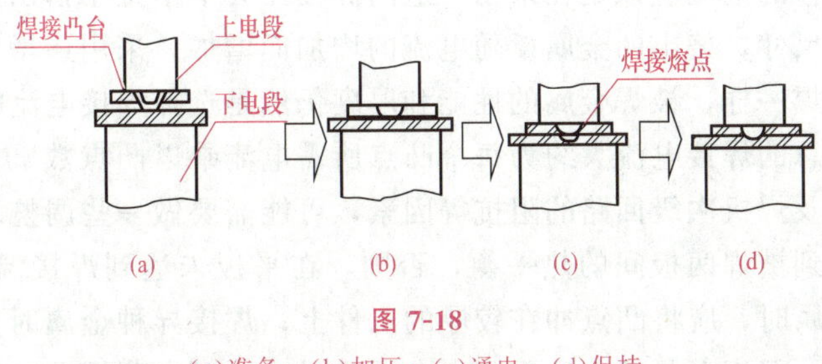

图 7-18
(a)准备；(b)加压；(c)通电；(d)保持

7.2.2　凸焊的工艺特点及设备组成

凸焊是点焊的一种变形，通常是在两板件之一上冲出凸点，然后进行焊接。由于电流集中，克服了点焊时熔核偏移的缺点，因此凸焊时工件的厚度比(两被焊接材料厚度之比)可以超过 6∶1。

凸焊时，电极必须随着凸点的被压溃而迅速下降，否则会因失电压而产生飞溅，所以应采用电极随动性好的凸焊机。多点凸焊时，如果焊接条件不适当，会引起凸点移位现象，并导致接头强度降低。实验证明，移位是由电流通过时的电磁力引起的。

在实际焊接时，由于凸点高度不一致，上下电极平行度差，因此一点固定一点移动要比两点同时移动的情况多。为了防止凸点移位，除了在保证正常熔核的条件下，选用较大的焊接压力，较小的焊接电流外，还应尽可能地提高加压系统的随动性。提高随动性的方法主要是减小加压系统可动部分的质量，以及在导向部分采用滚动摩擦。多点凸焊时，为克服各凸点间的压力不均衡，可以采用附加预热脉冲或采用可转动的电极头的办法。

一、凸焊的主要工艺参数

凸焊的主要工艺参数有焊接压力、焊接时间和焊接电流。

1. 焊接压力

凸焊的焊接压力取决于被焊金属的性能、凸点的尺寸和一次焊成的凸点数量等。焊接压力应足以在凸点达到焊接温度时将其完全压溃，并使两工件紧密贴合。焊接压力过大会过早地压溃凸点，失去凸焊的作用，同时因电流密度减小而降低接头强度；压力过小又会引起严重飞溅。

2. 焊接时间

对于给定的工件材料和厚度，焊接时间由焊接电流和凸点刚度决定。在凸焊低碳钢和低合金钢时，与焊接压力和焊接电流相比，焊接时间是次要的。在确定合适的焊接压力和焊接电流后，再调节焊接时间，以获得满意的焊点。如想缩短焊接时间，就要相应增大焊接电流，但过分增大焊接电流可能引起金属过热和飞溅，通常凸焊的焊接时间比点焊长，而电流比点焊小。

3. 焊接电流

凸焊的每一焊点所需电流比点焊同样一个焊点时小。但在凸点完全压溃之前电流必须能使凸点熔化，推荐的电流应该是在采用合适的焊接压力下不至于挤出过多金属的最大电流。对于一定凸点尺寸，挤出的金属量随电流的增加而增加。采用递增的调幅电流可以减小挤出金属。和点焊一样，被焊金属的性能和厚度仍然是选择焊接电流的主要依据。

多点凸焊时，总的焊接电流大约为每个凸点所需电流乘以凸点数。但考虑到凸点的公差、工件形状，以及焊机次级回路的阻抗等因素，可能需要做一些调整。

凸焊时还应做到被焊两板间的热平衡，否则，在平板未达到焊接温度以前便已熔化。因此，焊接同种金属时，应将凸点冲在较厚的工件上；焊接异种金属时，应将凸点冲在电导率较高的工件上。但当在厚板上冲出凸点有困难时，也可在薄板上冲凸点。

电极材料也影响两工件上的热平衡，在焊接厚度小于 0.5 mm 的薄板时，为了减少平板一侧的散热，常用钨-铜烧结材料或钨做电极的嵌块。

二、凸焊的设备

凸焊的设备通常由凸焊机和相应的附属设备组成，如图 7-19 所示。

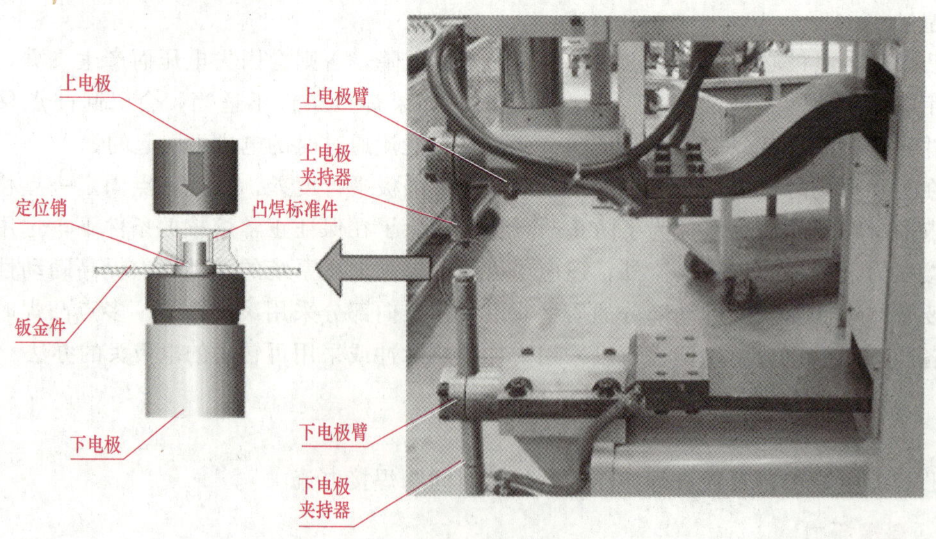

图 7-19

7.2.3　凸焊在车身上的应用

凸焊技术作为汽车制造中四大焊接工艺，即点焊、凸焊、弧焊及螺柱焊中的一种，完成车身大量的装配工作量，因而凸焊质量对汽车的整车质量有着重要影响。

凸焊在车身上应用的最为广泛的是螺柱凸焊和螺母凸焊，车身上大部分的螺母采用凸焊的形式焊接在车身上。

螺柱凸焊分两种形式，一种是端面凸焊(见图 7-20)，一种是承面凸焊(见图 7-21)。承面凸焊一般用于螺柱扭力要求高的位置，端面凸焊一般用于密封性要求高的位置。

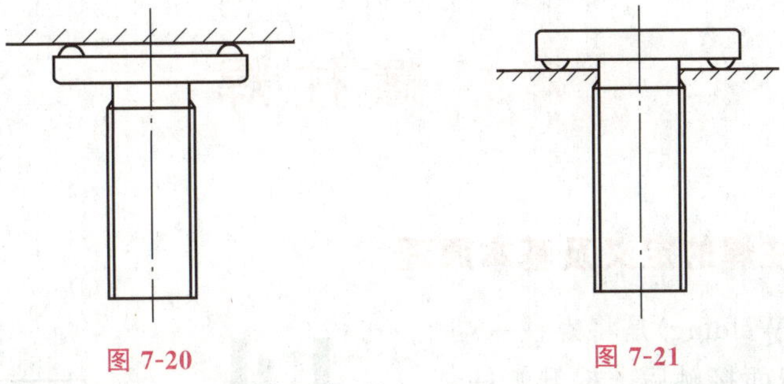

图 7-20　　　　图 7-21

凸焊螺母一般采用多点凸焊或者是环形凸焊的形式(见图 7-22)。环形凸焊一般用于密封性要求高的位置，如地板底部的螺母(见图 7-23)。

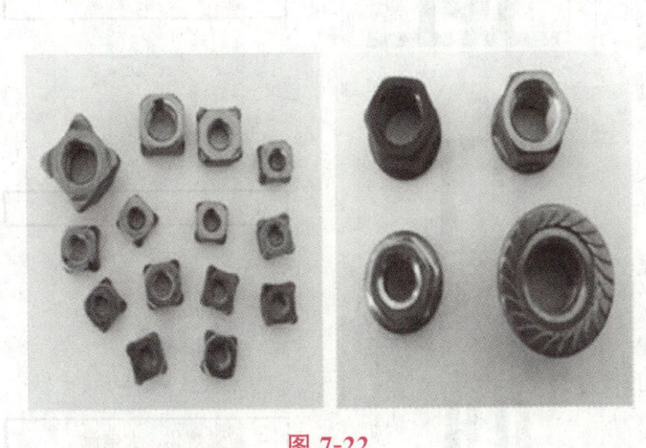

图 7-22

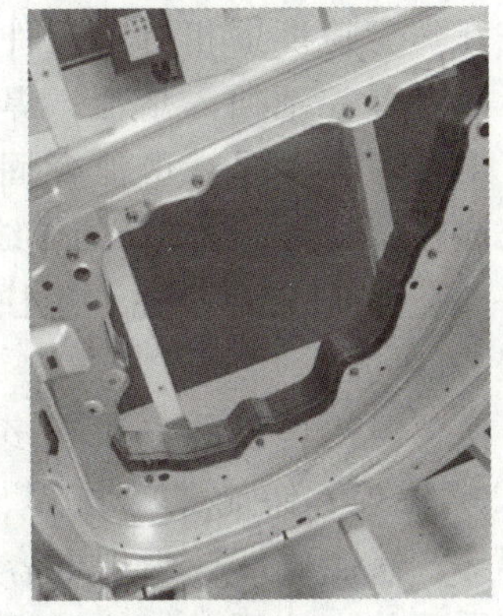

图 7-23

7.2.4　凸焊的质量检测

对凸焊螺母和凸焊螺柱进行质量检测，有以下几种方式：

(1)扭力检测。采用扭力扳手对凸焊件进行扭力检查，检查的扭力不能低于理论最低扭力值。

(2)金相检测以及目视检测。凸点与板材熔接均匀，不单边，焊缝无气孔裂口，板材无焊穿，焊瘤高度不超过两牙高度。

(3)敲击法。对于焊接螺母，用螺栓带入焊接螺母，垂直敲击螺栓至螺母脱落，通过观察焊点断裂情况来判断焊接强度；对于焊接螺栓，通过直接敲击螺栓至脱落来判断焊接强度。压溃试验：使用 WE300 液压式万能试验机对螺母或螺栓进行压溃，通过压溃力大小判断焊接强度。调试时可以以试片替代零件做测试作为参考，调试后正式生产前必须以实际零件测试结果为准。由于此检测为破坏性检测，因此这种检测方法不常用。

对于所有的凸焊件需要目视对其进行检查，每天需要抽检部分进行扭力测试。敲击法一般不常用在车间日常生产中。

7.3 螺柱焊

7.3.1 螺柱焊的定义及基本原理

螺柱焊(Stud Welding)是将螺柱一端与板件(或管件)表面接触后，提升螺柱，通电引弧，在焊接螺柱和焊接母材之间激发电弧，电弧将焊接螺柱端部和焊接母材表面熔化，并形成焊接熔池；焊接螺柱在一定速度下相对于板件做垂直相对运动，受控地插入熔池；焊接电流终止，电弧熄灭，同时熔池凝固，焊接过程完成，形成全断面熔合的焊缝。

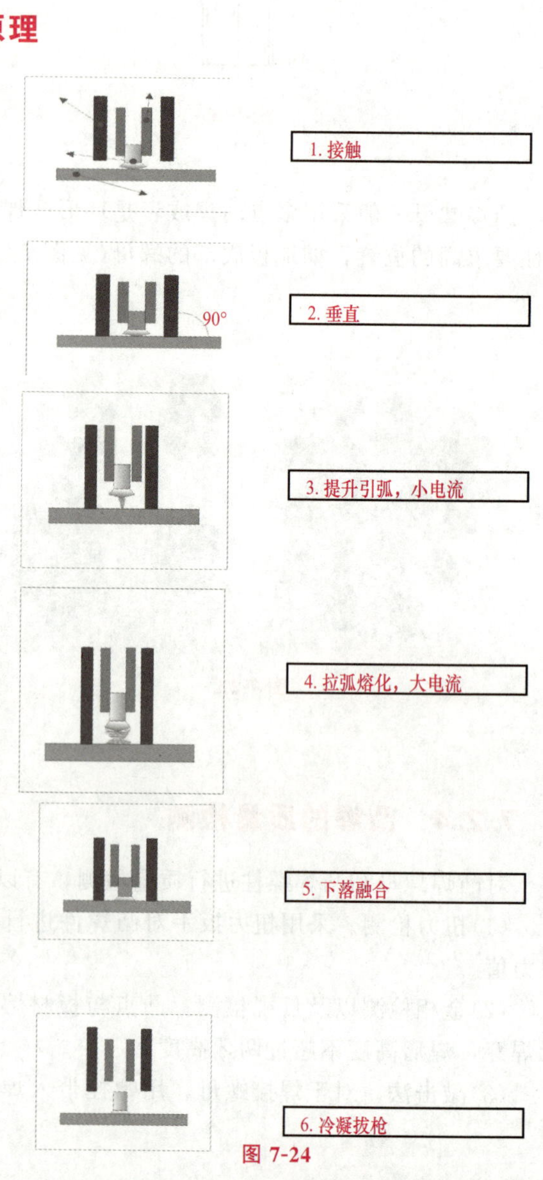

图 7-24

图 7-24 形象地描述了螺柱焊的整个过程。

实现螺柱焊接的方法有多种，如拉弧式螺柱焊、储能式螺柱焊、电阻焊、凸焊等。储能式螺柱焊以电容器储存的能量瞬间放电实现。储能式螺柱焊焊接时间、焊接电流不可调，熔深很浅，在汽车行业的应用很少。

拉弧式螺柱焊与储能式螺柱焊的电容放电不同，它是通过晶闸管控制的直流电源或逆变式焊接电源来进行焊接的。拉弧式螺柱焊接工艺，螺柱和工件的金属熔化量比储能式螺柱焊多，熔深较深，影响焊接质量的参数较为复杂，螺柱所能承受的强度也更大，所以此类螺柱焊接在汽车行业经常使用。

7.3.2　拉弧式螺柱焊设备及工艺

拉弧式螺柱焊设备主要由焊接电源、控制系统、焊枪以及接地钳等组成，根据要求还可以配备自动送钉的送料设备。通常焊接电源都与控制系统结合在一起，称为焊接主机（见图 7-25）。

(a)
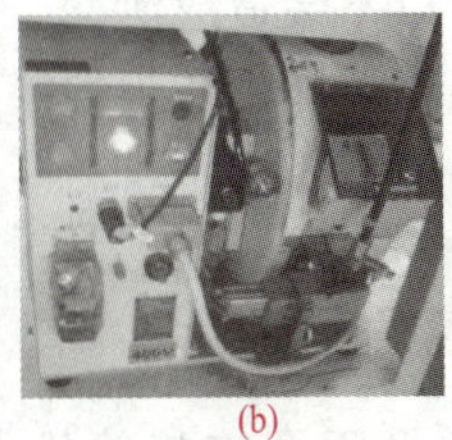
(b)
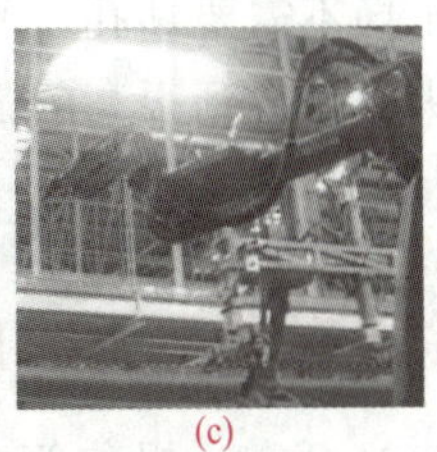
(c)

图 7-25

(a)焊接主机；(b)送钉机；(c)螺柱焊枪

拉弧式螺柱焊操作简单、快捷；对螺柱和工件表面无太高要求；熔深较深，接头强度高，适用于 0.6 mm 以上板厚的焊接；焊接 M6 以上的螺柱需气体或陶瓷环保护；可焊接多种规格形状的螺柱焊接。

拉弧式螺柱焊的工艺参数主要有焊接电流、焊接时间、预引弧电流或时间、提升高度、螺柱伸出长度、保护方式。

(1)焊接电流主要根据螺柱的直径选定，不同机型能调节的范围也不同，在 300 ～ 3 000 A内连续可调。就非合金钢而言，电流直径和螺柱直径的关系为

$$I=(75\sim85)d,\ d=3\sim16\ \text{mm}$$

$$I=(85\sim95)d,\ d=16\sim30\ \text{mm}$$

(2)焊接时间 T_w(单位：ms)又称焊接电流持续时间，主要影响焊接热输入量，可参考以下公式进行估算：

$$T_w=(2\sim4)d,\ d\leqslant12\ \text{mm}$$

$$T_w=(4\sim5)d,\ d>12\ \text{mm}$$

(3)预引弧电流(时间)很大程度上决定了母材的熔深，短周期焊接电源的预引弧时间为 40～100 ms。长周期的预引弧时间调节范围更宽。

(4)提升高度是维持稳定的焊接电弧和获得良好焊缝外观成形的一个重要的焊接参数。它与螺柱直径成正比，为 1.5～8 mm。

(5)螺柱伸出长度实际是螺柱的熔化长度，也与螺柱直径成正比，经验值为 1.5～6 mm。

(6)保护方式。螺柱焊接的保护方式主要有无外加保护、气体保护和陶瓷环保护 3 种。

在选择焊接工艺参数时，应根据螺柱的直径、工件的材质进行设定。对于同一螺柱直径的焊接，使用不同厂家制造的焊接设备，其焊接工艺参数也不尽相同，因此应进行多次试焊，并对焊缝的外观和成型、螺柱焊后高度和力学性能(拉伸、锤击、弯曲、扭力等)评定后，才能选定一组最佳的工艺参数进行焊接。

螺柱焊有以下优点：

(1)节省时间和成本。所有螺柱焊的布局不用钻孔、冲孔、车螺纹、铆接、拧螺纹和精整等步骤。

(2)不停扩大布局预设的应用潜在力量。

1)由于是短时间焊接且焊后很少变形，因此不需要修整。

2)因为焊接的布局不需要钻孔，所以不会造成泄漏。

3)螺柱焊的接头可以达到很高的强度，即螺柱焊的接头强度大于螺柱自身强度。

(3)良好的经济性。

7.3.3 螺柱焊在车身上的应用

螺柱焊具有快速、可靠、操作简单及无孔连接等优点，正逐渐替代汽车制造中的铆接、攻螺纹和钻孔等连接工艺。目前螺柱在轿车车厢内的作用是固定线束、内饰件和地毯等(见图 7-26)；在车厢外的作用是固定线束、油管、制动油管以及隔热板、导流板等底盘附件。现在螺柱在轿车制造中的使用量日益增长，以神龙公司的车型为例，爱丽舍的螺柱使用量是 50 多个，标致 307 的螺柱使用量为 106 个，雪铁龙 C_5 的螺柱使用量为 187 个。轿车制造中常用螺柱类型如图 7-27 所示。

图 7-26

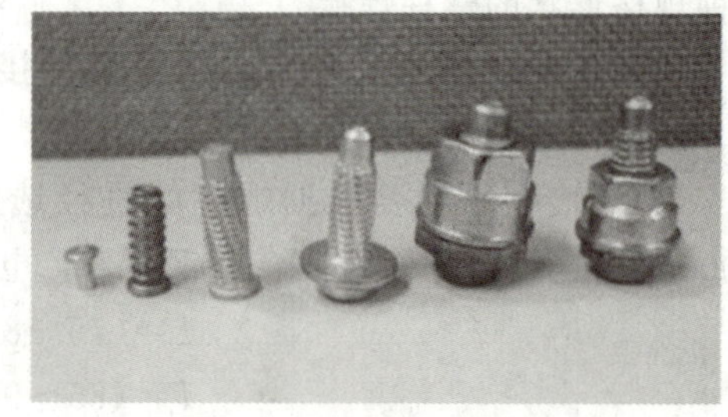

图 7-27

7.3.4 螺柱焊的质量检测

螺柱焊的质量评价包括两方面：焊接强度和位置精度。焊接强度要求满足设计的连接强度要求及焊接评价标准。螺柱的位置精度符合产品图纸的位置精度要求。

螺柱的焊接强度检查可采用下列方法：

1. 外观检查

(1)目视检查焊接接头。接头处应无气孔、未熔合、裂纹、夹渣等缺陷。

(2)锤击检查。在生产过程中可用手锤敲击焊接螺柱进行非破坏性检查。经锤击检查的螺柱要用 MIG 或 CO_2 焊进行补焊加强。

2. 扭矩检查

对于有安装力矩要求的焊接螺柱要用测力矩扳手进行扭矩检查。要求螺柱被加载至 1.5 倍安装力矩时螺柱不在接头处开焊。带帽螺柱经检查后螺帽应松开，再用力矩扳手拧紧到螺帽的松开力矩(Loesedrehmoment，在带帽螺柱的图纸上标注)，防止车身油漆时油漆渗入螺柱螺纹与螺帽的间隙中。

3. 拉伸检查

专用检查装置拉伸螺柱，当螺柱受力达到要求的检查拉力或达到要求的拉伸位移时，焊接接头不被破坏，则焊接强度合格。

4. 全拆解检查

对螺柱进行全拆解，观察其焊核直径和形状。

7.4 螺栓连接

螺栓连接是指用螺栓和螺母将两个带有孔的零件紧固的连接方式。其结构简单、连接可靠、装拆方便，被广泛用于车辆、桥梁、建筑等领域中。

7.4.1 螺栓连接在车身上的应用

螺栓连接一般用在车门、前后盖与铰链的连接，铰链、翼子板与车身的连接以及铰链活页的连接。很多人认为门通过铰链固定在车身上，门的重力主要是由螺栓的剪切力来承受的，其实这是一个误区，了解四门两盖安装的人知道，安装门时，需要给铰链一个预紧力，预紧力会给铰链和与车门或是车身接触的地方一个摩擦力，摩擦力才是主要承受门的质量。图 7-28 是大家所熟知的螺栓的受力分析。

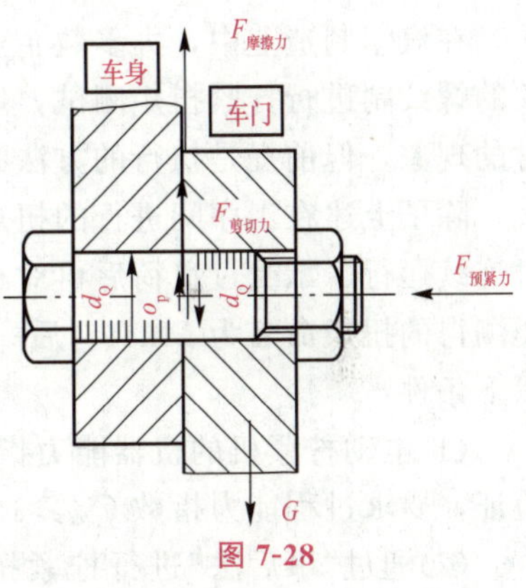

图 7-28

$$G=F_{摩擦力}+F_{剪切力}=F_{预紧力}\times\mu+F_{剪切力}$$

图 7-28 中，G——车门的重力，N；

$F_{摩擦力}$——车门与车身的摩擦力，N；

$F_{剪切力}$——螺栓受到的剪切力，N；

μ——摩擦系数；

$F_{预紧力}$——螺栓的预紧力，N。

当 $F_{预紧力}=G/\mu$，$F_{剪切力}=0$，此时螺栓不受剪切力，预紧力为最佳值。

四门两盖通过铰链固定在车身上，不仅可以通过螺栓连接的方式，也可以采用焊接的连接方式，将铰链通过焊接的方式焊接在车身上。两种不同的连接方式各有利弊。

7.4.2 螺栓连接装配的质量控制

螺栓连接装配的质量控制包括两个方面：①执行螺栓拧紧工艺的电动拧紧枪的准确性和可靠性必须满足要求；②对已经拧紧的螺栓连接，应通过正确的方法进行评定。

1. 对螺栓拧紧设备的正确评定

通常采用模拟工况的动态校准法将拧紧枪的输出值与用作测量标准的传感器的读数值

加以比对，在汽车行业通过传感器实施扭矩或转角控制的拧紧枪的准确度指标往往采取相对误差形式表示，一般为±5%，也有达到±3%的。只是进行简单的准确度分析是不够的。它需要其在稳定状态下所具有的保证质量的能力，它取决于设备、材料、操作者、工艺方法和环境5项相互独立因素的影响，以能力指数 C_m 和 C_{mk} 来表示。

C_m、C_{mk} 称为设备能力指数，是德国汽车行业常采用的参数。C_m、$C_{mk} \geqslant 1.67$，表示设备能力足够；$C_m \geqslant 1.33$、$C_{mk} < 1.7$，表示设备能力尚可；C_m、$C_{mk} < 1.33$，表示设备能力不足。

表7-1为德国大众汽车公司对螺栓拧紧设备应该具备的机器能力的要求。

表7-1 螺栓拧紧设备应该具备的机器能力

被检设备的情况	机器能力指数	
	C_m	C_{mk}
新设备验收	≥1.67	≥1.67
经过检修、改造后的设备	≥1.33	≥1.33
在用设备定期或不定期的评定	≥1.33	≥1.33

2. 螺栓连接质量的评价

在汽车制造业中，大多数企业都在装配工序后利用指示式扭矩扳手以抽检的方式对相关的螺纹副进行拧紧扭矩测试，以评价螺栓连接的质量，其间出现各种各样的情况是很正常的现象，但前提是执行的方法必须正确，这是处理问题、解决问题的基础。

除了上述在工序间进行的扭矩测试外，还有一类是整车或总成(发动机、变速器等)经过连续运行、承受过负荷后再对相关的螺栓连接质量进行评价。德国大众汽车公司把前一类测得的扭矩命名为Mna1，后一类为Mna2。但为了准确测得Mna1和Mna2，必须满足以下条件：

(1)电动拧紧机的机器能力指数 C_m、C_{mk} 必须达到1.67或更高，即务必经过设备能力验证，要求过程能力指数 $C_{pk} \geqslant 1.33$。

(2)通过“事后法”进行拧紧扭矩测试时，必须采用紧固法，不能用松开法或标记法。执行紧固法时需注意拧动螺栓(或螺母)的角度尽量小，最大不超过10°。

过程能力指数 C_p 是指工序在一定时间里，处于控制状态(稳定状态)下的实际加工能力。C_p 反映的是能够达到的过程能力的最高水平。修正工序能力指数 C_{pk} 是综合过程能力指数，反映实际的过程能力。C_P 永远不小于 C_{pk}，C_{pk} 不可以小于0。

7.5 铆　接

7.5.1 铆接的定义及特点

铆接是将铆钉穿过被连接件的预制孔中经铆合而成的连接方式(见图7-29)，其连接部

分称为铆缝。

铆接具有工艺设备简单，工艺过程比较容易控制，质量稳定，铆接结构抗振、耐冲击，连接牢固可靠等特点。

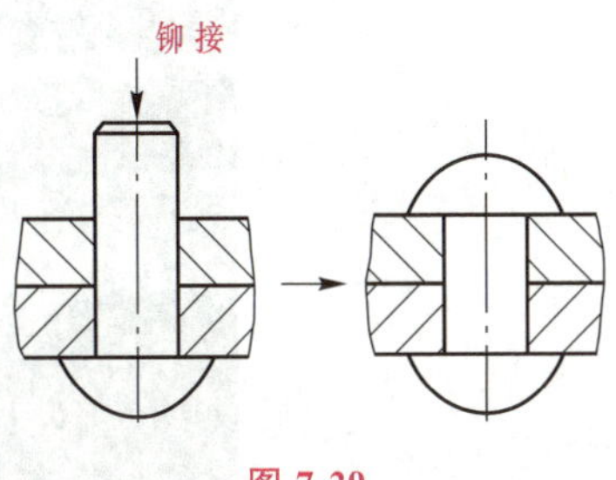

图 7-29

铆接的主要类型有冷铆和热铆。钉杆直径 $d \geqslant$ 12 mm的钢制铆钉，通常是将铆钉加热后进行紧固铆接。钉杆直径 $d<10$ mm 的钢制铆钉和塑性较好的有色金属、轻金属及其合金制成的铆钉一般在常温下进行紧固铆接。

铆接的缺点如下：

(1)密封性差，即使铆钉涂以密封膏，其接头对水和气体都不密封；热铆时易产生氧化皮；如果在维修时必须拆卸，就应拆除并重新铆接。

(2)与焊接相比，其缺点是结构笨重，铆钉孔削弱被连接件截面强度，可降低15%～20%，劳动强度大，噪声大，生产率低。因此，铆接经济性和紧密性都不如焊接。

(3)与螺栓、螺钉连接相比，铆钉连接的疲劳强度要小。大的拉伸负载能将铆钉头拉脱，剧烈的振动会使接头松弛。

7.5.2 铆接技术在汽车行业中的应用

汽车门扣铆接焊机

一、铆接连接在车身上的应用

要实现汽车的轻量化，其中一个重要的途径是采用镁铝等轻金属材料，而这类材料的焊接性能差，所以需要寻找一种新的工艺来实现这种连接的功能，这就是铆接。

传统的铆接是对零件进行预冲孔，再将零件铆接在一起，这种工艺复杂，外观质量差，效率低及不宜实现自动化。现代工艺的铆接克服了传统工艺的弊端，根据其铆接时是否用铆钉分为锁铆和压铆。

1. 锁铆(自冲铆接)(Self-Piercing Riveting)

锁铆铆钉在外力的作用下，通过穿透第一层材料(和中间层材料)，在底层材料中进行流动和延展，形成一个相互镶嵌的永久塑性变形的铆钉连接过程，称为锁铆连接，如图 7-30和图 7-31 所示。

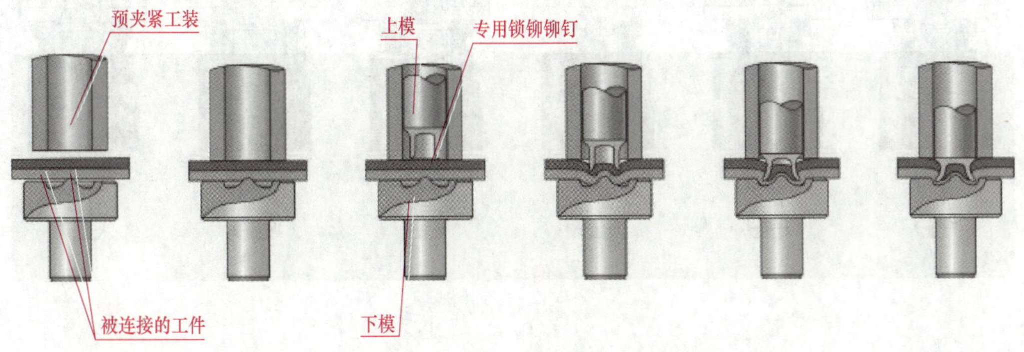

图 7-30

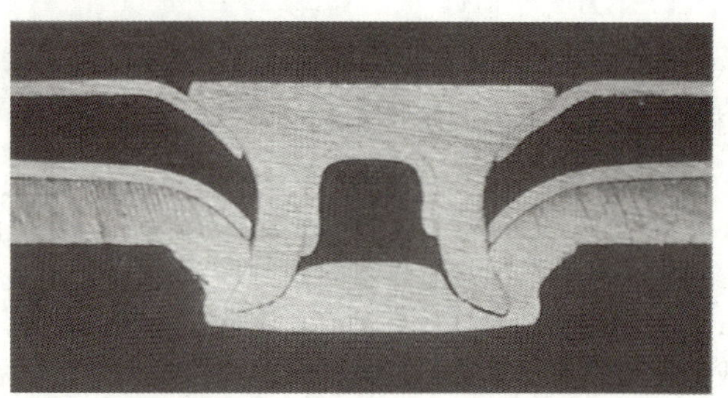

不锈钢板+非金属夹层+不锈钢板+中碳钢板的连接

图 7-31

该铆接点具有较高的抗拉强度和抗剪强度，称为锁铆连接点。

锁铆相对于点焊和传统的铆接的优势是：锁铆连接材料组合广泛；可用于不同材质、硬度、厚度材料，各种有镀层的材料连接，有夹层，包括胶水等非金属材料组合；锁铆连接综合成本低廉；无须连接前后的处理工序；连接工序简单，工作效率高；设备投入合理，操作成本能耗极低，对操作员素质要求不高，人工成本低，无须额外的环保和劳保投资(无烟尘排放)，锁铆连接质量可靠；连接区域没有应力集中，动态疲劳强度高；在线铆接装配质量管理系统，无损伤检测连接质量，确保 100%连接质量依靠设备保证，不受人员影响。

2. 压铆

专用的压铆连接模具在外力的作用下，迫使被连接金属材料组合在连接点处产生材料流动，从而形成一个互相镶嵌的铆接连接点的过程，称为压铆连接，又称无铆钉连接。该连接点具有一定的抗拉伸强度和抗拉剪切强度，图 7-32 和图 7-33 为压铆的工艺过程。

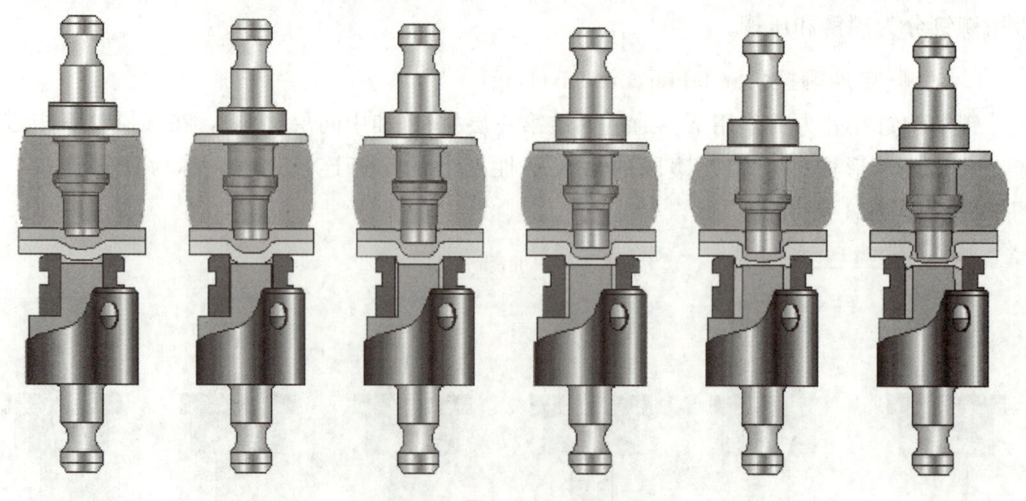

图 7-32

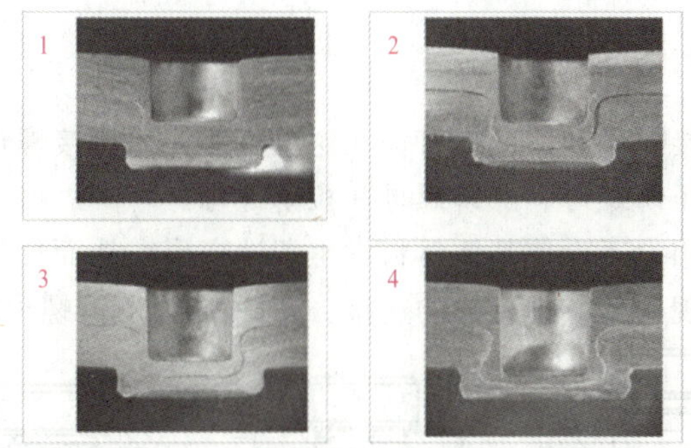

图 7-33

国外汽车生产企业已经应用了此工艺，如美洲虎汽车公司已经在 X350 系列、XJ 型豪华轿车的铝制车身上应用自冲铆接技术，每辆车至少应用 3 000 个铆钉，UK 系列也将陆续应用；奥迪汽车公司在私家轿车的铝质车身上至少应用 1 400 个铆钉。沃尔沃汽车公司不但有自己的自冲铆接车辆生产线，还建成了自冲铆接设备和铆钉生产线，并首先在沃尔沃 F12 系列重型货车驾驶室应用自冲铆接技术，质量比以前减少了 30%，每年节省244 000美元生产成本。图 7-34 和图 7-35 分别为奥迪车身的铆接分布以及前盖锁铆连接和压铆连接的实例。

铝合金车体的连接技术

Audi

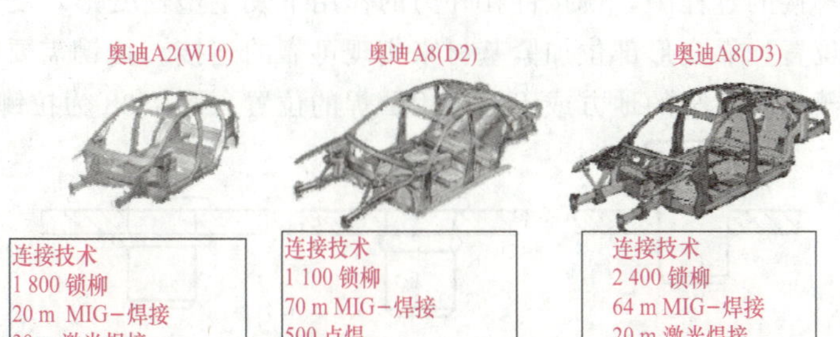

图 7-34

锁铆连接和压铆连接：汽车前盖A6(C5)

压铆连接
锁铆连接

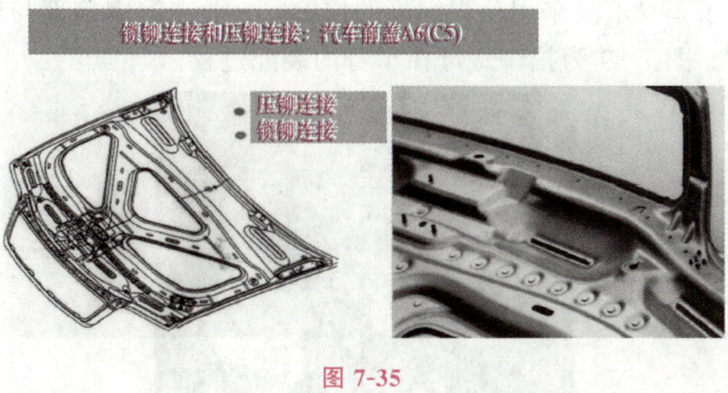

图 7-35

二、铆接件在车身上的应用

铆接件主要分为铆接螺母和铆接螺钉。在这里主要介绍铆接螺母的应用。

铆接螺母主要分为压铆螺母、涨铆螺母和拉铆螺母。

压铆是指在外界作用力下，使基体材料发生塑性变形，从而使铆接螺母或螺栓挤入特设的预制槽内，从而实现两个零件可靠的连接。图 7-36 为压铆螺母的压接过程。

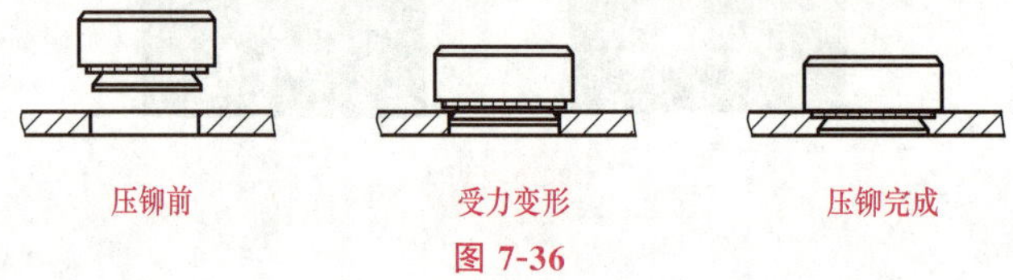

图 7-36

涨铆是指在铆接的过程中，铆接件的部分材料在外力的作用下发生塑性变形，与基材形成紧密配合，从而实现两个零件的连接。涨铆连接工艺简单，连接强度低，在汽车上应用少。图 7-37 为涨铆螺母的压接过程。

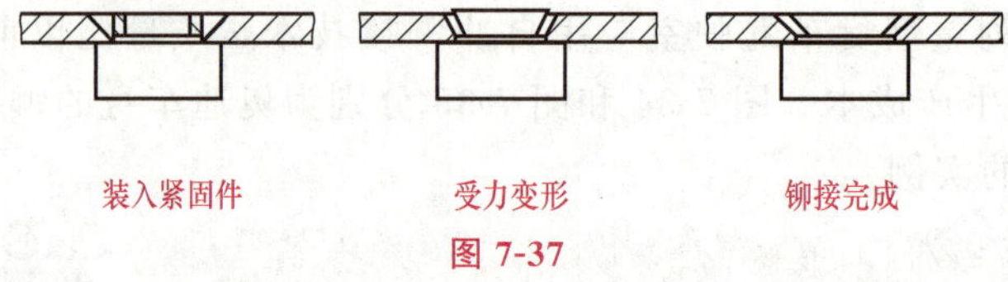

图 7-37

拉铆是指在铆接的过程中，铆接件在外力的作用下发生塑性变形，变形的位置通常发生在专门设计的位置，靠变形部位加紧基材来实现可靠的连接。拉铆需要使用专门的铆接枪进行铆接，用于空间狭窄的地方或不易使用凸焊的位置。图 7-38 为拉铆连接的过程。

图 7-38

铆接件一般用于车身不易采用凸焊螺母的位置，一般在侧围前部与尾部，用于连接翼子板和前后保险杠。图 7-39 为拉铆螺母在车身的装配过程。

图 7-39

7.6 切　　割

一、切割的分类和特点

按照金属切割过程中加热方法的不同大致可以把切割方法分为火焰切割、电弧切割和冷切割 3 类。

火焰切割按加热气源的不同分为气体火焰切割、液化石油气切割、氢氧源切割、氧熔剂切割等。

电弧切割按生成电弧的不同可分为等离子弧切割、碳弧气割等。

冷切割是指切割后工件相对变形小的切割方法，有激光切割、水射流切割等。

二、常见切割方式

1. 气体火焰切割

气体火焰切割利用气体火焰的热能将金属材料分离，气体火焰切割又简称为气割。钢材的气割是利用气体火焰(预热火焰)将钢材表面加热到能够在氧气流中燃烧的温度(即燃点)，然后送进高纯度、高流速的切割氧，使钢中的铁在氧氛围中燃烧生成氧化铁熔渣，同时放出大量的热，借助这些燃烧热和熔渣不断加热钢材的下层和切口前缘，使之也达到燃点，直至工件的底部。与此同时，切割氧流把氧化铁熔渣吹掉，从而形成切口将钢材切割开。钢材气体火焰切割的原理如图 7-40 所示。

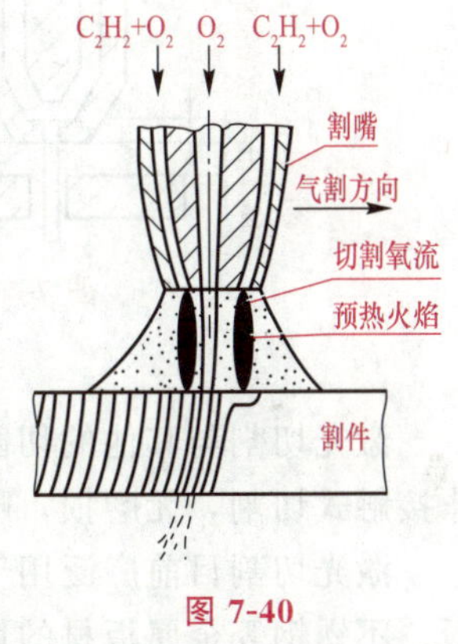

图 7-40

气体火焰切割的实质是被切割的材料在纯氧中燃烧的过程，属于放热反应，而不是熔化过程。气割低碳钢时所需的热量，金属燃烧产生的热量占 70% 左右，而预热火焰供给的热量仅占 30%左右。所以，金属氧化生成热的作用是相当大的。

并非所有的金属都可以进行气割加工，只有满足以下条件的金属才能顺利地实现气割：

(1)金属能同氧发生剧烈的燃烧反应并放出足够的反应热。

(2)金属的燃点应比熔点低，否则不能实现氧气切割，而变成熔割。

(3)燃烧生成的氧化物熔渣的熔点应比金属熔点低，且流动性好。

(4)金属的热导率不能太高。

一般碳素结构钢因主要成分是铁，气割性良好，是气割加工的主要对象。

2. 等离子切割

等离子通常描述为物质的第 4 种状态。当气体不断的升温，其构成的分子的原子发生分裂，形成独立的原子，如果再进一步升高温度，原子中的电子就会从原子中剥离出来，成为带正电荷的原子核和带负电荷的电子，这一过程称为电离，发生电离(无论是部分电离还是完全电离)的气体称为第 4 种状态，即等离子体(或等离子态)，等离子态下的物质具有类似于气态的性质，如良好的流动性和扩散性。但是，由于等离子体的基本组成粒子是离子和电子，因此它也具有许多区别于气态的性质，如良好的导电性和导热性。

等离子切割是利用高能量密度的等离于弧和高速的等离子流，将熔化金属从割口处吹走，形成连续割口。等离子弧切割速度快，没有氧-乙炔切割时对工件产生的燃烧，因此工件获得的热量相对较小，工件变形也小，适合于切割各种金属材料。但等离子弧流速高，噪声、烟气和烟尘严重，工作卫生条件较差。等离子弧可用于焊接、喷涂、堆焊及切割，其基本构造如图 7-41 所示。

3. 激光切割

激光切割是利用经聚焦的高功率密度激光束照射工件，使被照射的材料迅速熔化、汽化、烧蚀或达到燃点，同时借助与光束同轴的高速气流吹除熔融物质，从而实现将工件割开(见图 7-42)。

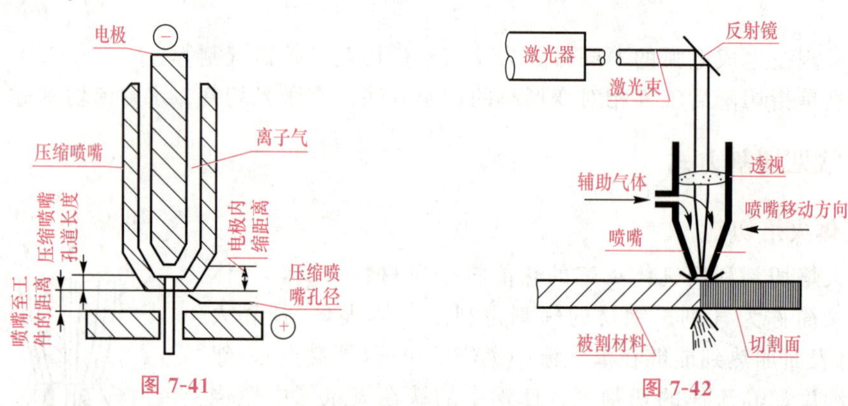

图 7-41　　图 7-42

激光切割与其他的切割相比，有以下优势：切割质量好；切割效率高；切割速度快；非接触式切割，无磨损，噪声低，振动小，无污染；切割材料的种类多。

激光切割目前广泛用于金属加工行业，激光切割速度快，精确度高。对中薄板材、铝板、不锈钢等金属板材的切割有绝对的优势。

表 7-2 是 3 种切割方式的对比，根据不同的需求来选择切割方式。

表 7-2　3 种切割方式的对比

切割方法	热影响区宽度(mm)	使用板厚	切割速度	设备费用
激光切割	0.04～0.06	4 mm 以下	最快	高
气体火焰切割	0.6～1.2	25 mm 以上	慢	低
等离子切割	0.5～1.0	25 mm 以下	快	中高

本章小结

1. 膨胀胶又称发泡胶、隔振胶，用来减弱钢板与加强梁在行车过程中的振动和噪声，提升整车的舒适性；减少或完全取消结合焊点，提高车身外表美观性。折边胶是用于车身包边处胶粘剂的统称。

2. 凸焊是在焊接件的接合面上预先加工出一个或多个凸点，使其与另一焊接件表面相接触，加压并通电加热，凸点压溃后，使这些接触点形成焊点的电阻焊方法。

3. 凸焊的主要工艺参数有焊接压力、焊接时间和焊接电流。

4. 凸焊技术作为汽车制造中的四大焊接工艺，即点焊、凸焊、弧焊及螺柱焊中的一种，完成车身较多的装配工作量，因而凸焊质量对汽车的整车质量有着重要影响。

5. 螺柱焊(Stud Welding)是将螺柱一端与板件(或管件)表面接触后，提升螺柱，通电引弧，在焊接螺柱和焊接母材之间激发电弧，电弧将焊接螺柱端部和焊接母材表面熔化，并形成焊接熔池；焊接螺柱在一定速度下相对于板件做垂直相对运动，受控地插入熔池；焊接电流终止，电弧熄灭，同时熔池凝固，焊接过程完成，形成全断面熔合的焊缝。

6. 螺栓连接是指用螺栓和螺母将两个带有孔的零件紧固的连接方式。其结构简单、连接可靠、装拆方便，被广泛用于车辆、桥梁、建筑等领域中。

7. 螺栓连接装配的质量控制包括两个方面：①执行螺栓拧紧工艺的电动拧紧枪的准确性和可靠性必须满足要求；②对已经拧紧的螺栓连接，应通过正确的方法进行评定。

8. 传统的铆接是对零件进行预冲孔，再将零件铆接在一起，这种工艺复杂，外观质量差，效率低及不宜实现自动化。现代工艺的铆接克服了传统工艺的弊端，根据其铆接时是否用铆钉分为锁铆和压铆。

9. 按照金属切割过程中加热方法的不同大致可以把切割方法分为火焰切割、电弧切割和冷切割 3 类。

10. 常见的切割方式有气体火焰切割、等离子切割、激光切割等。

思考与练习

一、想一想

1. 试说出结构胶、膨胀胶、折边胶各用于汽车车身的什么地方。
2. 车身为什么有些地方采用凸焊而不采用普通电弧焊或点焊代替？
3. 螺栓连接和铆接相比各有何优缺点？
4. 你所见过的切割方式有哪些？
5. 车门内板等地方采用螺柱有什么优缺点？

二、做一做

1. 指出结构胶、膨胀胶和折边胶的定义及用途。
2. 车身用胶的质量控制从哪 3 个方面入手？并简述其内容。
3. 凸焊的工艺参数有哪些？
4. 螺柱焊有什么优点？
5. 对车身的四门两盖采用铰链连接和焊接连接各有什么优缺点？
6. 铆接连接有何优缺点？
7. 试指出切割的分类和各种切割方法的特点？
8. 什么是压铆？什么是涨铆？

曹彦生：分毫不差，为航天之翼"雕刻"翅膀

第8章 车身焊装生产线

学习目标

- 知道汽车焊装生产线的定义及其构成。
- 了解汽车柔性化试制线。
- 了解焊装夹具的用途，掌握焊装夹具常用元件。
- 了解焊装夹具设计常识。
- 了解车身焊装计算机控制系统的结构。
- 了解车身焊装线几个应用技术问题。

汽车焊接生产线及制造

8.1 汽车焊装生产线

焊装生产线是指必须经过焊接工艺才能完成完整产品的综合生产线，它包括专用焊接设备、辅助工艺设备以及各种传输设备等。

在汽车车身生产过程中，焊接作为最主要的连接方式被广泛应用，现以汽车焊装生产线为例进行讲解。

车身焊装生产线是汽车车身 BIW(Body in Wite)全部成型工位的总称，它由车身总成线和许多分总成线组成，每一条总成线或分总成线又由许多焊装工位组成。每一个工位由定位系统、焊接系统、搬运系统、检测系统等设备，以及供水、供电、供气等装置组成。生产线间、工位间通过人工或自动搬运设备实现零件的输送。

车身焊装生产线一般依据车身的结构分为分拼线、侧围线、地板总成线、车身线、门盖线、调整线以及输送线等。

(1)分拼线：完成车身分拼焊接的生产线。其主要包括前后纵梁(见图 8-1 和图 8-2)、前地板(见图 8-3)、中后地板(见图 8-4)、前围板、侧围内板(见图 8-5)等。

图 8-1

图 8-2

图 8-3

图 8-4

图 8-5

(2)侧围线(见图 8-6)：完成车身上部四周部件焊接的生产线。其主要包括侧围外板、前隔壁侧板、车门锁内板、前侧内板加强板组件、中立柱内板加强板组件、车门门槛内板组件、后侧围后轮罩组件、前侧内板、中立柱内板、后侧围板支撑组件等。

图 8-6

(3)地板总成线(见图 8-7)：完成车身地板各部件焊接的生产线。其主要包括地板、加强梁、驻车制动操纵机构加强板、横梁、纵梁等。

(4)车身线(主焊线)(见图 8-8～图 8-10)：将地板总成、侧围总成、翼子板、顶棚等部件连接起来的焊接生产线。

图 8-7

图 8-8

图 8-9

图 8-10

(5)门盖线(见图 8-11～图 8-13)：完成车门、发动机盖、行李舱盖等部件焊接的生产线。其主要包括内板、外板、发动机盖、行李舱盖、防撞梁、铰链及螺栓等。

图 8-11

图 8-12

图 8-13

(6)调整线(见图 8-14 和图 8-15)：主要从事汽车车门、两盖的装配调整工作，检查焊接和装配质量。

图 8-14

图 8-15

(7)输送线(见图 8-16)：焊接时各部件进行加工时的传输线。

图 8-16

生产线的关系如图 8-17 所示。

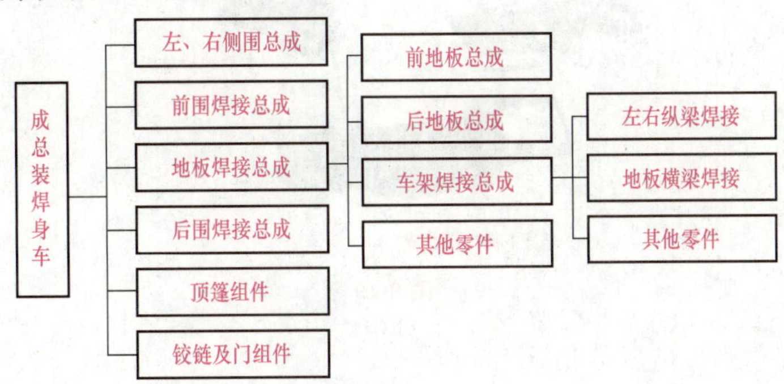

图 8-17

8.2　焊装生产线简介

8.2.1　典型焊装生产线案例

下面以一汽轿车为案例进行具体说明。

某轿车车身装焊生产线如图 8-18 所示。

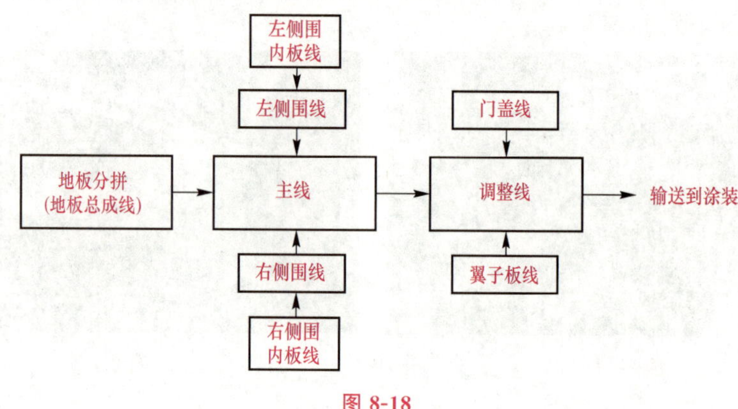

图 8-18

1. 地板总成线

采用悬挂点焊机手工操作焊接，车身底板由车身前部和车身后部组成，车身前部包括左右前轮罩、仪表板焊接总成、前地板焊接总成、前地板竖梁；车身后部包括左右支座总成、中地板焊接总成、行李舱地板总成、中后地板焊接总成、中后地板总成、后纵梁总成（见图 8-19）。

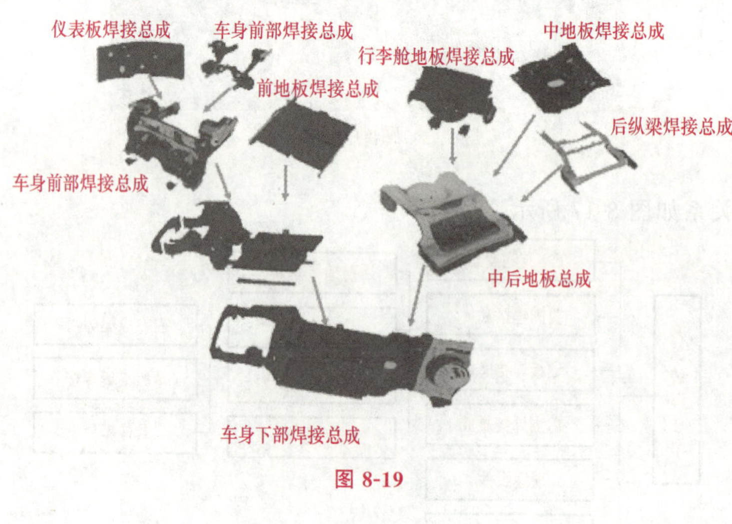

图 8-19

2. 主线(车身线)

采用焊接机器人组成的自动化生产线可以混流生产，通过夹具将车身下部总成、左/右侧围总成、仪表板和水槽总成、顶盖总成、包裹架总成、后围板总成组合焊接形成车身焊接总成，如图 8-20 所示。

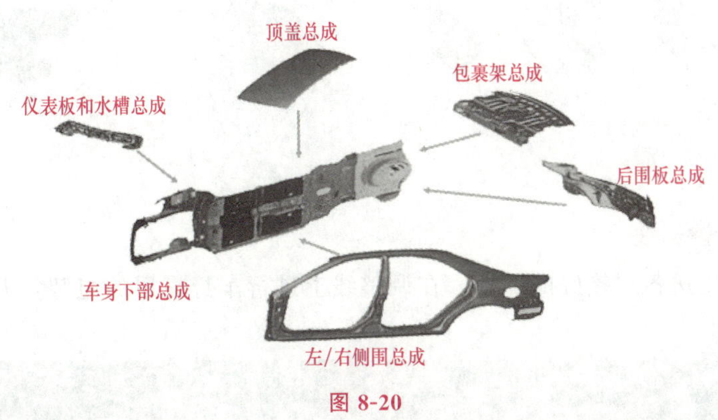

图 8-20

3. 侧围线

利用悬挂点焊机、凸焊机等设备生产左/右侧围、前侧内板、车门锁内板、前侧内板加强板组件等，如图 8-21 所示。

图 8-21

4. 门盖线

利用悬挂点焊机、凸焊机、滚边机、胶合机器人等设备，生产加工车门、发动机盖、行李舱盖等(见图 8-22 和图 8-23)。

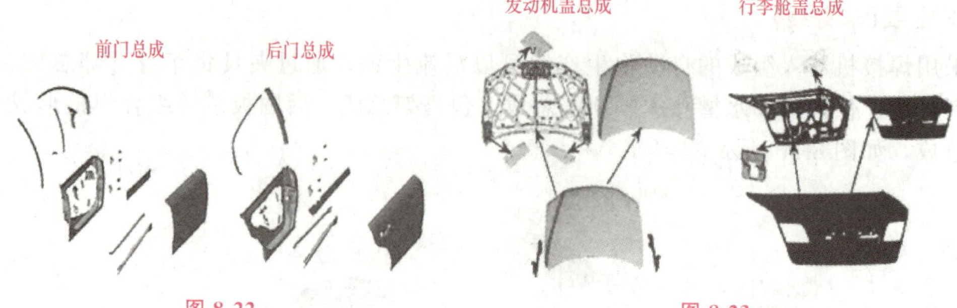

图 8-22　　图 8-23

5. 调整线和输送线

运用输送线传送各焊接好的部件，在调整线上进行车身最后的组装，并检测焊接和装配质量(见图 8-24)。

图 8-24

8.2.2 汽车柔性化试制线

在汽车产品的自主开发过程中，车身试制已经成为影响开发周期的重要因素。某汽车公司在初步确定某一轿车型号车身结构为基本型的基础上，充分考虑产品的变化，组建了一种适应多品种、多系列轿车车身本体总成试制焊接系统，这种可延伸变化的试制焊接系统确保了焊装夹具及生产线的经济性和柔性化，为新产品试制车身提供了保障。

该汽车公司轿车车身本体总成试制焊接系统的总体设计思路是根据汽车产品的实际情况和具体要求，把实用性、可靠性、经济性和先进性作为目标，并把实用性作为首先追逐的目标，采用组合式夹具对汽车焊装夹具进行组合，由人工进行焊接，并在此基础上开发出既能进行车身开发工作的柔性焊装系统，同时本身又是一套非常实用的小批量车身焊装生产线(满足年开发 5～8 个车型，每个车型生产 20～30 台车身的任务)。

该系统要求如下：

1. 适用范围

(1)能够满足两厢轿车、三厢轿车、MPV 等系列乘用车车架总成、车身底板及其他所有零件总成的装配、定位和夹紧的需要。

(2)夹具由质轻耐磨材料制成，在环境温度为－4～＋40 ℃范围内保证精度要求。

2. 焊接夹具要求

(1)支撑、连接、定位及夹紧机构在装配后不影响焊钳的操作，具备较好的焊接操作性。

(2)根据样车或产品数模，按照该车型型面定位的专用定位元件(材料性能易于在现场加工)、夹紧元件装配焊接后能满足要求。

(3)夹具应具备足够的强度和刚性，并能承受一定的冲击力(能承载 104 N)而没有任何变形。

(4)夹具需有起吊装备或配置可移动的滚轮。

(5)在夹具装配接口部分统一的条件下，定位销的系列尺寸能满足直径 5～30 mm 之间的孔定位需要。

(6)在车身型面处的压紧块采用非金属材料，硬度应达到 HRC45～52。

(7)焊接夹具的装夹系统适应试制样车的系列化和柔性化要求。

3. 焊接线的要求

(1)焊装线的主体采用钢质桁架结构，水电气动力供应系统布置在桁架顶端，悬挂点焊机和焊枪吊挂系统以及输送装备也均布置在桁架内空间，与桁架相连接。

(2)各分总成和本体总成的工位间输送采用空中电葫芦吊挂与地面滚道相结合的方式。

(3)悬挂点焊机和气动焊枪均采用 Ω 导轨和 Ω 滑车吊挂，确保移动的灵活性，CO_2 半自动焊机、等离子切割机、氧乙炔钎焊设备均布置在其地面相对的工位附近。

(4)车身本体总成组焊夹具的主体采用“门式”(敞开式，可移动)钢架多孔结构。

该汽车公司根据汽车焊装线车身焊接的工艺特点及以上要求，设计出了一套符合车身骨架各分总成(车架总成、车身下部总成、发动机舱总成等)定位夹紧特点的专用定位柔性夹具部件，结合标准的柔性夹具部件，组成了汽车车身柔性焊装生产线，使得柔性焊装生产线在开发每一个新车型时专用件的加工仅限于表面定位件的设计和加工，大大减少了工作量，从而加快了自主开发的步伐。

该车身柔性焊装线包括夹具拼装系统、焊接系统、输送系统 3 个组成部分。夹具拼装系统由车身总拼、下车身、左/右侧围、前/后地板、发动机舱、前/后轮罩、四门两盖等共 12 套分总成夹具组成，典型的几组夹具如图 8-25～图 8-27 所示；焊接系统由悬挂点焊机(根据不同分总成的焊接工艺特点选取典型焊钳并进行合理布置)、螺柱焊机、MIG 弧焊装置(可焊接钢、铝、铜材料)、等离子切割装置、凸焊机等组成；输送系统采用 2 台 0.5 t 的电葫芦完成工件运送。

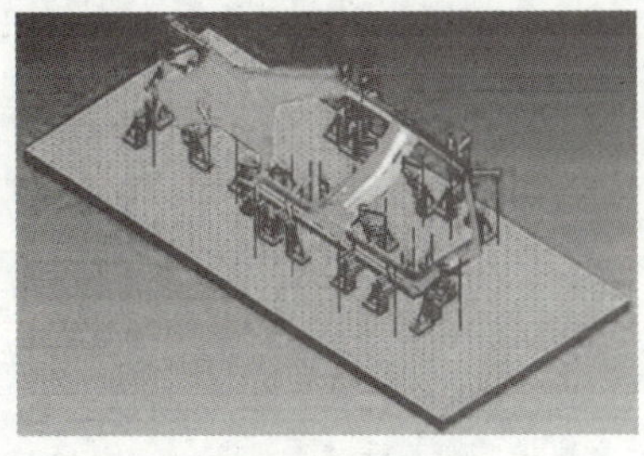

图 8-25

图 8-26

夹具拼装系统中的车身总拼分总成采用“门式”框架结构，两侧侧围夹具开口并可根据不同车宽连续可调，以方便地进行拼装夹具、施焊以及装卸工件。两侧围夹具的动作为气动夹紧锁定的方案，既可保证作业安全，又能保证车身总成的正确定位与夹紧。其他分总成采用带有角轮的基础板结构，可方便地在拼装区进行拼装。拼装后可根据不同的焊接工艺状况选用相应的典型焊钳进行施焊。

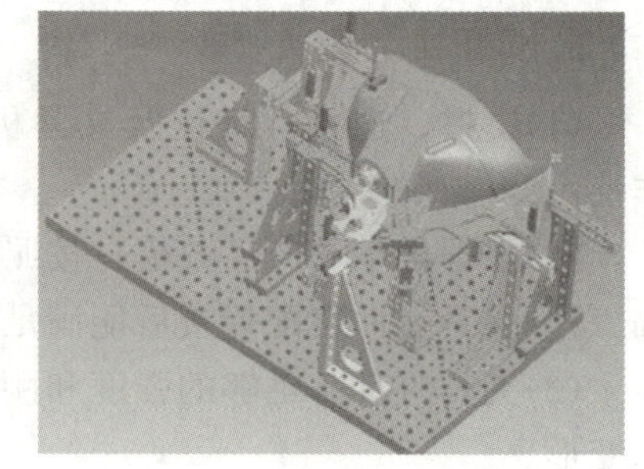

图 8-27

该夹具系统由可同时组建的 12 套大分总成夹具组成。这种配置以最小的夹具数量获得最佳的组拼结构方式，在组拼车架总成的同时，还有车身地板总成夹具、车身前/后地板总成夹具、发动机舱总成夹具、车身左/右侧围总成夹具等主要车身分总成夹具存在于生产线上，便于车架总成焊装调试时对各分总成的状态及各分总成夹具进行测试和调整。由于组合夹具与专用夹具有类似定位、夹紧的独立结构形式和容易实现与专用夹具焊装工艺相同的工艺定位形式，使该组合夹具系统与专用夹具系统的焊装状态形式更接近一致，所以，每一个夹具总成的定位夹紧点数量与专用夹具总成的定位夹紧点数量基本一致。

该方案设备配置见表 8-1，其具有以下特点：

(1)专用定位柔性夹具部件与标准的柔性夹具部件结合，大大减少了每一个新车型开发时专用件的设计、加工工作量。

(2)根据典型的车身各总成和分总成的柔性组合夹具图库，可方便快捷地进行设计、组装新车型的柔性组合夹具。

(3)基于机加柔性组合夹具的组合思想，组合夹具的重复组装一致性准确(不再需要重新量测定位)，大大减少了两件以上的少量焊装时间和劳动强度。

(4)车身总拼柔性组合夹具以方便组拼夹具、装卸工件、方便施焊为主要目标，因此，主拼夹具基础台设计为两侧可滑动开闭的专用柔性组合夹具基础台。

表 8-1 车身试制焊接系统设备配置

序号	名称	数量
1	焊装柔性组合夹具	8 套
2	悬挂点焊机 DN3-160	8 台
3	悬挂点焊机 DN3-200	2 台
4	电阻焊控制器	10 台
5	手动点焊焊钳	20 把
6	凸焊机 TN-200	1 台
7	螺柱焊机 EMHART	1 台
8	等离子切割装置	1 套
9	CPDP350MIG 焊机	1 台
10	烟尘过滤器(机械、移动式)	1 套
11	氧乙炔钎焊装置	1 套

续表

序号	名称	数量
12	电葫芦与吊真(单钩)	1套
13	手动定位传输小车	1台
14	焊钳滑轨、滑车等	10套

目前，该焊接系统已经成功应用于汽车试制车间进行新车型试制车身的生产，并取得了明显的经济效益，为汽车的产品自主开发赢得了宝贵的时间。

该焊接夹具系统可满足所要求车架的需求，并且，随着车架的不断更新，该组合夹具系统可随时进行扩展，将柔性组合夹具系统分别组合成若干套小部件总成焊接夹具和10套大部件总成焊接夹具，可随时增加生产线的焊接工序和工位，提高开发速度和小批量生产产量，甚至增加焊接机器人，提高柔性焊装线的技术水平和开发质量。同时，该系统还可以指导以后批量生产的专用夹具焊装线工艺设计，指导批量生产时的焊钳选型以及机器人焊接工艺的制定，在国内同行业汽车试制车身焊接方面处于比较先进的水平。

8.3 汽车焊装生产线夹具

8.3.1 焊装夹具常识

1. 焊装夹具的用途

焊装夹具(见图8-28)在车身生产中的作用：通过夹具上的定位销(基准销)、S面型块(基准面)、夹紧臂等组件的协调作用，将工件(冲压件或总成件)安装到工艺设定的位置上并夹紧，不让工件活动位移，保证车身焊接精度的一致性和稳定性。

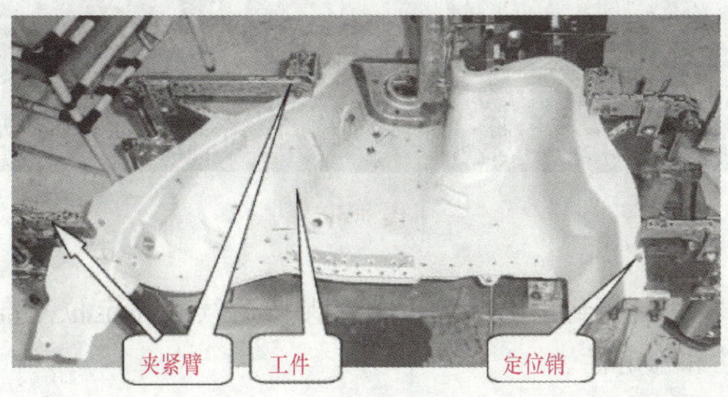

图8-28

2. 焊装夹具的基本构造

如图8-29所示，焊装夹具由台板、支座、L板、基准销、基准面、夹紧机构(气缸、夹紧臂、U 型限位块等)等组成。

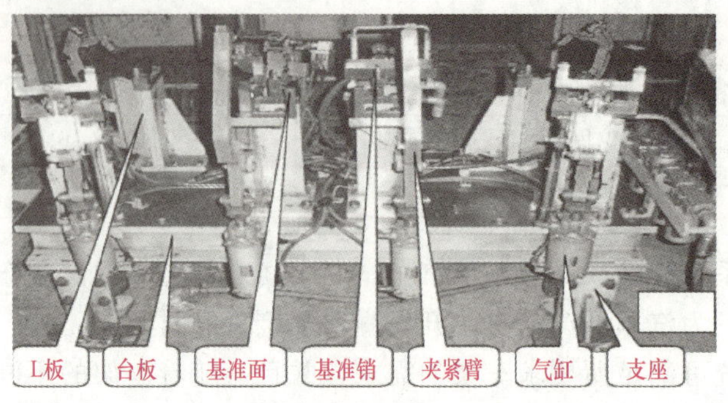

图 8-29

3. 常用焊装夹具元件

(1)台板：用于安装夹具组件，上表面加工有坐标刻度线，用于夹具基准状况的检测，如三坐标检测仪检测用。

(2)支座：用于支撑夹具台板，可调节夹具高度和安放水平，使夹具按工艺布置要求定置安放。

(3)L 板：用于安装夹具型块(S 面元件)、基准销组件、夹紧机构、导向装置等夹具组件。

(4)基准面(S 面型块如图 8-30 所示)：将零件支承在正确的位置上，并支撑夹具夹紧机构的夹紧力。

图 8-30

(5)基准销：将零件安装到正确的位置上；保持后续工序定位基准的一致性；保证产品焊接精度的一致性和稳定性。

(6)夹紧机构(见图 8-31)：夹紧机构(U 型限位块、夹紧臂、气缸或手动夹等)用于矫正变形的工件，缩小工件间的搭接间隙，将工件夹紧固定在正确的位置上(基准面)，避免焊接作业时工件错位或变形，确保工件焊接精度的稳定性。

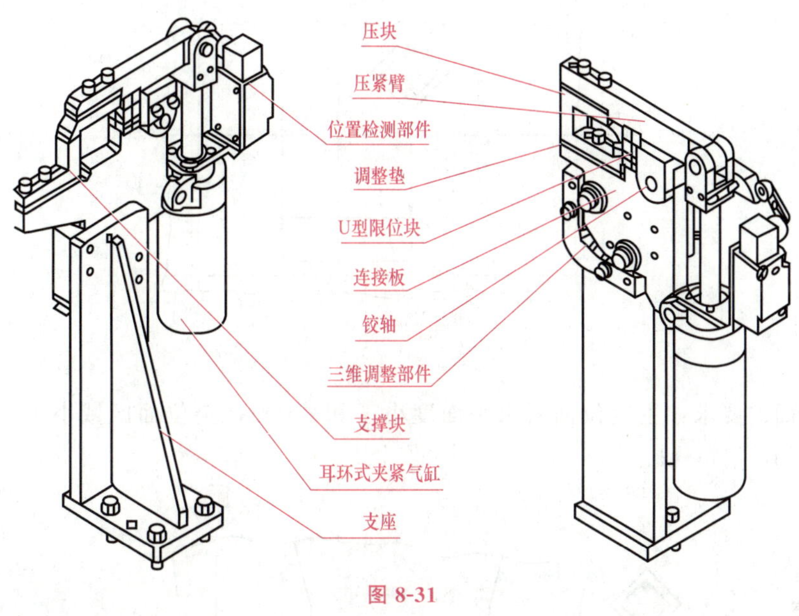

图 8-31

8.3.2　焊装夹具设计

夹具的主要目的是将工件快速、准确地定位以及适合的支撑、维持，使在同一夹具上生产的所有工件都固定在特定的范围内，保证产品的精密性和互换性。

首先，夹具的设计要满足汽车车身零件的定位要求，定位要求就是设计的夹具可以很好地将汽车焊接零件定位好，保证良好的焊接质量。要满足这些定位要求，在设计夹具时就要严格按照厂家提供的图纸的定位夹紧信息去设计夹具。

定位夹紧信息在不同项目中的名称：大众项目——RPS、AUDI 项目——RPS、宝马项目——ASP、通用项目——GDΣT（主定位销）＋CD 点（定位面）、一轿项目——CK 面等。

一、设计常识

尽量选择车身中靠左、靠下、靠前的元素作为定位。定位体系分为主定位、从定位和辅助定位参考 3 种。

主定位：车身底部的 3 个主定位点，由加工工艺、设计工艺和质量容易保证 3 个方面一同确定。主定位能够用来进行三坐标测量，定位部位上不允许有焊接。任何一个主定位元素要求能够支撑整车质量的 2/3。如果没有特殊情况，车身主定位元素需要用车身底部的孔、长圆孔、面来标注。一般而言，孔的直径需要采用 25.4 mm 和 16.3 mm。

广汽菲亚特公司在设计夹具时主定位的标识符号如图 8-32 所示。

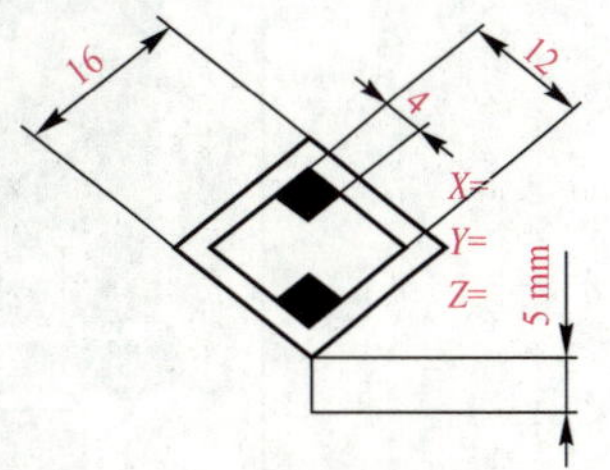

图 8-32

主定位孔在图纸中的标示如图 8-33 所示。

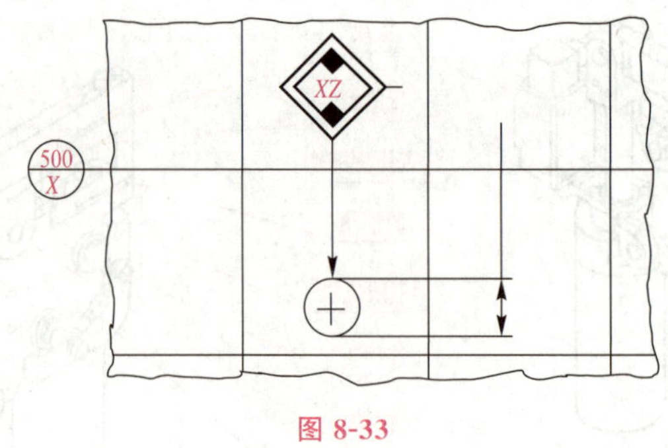

图 8-33

主定位面的要求：主定位面要求平面度小于 0.2 mm，定位面区域小于 1 100 mm^2，如图 8-34 所示。

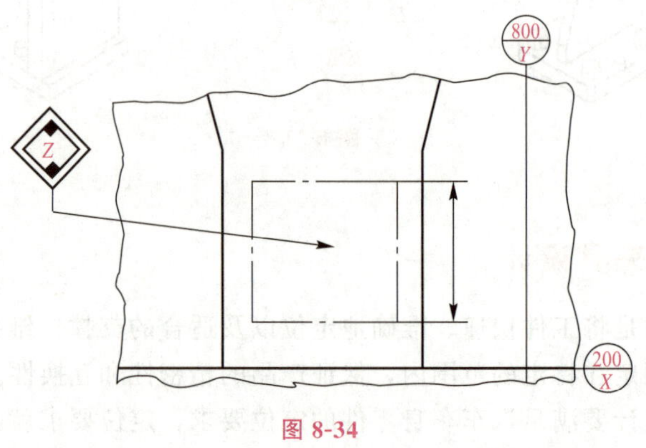

图 8-34

1. 夹具的设计要满足的焊接要求

(1)操作高度。操作高度即地面到焊钳把手之间的高度，当操作者身高为 175 cm 时，操作高度焊钳平放一般为 800～1 100 mm，焊钳立放一般为 1 200～1 500 mm。

(2)焊钳通过性。焊钳的通过性是指焊钳在焊接时是否便于焊接，评判焊钳通过性好坏主要从以下几个方面来进行考虑：

① 尽可能少的进枪与退枪。要满足该要求，设计时就应考虑焊钳操作侧的定位器尽量少，尽量将定位器从另外一侧设计，在焊钳操作侧尽量留出焊接空间，具体如图 8-35 所示。

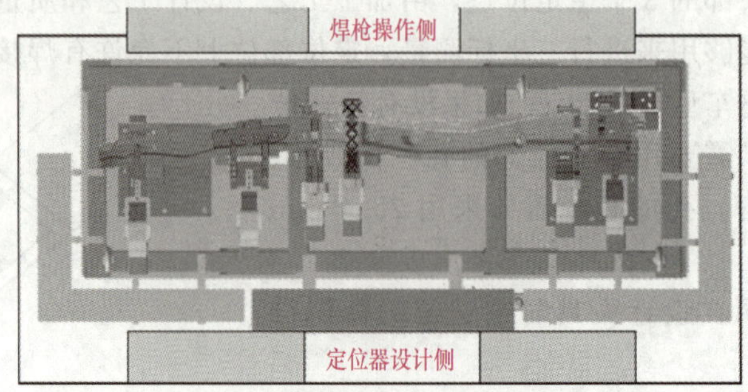

图 8-35

② 焊接过程中容易焊接且不与夹具干涉。要满足该要点，设计时应尽量注意焊点附近的定位块与压块的设计，设计时定位块压块尽最大可能地避开焊钳，如图 8-36 所示。

(3)操作者位置的考虑(图 8-37)。操作者的位置主要取决于焊枪的分布，哪侧更容易焊接，则操作者在哪一侧，如果焊接时单侧一个操作者不能实现焊接，则需要在另外一侧增加操作者或者更改夹具的形式，改成旋转夹具。

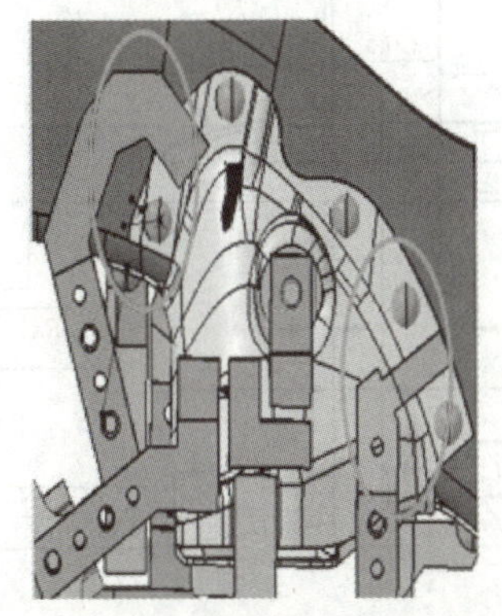

图 8-36

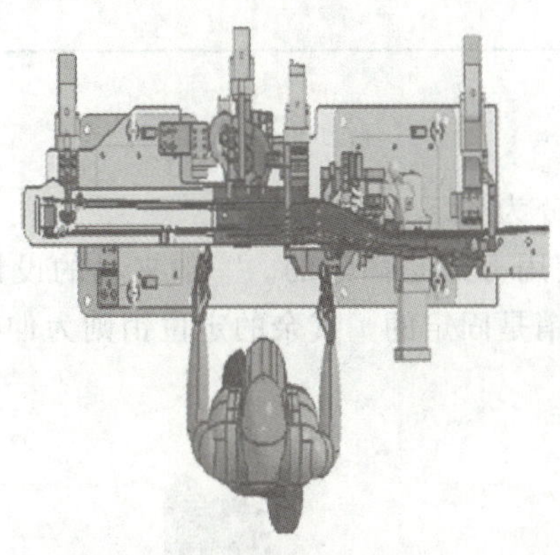

图 8-37

2. 夹具的设计要满足汽车生产的规划要求

夹具的设计要满足汽车生产的规划要求，如生产的节拍、焊点的分配、夹具在厂房的布置、车身零件的焊接顺序、使用夹具焊接的过程分拆等，这些都是夹具设计所要考虑的因素，也是夹具设计所必须要满足的要求，当夹具设计与这些因素发生矛盾时，我们要及时地与规划人员进行沟通和协调，必要时做出适当的更改，更改夹具或者调整相应的规划内容。

以上 3 点是焊装夹具设计的根本，也是夹具设计的最终目的。

二、夹具设计的定位元素

1. 定位销

定位销是夹具设计的最基本元素，正常一个车身零件销孔的定位由一个圆形定位销和一个菱形定位销组成。

定位销图例及一般性说明如图 8-38 所示。

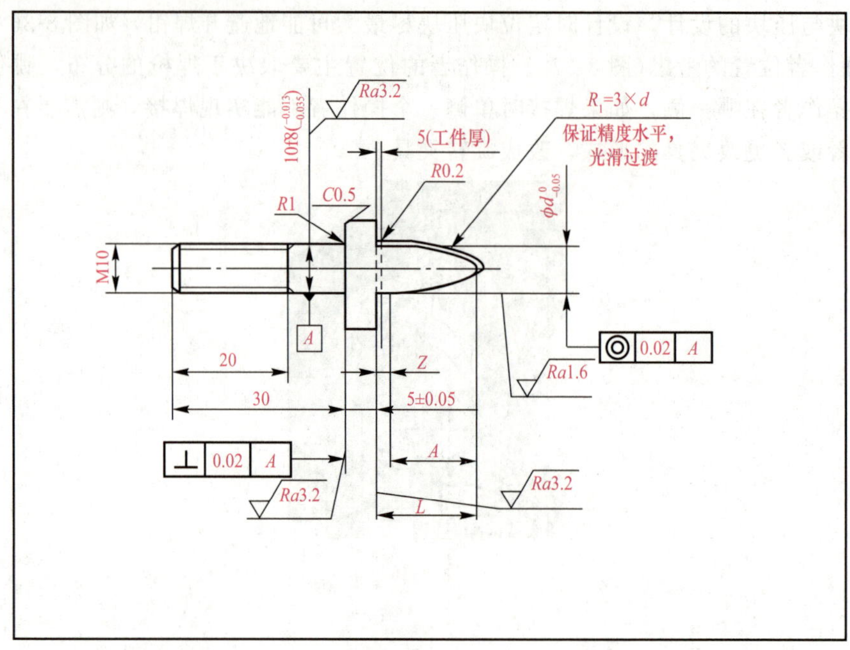

图 8-38

定位销按照使用形式又分为如下几种类型。

(1)固定销：定位销的使用方式是固定的。一般夹具的设计如果有两个或两个以上的定位销时，一般有两个定位销是固定的，其余的定位销则为伸缩的或者是摆动的。固定销使用样例如图 8-39 所示。

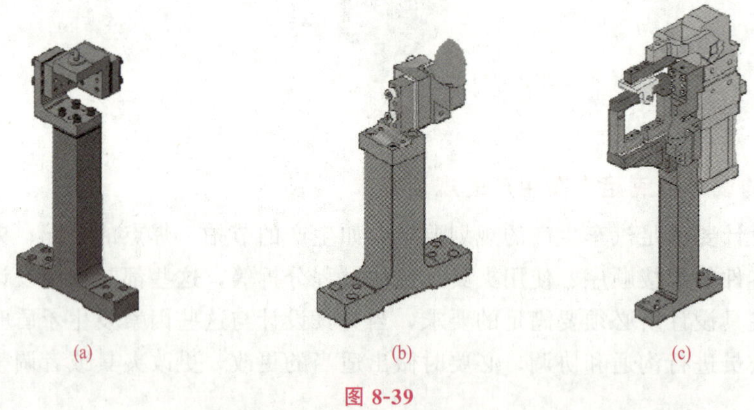

图 8-39

图 8-39(a)：定位销 3 个方向调整，定位销起定位和支撑的作用。

图 8-39(b)和图 8-39(c)：定位销两个方向调整，定位销只起定位作用。

固定销销子的种类及与销座之间的配合要求如图 8-40 所示。

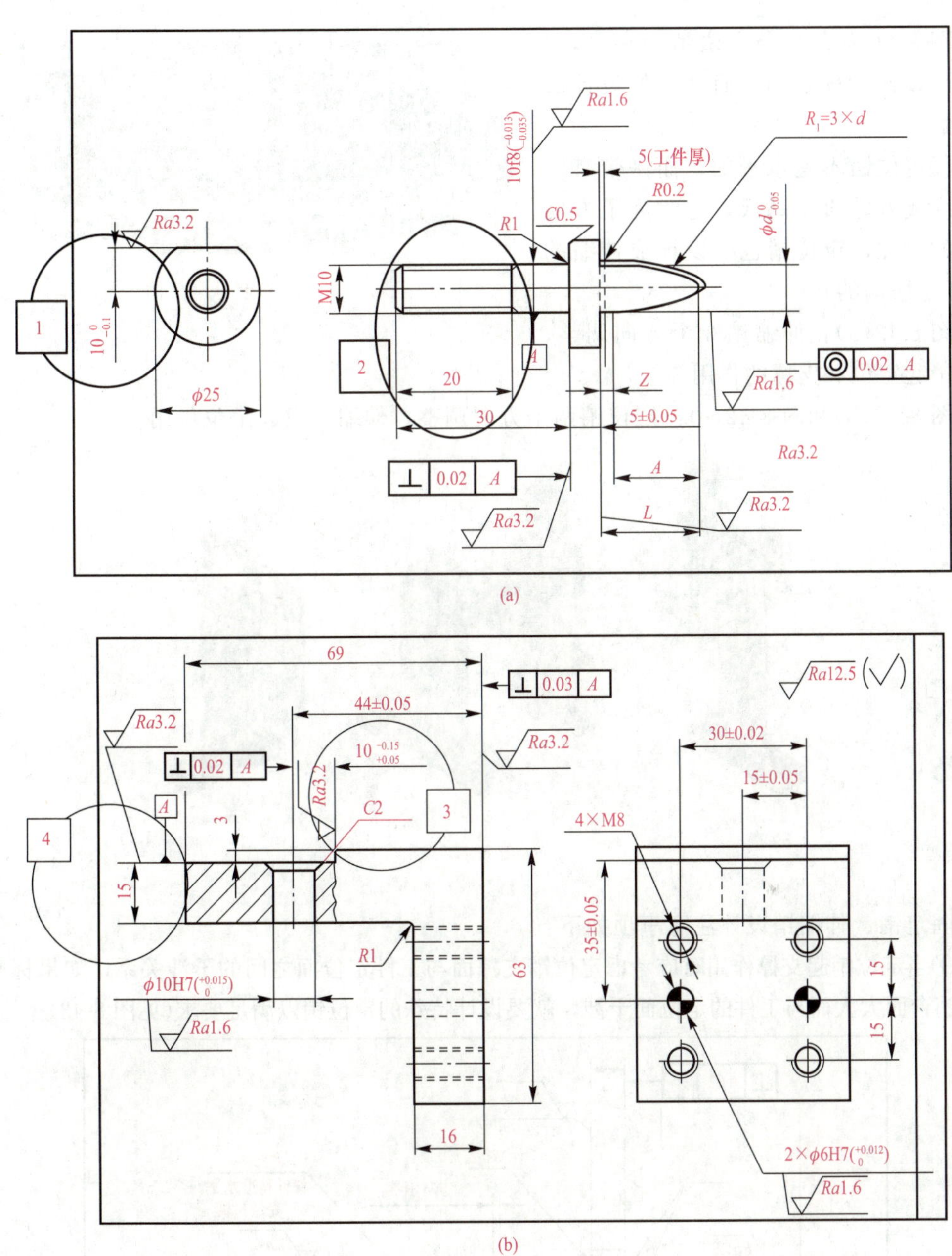

图 8-40

销座和定位销之间的配合为基孔制配合 H7/g6。标记处 1 和 3 之间相互配合，作用是防止定位销的转动。标记处 2 和 4 之间销子安装后留出 15 mm 的距离，用于安装螺母紧固。

(2)伸缩销：定位销的使用方式是伸缩的。伸缩销在如下情况下使用：

①当一套夹具设计时需要有两个以上定位销定位时，为了焊接完毕后取件的方便，一般设计时最多只允许有两个定位销是固定的(视项目情况而定，非绝对，有时规定有一个定位销是固定的，其他的为伸缩，有时规定所有的定位销都是伸缩的)，而其他定位销是伸缩的。

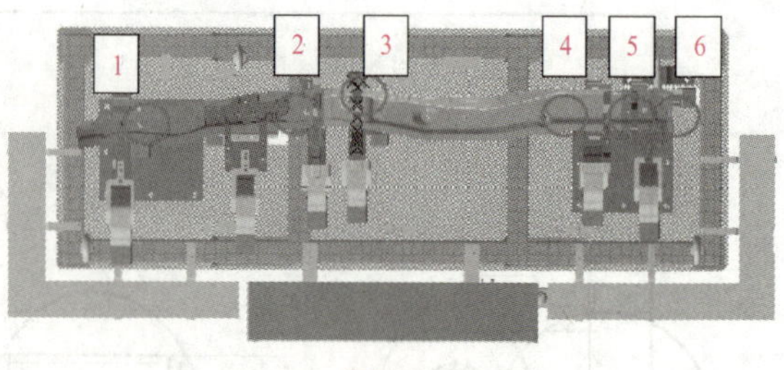

图 8-41

图 8-41 为有 6 个定位销的夹具，1 和 4 可设计为固定的，而其他的设计成伸缩的。

②定位销不是水平的，而是带有一定角度或者垂直于基板，这时为了方便工人的取件，定位销也要设计成伸缩的(或者是摆动的)。

图 8-42(a)：伸缩销 3 个方向调整，定位销起定位和支撑的作用。

图 8-42(b)和图 8-42(c)：定位销两个方向调整，伸缩销只起定位作用。

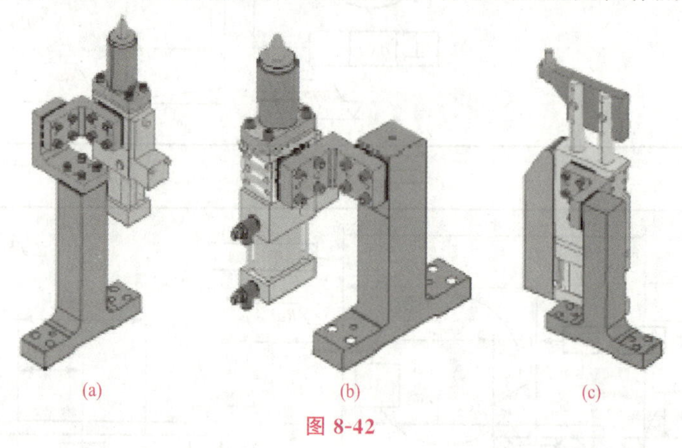

图 8-42

固定销、伸缩销设计注意事项如下：

①当定位销起支撑作用时应考虑定位销支撑面与工件定位面之间的干涉关系，如果标准销子的销台面太大而与工件的定位面干涉，就要设计特殊的定位销以满足要求(见图 8-43)。

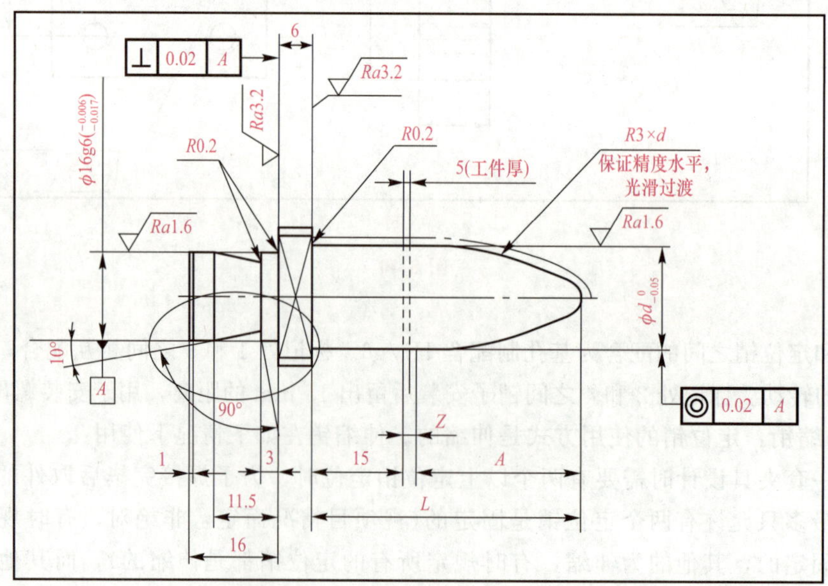

图 8-43

②当定位销不起支撑作用时，销台阶面应与工件之间的距离保持在 5 mm 左右，这样的设计不仅结构紧凑，而且当取件和放件时对销子径向的扭矩最小，定位销不容易折断。图 8-44 为定位销取件和放件时的受力示意图。

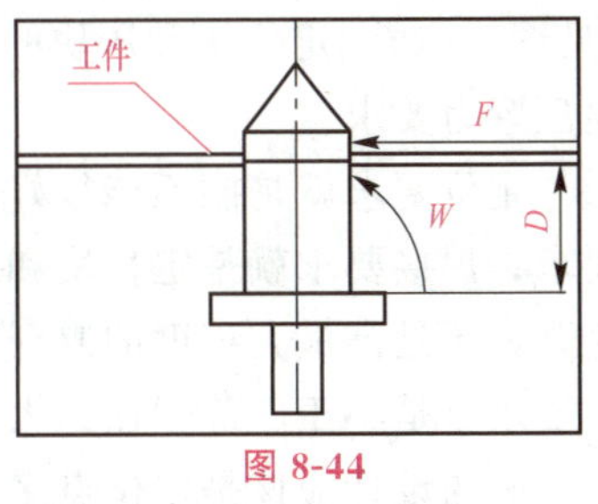

图 8-44

(3)摆动销：定位销的使用方式是摆动的。工件的定位孔一般不能直接从下面进行定位，只能从工件的上面或者是侧面进行定位，或者为了躲避焊钳而将伸缩销改为摆动销(见图 8-45)。

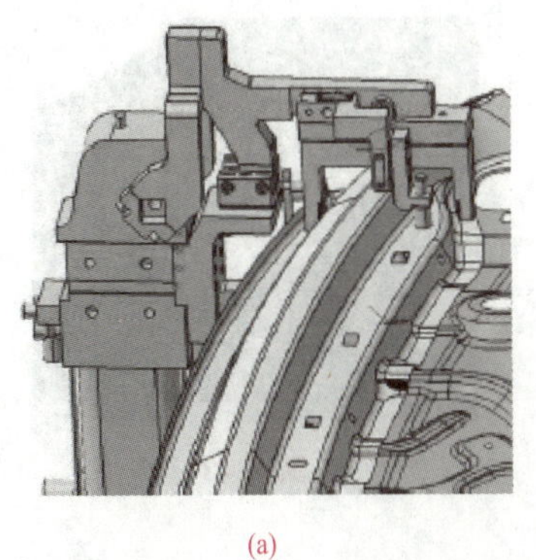
(a)

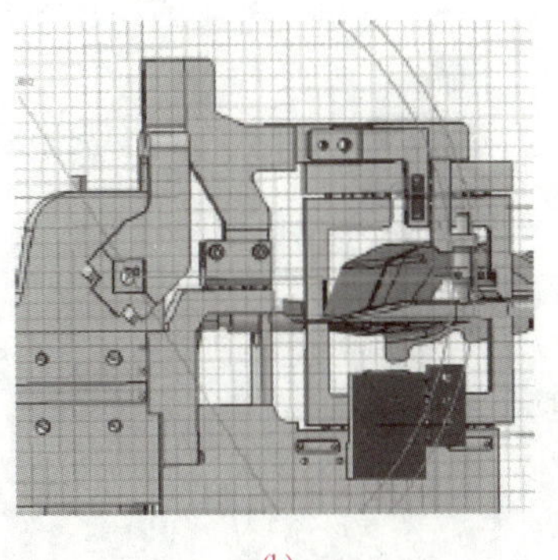
(b)

图 8-45
(a)机器人上件工位的摆动销；(b)摆动销的位置与转动点之间的关系

方式一：定位销直接摆动到位，打开时自动打开，设计时要注意定位销工作面与转动点处于一条直线。

方式二：定位销手动摆动到定位工件，设计时要注意定位销工作面要与转动点处于一条直线。

摆动销设计注意事项：摆动销的设计主要存在的问题是定位销打开时和工件的干涉，这里所提及的干涉主要指定位销销面与销孔和工件厚度之间的干涉。存在干涉的原因之一是转动点的选择和定位销孔所在的平面不在一个平面内；原因之二是转动点和销孔的距离太近，距离越近，定位销从工件所走的圆的轨迹圆心角越大，这样就容易干涉。

通过图 8-46 可以看出摆动销转动点应与工件厚度中心处于同一平面。

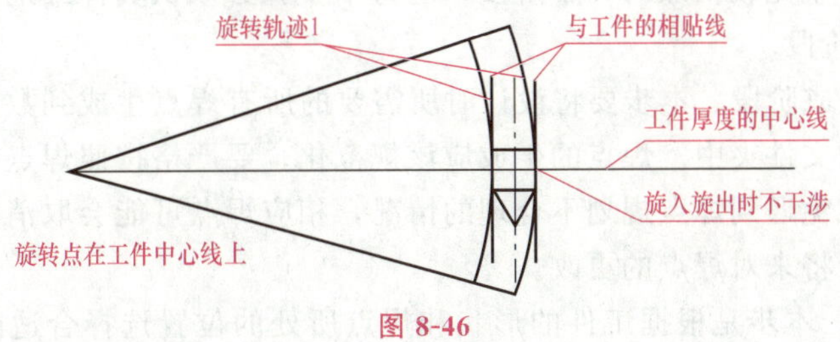

图 8-46

2. 定位块和压块

定位块和压块也是夹具设计中的基本元素，定位块起到支撑作用，压块起到压紧作用

(见图 8-47)。定位块和压块的设计首先应满足定位要求，其次要满足焊接要求，再次应满足压紧力要求。

定位要求就是能不能很好地起到定位的作用，能不能完全满足工件的最基本定位夹紧要求；焊接要求就是定位块和压块的设计能不能很好地避开焊枪，是不能避开，还是刚好避开，还是已最大程度的避开；压紧力要求就是压块的压紧力能不能达到工件所需的压紧力要求，是小于、等于还是大于定位压力。

好的设计应该是定位点多于最基本的定位夹紧点，最大程度地避开焊枪(见图 8-48)，压紧力在 500～800 N 范围内。

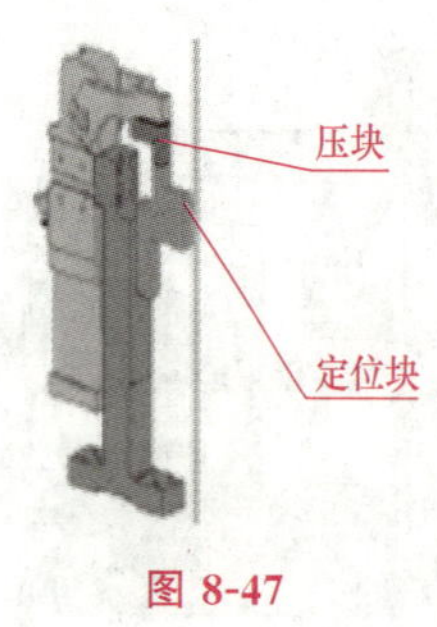

图 8-47

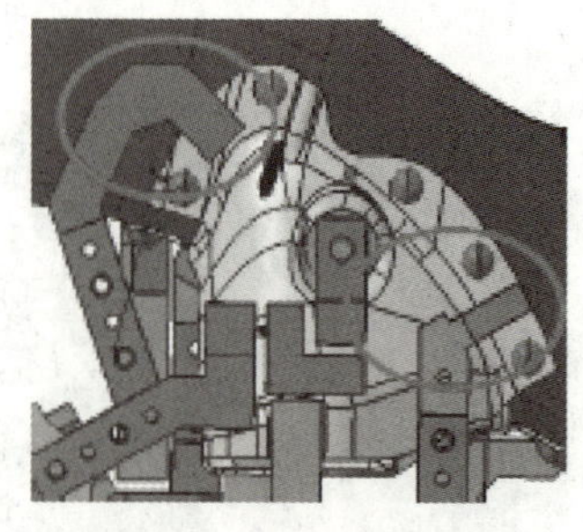

图 8-48

三、夹具设计步骤简介

第一步：取得设计任务。

取得焊点工艺和上件顺序图(日式夹具一般从厂家直接取得，欧式夹具需要从本公司规划部门得到)，拿到焊点规划文件后对规划文件上件顺序图及焊点工艺进行分析，即本工位设计主要是要完成哪些任务，对此形成初步的设计方案。

第二步：3D 方案的设计阶段。

本步主要是根据规划文件对夹具形成大致的方案的阶段，进一步验证规划方案的合理性，主要确定工装夹具的定位点、夹紧方式，以及采取什么样的结构。这一阶段是设计者和规划部门或厂家对方案可行性进一步探讨的阶段。

第三步：3D 设计的初期阶段。

本阶段是设计中比较枯燥的一个阶段，但每个步骤必须认真仔细地去完成。本阶段是 3D 设计打基础的阶段。

(1)3D 焊点生成阶段。本步要将设计时所需要的所有焊点生成到数模中去，并存到工装设计包中指定的文件夹中。焊点的生成应该规范化，要严格按照焊点号进行生成，因为在设计的过程中难免遇到焊点规划不合理的情况，相应焊点可能会取消或增加，严格执行焊点的生成，便于将来对焊点的更改。

(2)焊枪选型。本步是根据工件的形状和焊点所处的位置选择合适的焊钳，并将主要焊点的焊钳放在数模之中，并将布好的焊钳存在工装设计包中指定的文件夹中。另外，焊枪的数量一般在规划文件中有个粗规划，设计时要尽量按照规划文件中要求的数量去对焊枪选型，但如果不能达到实际的使用要求，也不要拘泥于原规划文件的限制，可与相应规划员取得沟通，进行探讨，取得规划与设计的统一性。

(3)确认操作高度及夹具方式。操作高度一般为 800～900 mm，主要考虑焊钳的把手到地面的距离，不能太高或太低。另外本阶段主要暂时确定夹具的使用方式，是采用固定式、旋转式，还是翻转。

第四步：3D 设计的中期阶段。

本阶段是夹具成型的关键阶段，也是与规划沟通最多的一个阶段，往往规划方案的好坏在这一阶段最能体现。设计过程中可能会涉及焊钳的更换、焊点的增减等。严重时可能会将前面所做工作推翻，重新制定新的方案。需要设计者与规划员做好沟通，并保持与规划一致。

第五步：3D 会审阶段。

本阶段是与厂家做进一步对夹具的方案可行性最终确定的阶段，设计者需要将自己的设计思路展现给厂家会审人员，尽量将问题找出来，为以后现场调试打下良好的基础。

第六步：3D 的完善阶段。

本阶段主要工作是对工装夹具进行完善，也是检查设计中纰漏的阶段，并将其改正。然后将纸质文件打孔，装螺钉，整理工装设计包中的文件夹，做到 CATIA 设计数清晰明了，文件夹整齐有序，保证每个设计者都可以轻松找到每个零件的位置，也为以后现场调试带来便利。

第七步：2D 拆图及投产。

根据前面的设计成果，绘制出二维图，并进行试制。

8.4　车身焊装计算机控制系统

8.4.1　工位控制系统

工位控制系统是一条全部由工业机器人(焊接、装配、搬运机器人)组成的车身焊装线，一般以一个工位为一个控制单位。在工位内，受控对象包括点(弧)焊机器人、焊接电源、焊装夹具、搬运与装配机器人与主传动链。图 8-49 所示的车身总成合线的拼装点定焊工位中包括了上述所有受控对象。

图 8-49

近代的商品焊接机器人都与焊接系统产品供应商协同，将焊接系统控制器统筹规划于焊接机器人焊装工位上的硬件控制设备中。这样一来，工位控制系统就包括 4 个系统的控制器：焊接机器人控制器、搬运与装配机器人控制器、焊接装夹具系统控制器、工件传送链系统控制器。

在某一具体的焊装工位上，必须使 4 个系统的控制器之间相互协调配合，才能完成规定的焊装任务。负责 4 个系统的控制器相互协调配合的是工位指挥控制计算机(见图 8-50)。它一般由可编程工业控制器(PLC)担任。

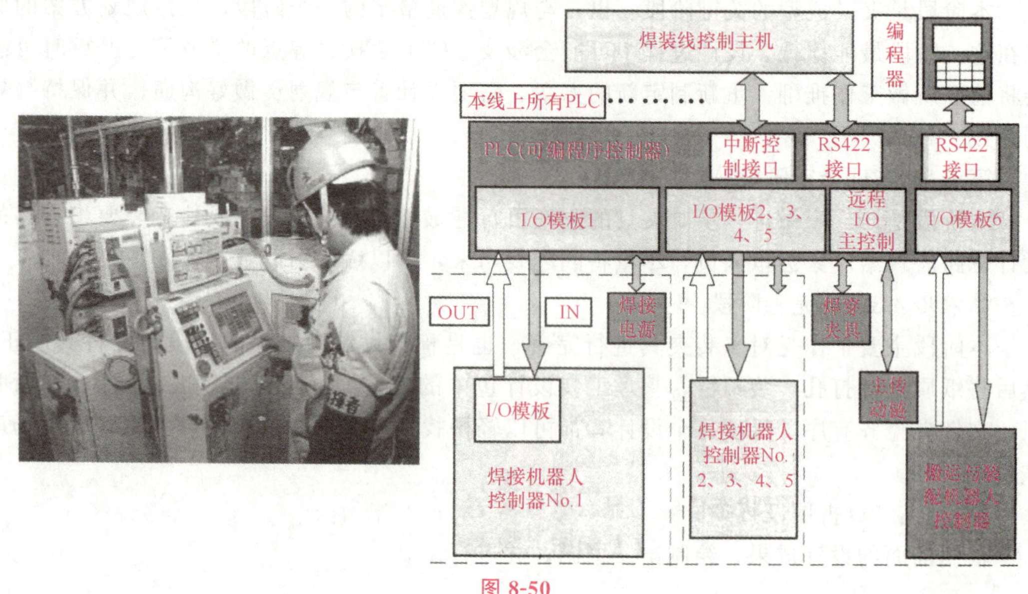

图 8-50

8.4.2 车身车间管理级计算机系统

车身车间管理级计算机系统由管理计算机[一般多采用冗余设计，即由两台以上的计算机并行运行方式(见图 8-51)]和系统管理软件库构成。管理计算机与车身车间的所有生产线工位控制 PLC 系统(见图 8-52)、辅助设备、升降机构、焊装夹具、物料传送线等，通过管理工业总线连成“工业以太网”。

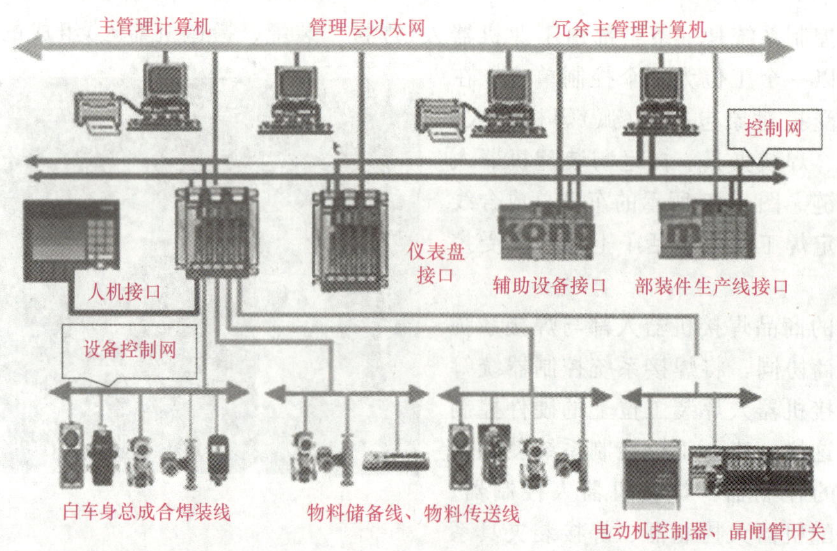

图 8-51

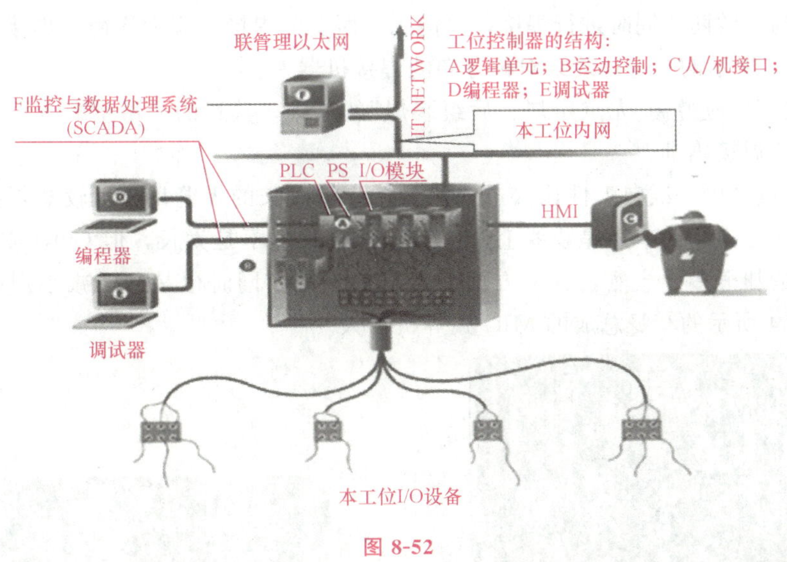

图 8-52

管理级计算机系统的功能如下：

(1)显示生产设备当前运行状态信息。由于生产线的生产过程是由现场工位上的 PLC 控制的，而且这些 PLC 都挂在工业以太网上，可与管理计算机交换信息，即管理计算机可以通过该网采集现场 PLC 的所有 I/O 信号。管理计算机对这些信号经过汇总和分析，判断出全车间各生产线各部分的当前运行状态，并把这些运行状态存入信息交换处理单元内的相应数据块 DB。同时这些运行状态信息随着信息交换处理单元运行周期而实时刷新，并将得到生产设备当前运行状态信息，再以动态图形画面形式，生动、形象地显示出生产设备当前运行状态。

(2)实时分析发生在各生产线上设备的故障状态及具体部位。管理计算机系统可对从生产工位 PLC 送来的故障信息，进行分类归档处理，同时在设备维修手册数据库中进行检索，找出故障发生的位置、故障发生的原因及排除故障的主要方法。同时，管理计算机系统软件还可把故障发生的时间、位置、原因及排除的情况记录到设备档案数据库中，并形成各种报表。

系统判断出故障所在生产线、工位、部位等位置信息和故障类型后，随即把判断结果送到相应工位控制计算机的监控与数据处理系统并显示出来，以提示维修人员。

8.5　车身焊装线几个应用技术问题

8.5.1　车身焊接变形的控制与实时测量技术

1. 控制焊接变形的原则

(1)对称施焊原则：对于汽车车身及有对称结构的零件，一般都遵循对称施焊原则，即从对称结构件的两边同时进行焊接，以使工件所受的焊接热应力均衡，焊接变形就会减小，如图 8-53 所示的车身焊装线对称分布的焊接机器人。

(2)组装工位应遵循“先点定焊、后组装焊”的原则，其目的是尽量减少短时间内向工件输入过多的焊接热量。

(3)为尽量减少一次向工件输入过多热量，应将较长的焊缝划分为较短焊缝，分段分时施焊。这就是为什么车身焊装线上，虽然焊缝总长度不是太长，但 CO_2(或 MIG)弧焊机器人的数量却很多。当然，这一方面是考虑生产率，同时也是基于减小焊接热量的目的，如图 8-54 所示的车身总成的 MIG 弧焊机器人。

图 8-53

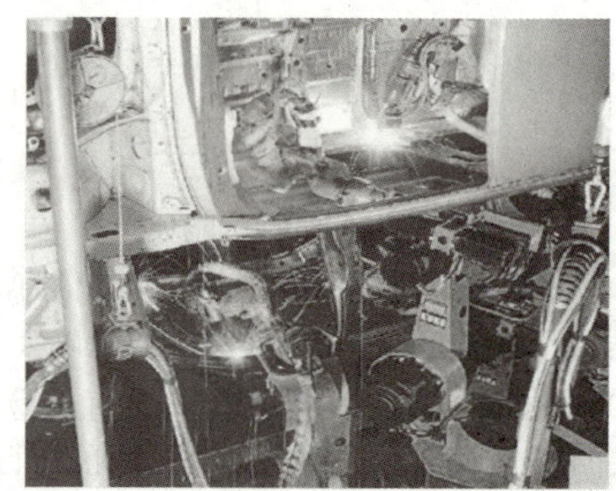

图 8-54

2. 车身焊接变形在线测量

车身总成的焊后变形在线测量是控制车身几何尺寸公差的重要手段。因为对变形量的实时在线检测车身尺寸超差时，生产线将要报警提示，并且检测系统中将存储每个车身的测量数据，以供离线分析。现在国内几家车身厂(如上海大众、重庆长安)也采用了图 8-55 所示的“车身激光三维在线测量系统”。使用该系统后，可将车身的变形与尺寸偏差控制在 ±2 mm 的范围内，这也是目前车身制造的先进水平指标。

图 8-55

8.5.2　点焊机器人“兼职”——工具自动切换技术

有时为节约工作场地、缩短工作时间，有时受工位空间所限，在车身焊装线上的某些工位，特别是车身总拼工位，有的焊接机器人既要完成某一特定的焊接工作，又要负责把零件或是胎夹具抓起来放到主线组装(图 8-56 中的点焊机器人就正在“兼职”搬运一件胎夹具)，这种焊接机器人采用一种“枪/手”自动切换技术或“钳/钳”自动更换技术(见图 8-57)，一般由可编程控制器进行控制。

图 8-56

图 8-57

8.5.3　机器人滑台式外部轴的控制技术

在车身总成合的拼装点定焊工位上，一般有 6 台以上的焊接机器人一起工作，要完成左/右侧围与车架的装配点定焊、顶盖装配、车架装配及其他零件的装配。

在极其有限的空间范围内，焊装夹具、输送装置、自动焊钳等装置拥挤在一起，为了保证成车组焊，一般给几台机器人装上滑台式外部轴(图 8-58 所示为有滑台式外部轴的焊接机器人)，即在工作时才到“前台”，否则，退到“后台”待命。

(a)

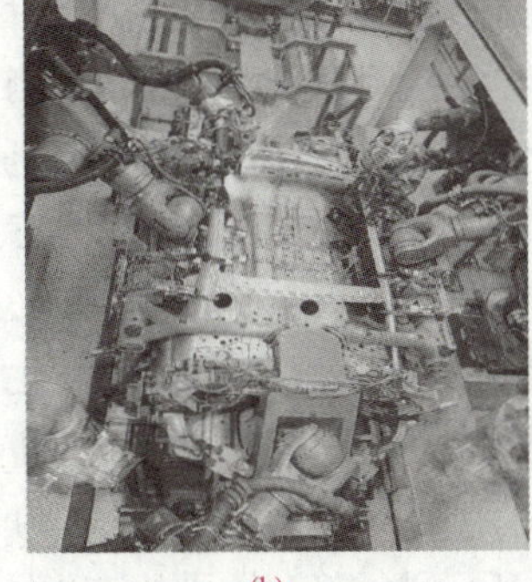

(b)

图 8-58

8.5.4 机器人的多任务规划

焊装线上某台焊接机器人一旦出现故障，焊装线的控制管理系统除了令其及时报警、切断电源并等待维修外，还要将它所担任的焊接任务及时转交给其他机器人。这里就有一个机器人的多任务规划问题[图 8-59 所示的德国大众(VOKSWAGOUN)与奥迪车身焊装线是按“混流”生产形式设计的]。

图 8-59

机器人的多任务规划问题在车身焊装线的筹建阶段就应该从以下几个着眼点加以考虑：

(1)焊装线的生产率与生产节拍。

(2)焊装线的生产方式，即是“混流”多品种方式，还是单一品种方式。

(3)每个工位焊接机器人的品牌、类型、控制系统结构。

(4)焊装线计算机控制系统的硬、软件系统结构性能，设计者的知名度。

8.5.5 “多人”避碰技术

车身机器人焊装线上，由于“人口密集”，加上焊装线属于电磁干扰极为严重的工厂环境，还因某些早期出产的机器人设计上的不足，特别是机器人电气控制系统的抗干扰性能不佳，会偶尔造成相邻机器人的碰撞，甚至造成伤人事故。

目前机器人控制系统在处理信号交换时，都采用外部 I/O 信号来交换彼此的工作状态(如焊装工位的机器人控制系统)，信号检测以一个“点”的方式测量，即在某一运动程序行中，确认某一个交换信号是否存在来决定机器人是否继续下面的工作，而不是在一个运动区域中持续检测其他障碍物或机器人状态，这样，一旦检测过程结束而机器人的运动轨迹发生错误或信号交换不正常时，碰撞就会发生。

图 8-60

为进一步解决这一问题，国外已有机器人配套件厂商提供使用“力传感器”的硬件构成避碰机器人(图 8-60 所示为 ATI 公司的有“力传感器”的工业机器人手腕法兰接头)或编制更为可靠的“多机器人避碰控制软件”。

本章小结

1. 车身焊装生产线是汽车车身 BIW(Body in White)全部成型工位的总称，它由车身总成线和许多分总成线组成，每一条总成线或分总成线又由许多焊装工位组成。

2. 车身焊装生产线一般依据车身的结构分为分拼线、侧围线、地板总成线、车身线、门盖线、调整线以及输送线等。

3. 在汽车产品的自主开发过程中，车身试制已经成为影响开发周期的重要因素，因此出现了汽车柔性化试制线。

4. 焊装夹具主要功能是保证车身焊接精度的一致性和稳定性。

5. 常用焊装夹具元件有台板、支座、L 板、基准销、基准面、夹紧机构(气缸、夹紧臂、U 型限位块等)。

6. 焊接夹具设计主要考虑工件定位、能满足焊接要求和生产规划要求 3 个方面。

7. 控制焊接变形的原则：对称施焊原则、“先点定焊、后组装焊”的原则以及分段分时施焊原则。

思考与练习

一、想一想

1. 车身焊装生产线应该完成哪些工作？
2. 车身焊装生产线上为什么点焊机最多？
3. 车身焊装生产线上各零件采用什么方式进行传递？
4. 车身质量是小一些还是大一些好？

二、做一做

1. 什么是车身焊装生产线？它由哪些部分组成？
2. 地板总成线和主焊线分别由哪些部分组成？
3. 焊装夹具有什么用途？常见的焊装夹具元件有哪些？
4. 焊装夹具设计常识主要有哪些？
5. 定位销有哪几种？并分别简述其特点。
6. 控制焊装变形的原则有哪几点？
7. 机器人的多任务规划需要从哪几个方面考虑？
8. 如何避免在焊装生产中的机器人“多人”避碰？

三十五年坚守甘为螺丝钉——孙滨生

第9章 机器人及电气控制

学习目标

- 了解机器人的定义及作用。
- 掌握机器人的组成及分类。
- 了解示教输入型机器人的操作。
- 掌握点焊机器人、弧焊机器人的组成及工作要求。
- 了解其他焊接机器人的组成及相关控制程序含义。
- 了解焊装电气控制的构成及作用。

工业机器人的定义和特点

9.1 机器人概述

9.1.1 机器人的定义和机械结构

1. 机器人的定义

机器人是具备有两个自由度以上的机械结构和记忆装置的结合体，机械结构是指能够按照记忆装置所存储的信息在空间进行动作的机本体(见图 9-1)。本章以工业机器人为主进行讲解，工业机器人是面向工业领域的多关节机械手或多自由度的机器装置，是靠自身动力和控制能力来实现各种功能的一种机器，它可以接受人类指挥，也可以按照预先编排的程序运行，现代的工业机器人还可以根据人工智能技术制定的原则纲领行动。

2. 机器人的机械结构

机械结构是指将相当于人类手臂的机械臂安装在机体的外部，其前端可以把持物体(抓、吸等)，安装焊接枪或者抓手等作业工具进行作业的装置如图 9-2 所示。

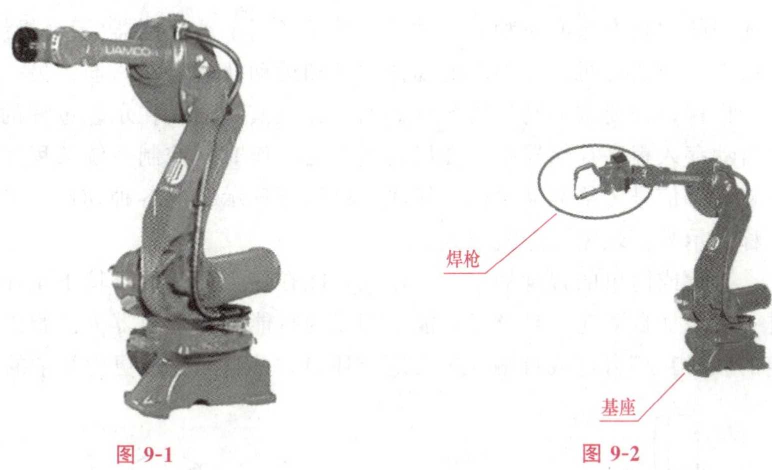

图 9-1　　　　图 9-2

9.1.2　机器人的构成

工业机器人由本体、驱动系统和控制系统 3 个基本部分组成(见图 9-3)。主体即机座和执行机构，包括臂部、腕部和手部，有的机器人还有行走机构。大多数工业机器人有 3～6 个运动自由度，其中腕部通常有 1～3 个运动自由度；驱动系统包括动力装置和传动机构，用以使执行机构产生相应的动作；控制系统是按照输入的程序对驱动系统和执行机构发出指令信号，并进行控制。

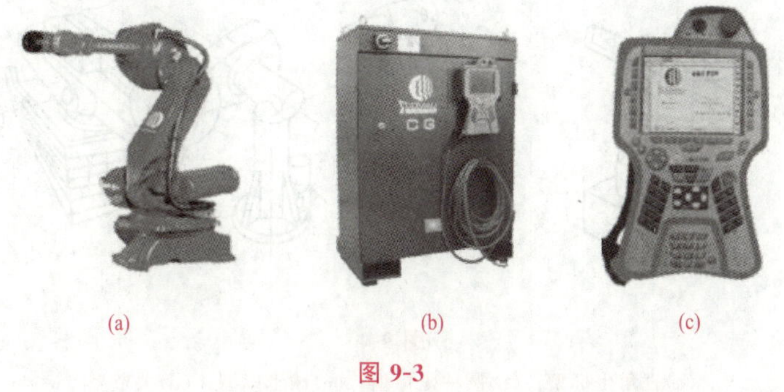

(a)　　(b)　　(c)

图 9-3

(a)机器人本体(含驱动系统)；(b)控制系统；(c)示教器

工业机器人按臂部的运动形式分为 4 种(见图 9-4)。直角坐标型的臂部可沿 3 个直角坐标移动；圆柱坐标型的臂部可做升降、回转和伸缩动作；球坐标型的臂部能回转、俯仰和伸缩；关节型的臂部有多个转动关节。

工业机器人按执行机构运动的控制机能，又可分为点位型和连续轨迹型。点位型只控制执行工业机器人机构由一点到另一点的准确定位，适用于机床上下料、点焊和一般搬运、装卸等作业；连续轨迹型可控制执行机构按给定轨迹运动，适用于连续焊接和涂装等作业。

工业机器人按程序输入方式可分为编程输入型和示教输入型两类。编程输入型是将计算机上已编好的作业程序文件，通过 RS-232 串口或者以太网等通信方式传送到机器人控制柜。示教输入型的示教方法有两种：一种是由操作者用手动控制器(示教操纵盒)将指令信号传给驱动系统，使执行机构按要求的动作顺序和运动轨迹操演一遍；另一种是由操作者直接领动执行机构，按要求的动作顺序和运动轨迹操演一遍。在示教过程的同时，工作程序的信息即自动存入程序存储器中。在机器人自动工作时，控制系统从程序存储器中检出相应信息，将指令信号传给驱动机构，使执行机构再现示教的各种动作。示教输入程序的工业机器人称为示教再现型工业机器人。

具有触觉、力觉或简单的视觉的工业机器人，能在较为复杂的环境下工作；如具有识别功能或更进一步增加自适应、自学习功能，即成为智能型工业机器人。智能型工业机器人能按照给定的"宏指令"自选或自编程序去适应环境，并自动完成更为复杂的工作。

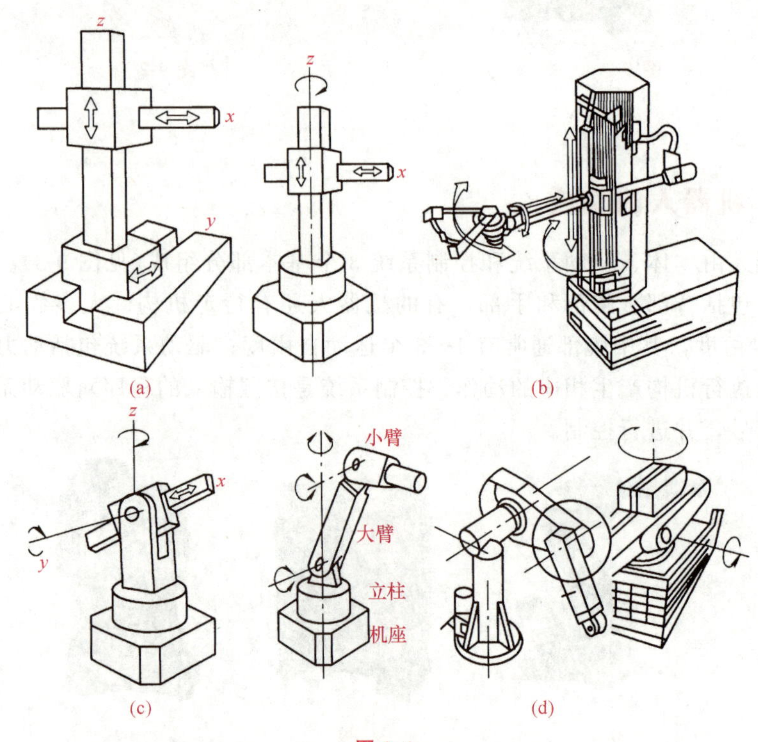

图 9-4

(a)直角坐标型；(b)圆柱坐标型；(c)球坐标型；(d)关节型

一、机器人本体动作轴介绍

机器人动作轴简介(见图 9-5)：

(1)一般的机器人都是由 6 个转轴组成的空间六杆开链机构，理论上可达到运动范围内空间任何一点。

(2)有着和人类的肩膀到手臂、手腕相似的动作和形状。

(3)各轴均以交流伺服电动机为动力源，每个电动机后均有编码器。

(4)每个转轴均带有一个齿轮箱，机器人的运动精度达±0.02～±0.05。

(5)通过各轴动作的组合，复杂的作业也能高效迅速地进行。

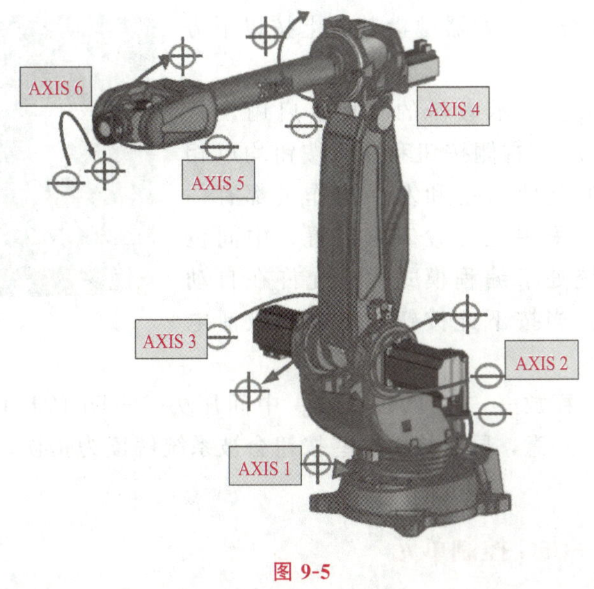

图 9-5

二、示教器

本章以常见的 C5G 机器人为例进行分析，其控制单元示教器用于手动控制机器人运动，对其编程并执行和修改步进运动，其会提供系统控制和监控功能，也包括安全装置（启用装置和紧急停止按钮）。此装置是用户友好的，适用于右手或左手使用。

示教器包括以下组件：①模式选择开关；②LED 指示灯；③急停按钮；④显示器；⑤Enter确定按钮；⑥Start 按钮；⑦JPAD 键；⑧黑色键和 JOG 键；⑨字母数字键盘，如图 9-6 所示。

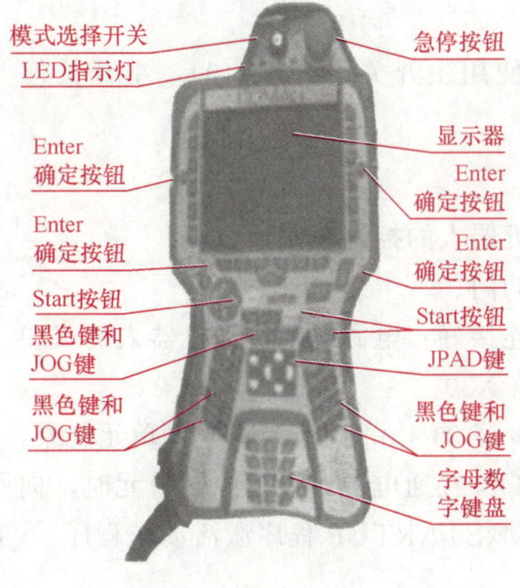

图 9-6

显示屏为图形 6.4 in TFT 彩色：分辨率为 640×480 像素，示教器上还有键、按钮和 LED 指示灯、USB 端口。

示教器的组成部分。示教器键盘基本上按以下方式布置：

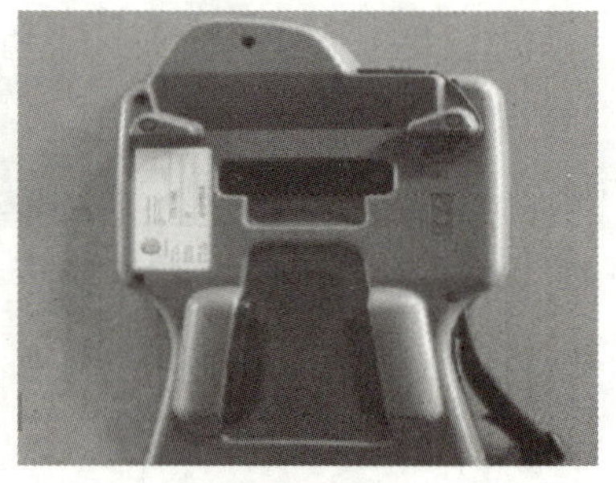
图 9-7

手动起动机器人：在示教器的背面，启用设备有两个按钮(见图 9-7)，右侧按钮和左侧按钮均以相同的方式操作，目的是使右手和左手操作员都有一个启用设备的按钮。采用三位置安全装置，中间位置保持按下，当系统处于编程模式时，允许在自动或手动模式中移动。当按下此按钮时，自动激活电动机(DRIVE ON)。

操作类型包括：释放——DRIVE OFF；中间压力——DRIVE ON；完全按下——DRIVE OFF(应急)。注意，同时按下这些按钮会被系统解读为错误，因此每次只能使用一个按钮。

三、控制柜——C5G 控制单元

C5G 控制单元正视图和背视图分别如图 9-8 和图 9-9 所示。

图 9-8

图 9-9

1. 主开关

系统的打开/关闭需要使用主开关(见图 9-10)，主开关位于控制柜的门内。

图 9-10

2. 系统通电

按照以下步骤给 C5G 机器人的控制单元通电：

(1)关闭机器人控制柜的门。

(2)检查以下电缆是否连接好：电源电缆、到机器人的 X10 和 X60 电缆、安全设备电缆 X30。

提示：断电之后，要至少等 30 s 才能重新打开控制单元电源。

(3)通过将主开关转到 ON 接通电源，激活控制单元时，向所有模块提供电源。

(4)如果预计机器人运动(STARTUP 程序激活动作程序)，必须接通驱动装置的电源，并按下示教器 START 键。

3. 系统关机

只要将主开关转到 OFF，就可以使系统关机。这种情况下，关机程序如下：

(1)将系统设置为 DRIVE OFF。

(2)将主开关转到 OFF。

任何情况下，均强烈建议遵循软件关机程序，避免不必要地浪费 UPS 缓冲电池周期，这会降低电池的寿命。

当用户希望关闭控制单元和示教器时，可请求软件关机。

以下任意一种操作命令都可以激活请求软件关机：

(1)示教器：在主页中，命令重启(F4)，关机(CCRS)。

(2)PC(通过 WinC5G 程序)：配置控制器关机重启(CCRS)命令 。

(3)PDL2 编程(通过 SYS_CALL — CCRS)。

警告：如果关机命令通过 SYS_CALL，强烈建议始终检查 SYS_CALL 的最终状态以排除任何异常情况。

如果通过示教器命令关机，那么需要完成以下步骤：

(1)大约 5 s 之后，示教器显示屏将会清空，至少需要等待 30 s。

(2)将主开关转到 OFF。

4. 机器人的动作原理

示教模式(见图 9-11)：

(1)用示教器进行各轴动作的操作。

(2)动作后的各轴位置用编码器进行读取(位置数据：1～6 轴的坐标值)。

(3)在示教器程序中记录下当前点的位置数据，保存在存储器中。

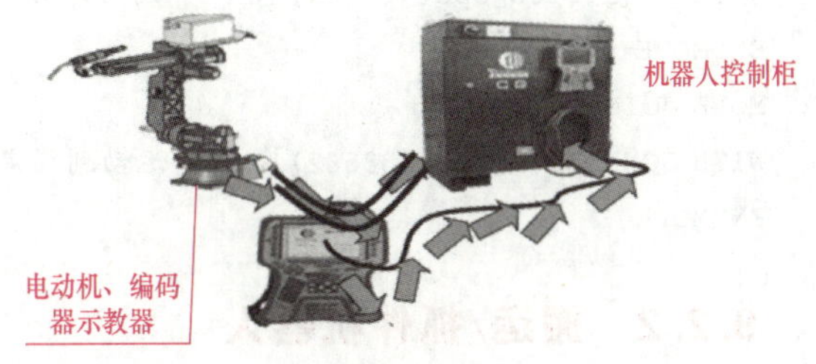

图 9-11

再生模式：

(1)由控制柜 CPU 发出到下一个停止点的目标数据。

(2)编码器检测出当前机器人的位置数据(当前值)，反馈给控制柜 CPU。

(3)CPU 进行计算，比较当前值与目标值，将偏差值作为偏差信号发给伺服放大器。

(4)伺服放大器收到偏差信号后输出电流。

(5)伺服电动机根据电流进行动作，机器人动作到指令值偏差为 0 时，到达目标指令值。

9.2 焊装机器人的用途及分类

工业机器人焊接

根据焊装工艺需求，焊装机器人可以分为点焊机器人、搬运/抓件机器人、激光焊接机器人、弧焊机器人、涂胶机器人、其他用途机器人。

9.2.1 点焊机器人

(1)基本组成：机器人、焊接控制器、焊枪三大部分(见图 9-12)。软件方面需要安装点焊应用包。

机器人控制柜与焊接控制器通过PROFIBUS通信交换信号，机器人控制柜给焊接控制器提供安全电源和24 V控制电源。

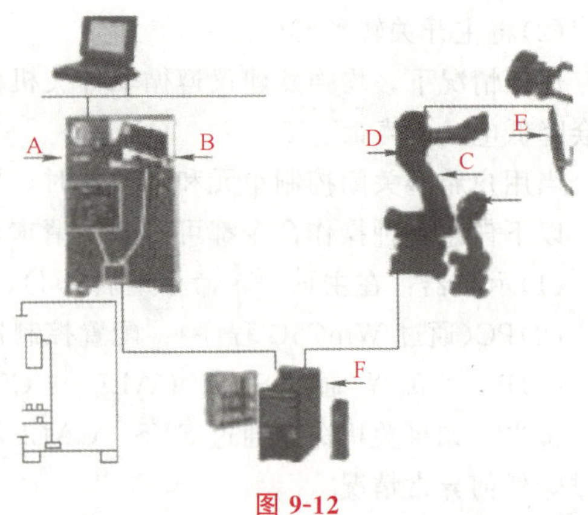

图 9-12

(2)正常焊接条件：

①机器人安全使能信号。

②机器人运动到焊接点，给出焊接指令。

③焊接控制器调用合适的焊接参数。

④良好的板件配合。

⑤冷却水循环正常。

(3)焊接过程程序如下：

```
BEGIN
——weld segment
MOVE JOINT TO wp001p,
WITH CONDITION[spot(38581)], ——调用焊接参数
ENDMOVE——焊接完成
MOVE JOINT TO wp002p
WITH CONDITION[spot(38582)], ——运动到指定点
ENDMOVE
```

9.2.2 搬运/抓件机器人

(1)基本组成：机器人主体、抓手、I/O模块(见图9-13)。软件方面则需要抓手应用包。

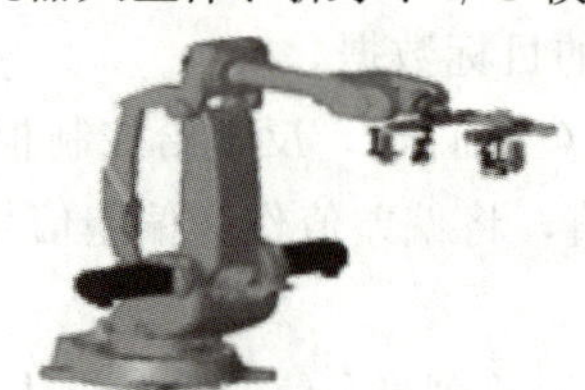

图 9-13

(2)通信协议：PROFIBUS。

(3)I/O模块：I/O模块可以对抓手上所安装的气缸、工件传感器、吸盘等装置的信号进行采集，通过PROFIBUS通信协议与机器人进行信号交换。反之，机器人控制柜通过该协议对抓手进行动作控制。

(4)配置范围：

抓手：Gripper_ (1～3)。

气缸：Sequence_ (1～6)。

吸盘：Vacuum_ (1～6)。

工件传感器：Part_ present_ (1～5)。

(5)常用程序指令：

```
Gripper_ sequence (ai_ grip, ai_ seq, ab_ state, < ab_ check> )
```

```
ai_ grip: gripper to be used                          ——启用的抓手
ai_ seq: sequence to be used                          ——启用的气缸
ab_ state: ON - > calls the sequence closure          ——气缸关闭命令
OFF - > calls the sequence opening                    ——气缸打开命令
ab_ check: ON - > inputs checked                      ——检查输入信号
OFF- > inputs check excluded                          ——忽略输入信号
Gripper_ vacuum (ai_ grip, ai_ vac, ab_ state, < ab_ check> )
ai_ grip: gripper to be used                          ——启用的抓手
ai_ vac: suction device to be used                    ——启用的气缸
ab_ state: ON - > calls aspiration                    ——吸盘吸气命令
OFF - > stops aspiration                              ——吸盘停止吸气命令
ab_ check: ON - > vacuum meter check                  ——检查输入信号
OFF- > vacuum meter check off                         ——忽略输入信号
gripper_ chkpart (ai_ grip, ai_ part, ab_ state)
ai_ grip: gripper to be used                          ——启用的抓手
ai_ part: part presence to be used                    ——启用的传感器
ab_ state: ON - > check presence                      ——检查在位信号
OFF- > check absence                                  ——检查不在位信号
```

9.2.3　激光焊接机器人

(1)基本组成：机器人、激光源、光纤、激光头(见图 9-14)。

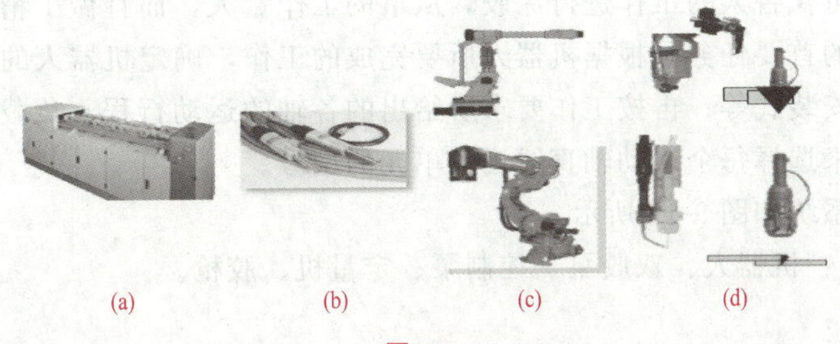

图 9-14

(a)激光源；(b)光纤；(c)机器人；(d)激光头

(2)基本工作原理：激光焊接是利用高能量的激光脉冲对材料进行微小区域内的局部加热，激光辐射的能量通过热传导向材料的内部扩散，将材料熔化后形成特定熔池。激光焊接是一种新型的焊接方式，其主要针对薄壁材料、精密零件的焊接，可实现点焊、对接焊、叠焊、密封焊等，深宽比高，焊缝宽度小，热影响区小，变形小，焊接速度快，焊缝平整、美观，焊后无须处理或只需简单处理，焊缝质量高，无气孔，可精确控制，聚焦光点小，定位精度高，易实现自动化。

9.2.4　弧焊机器人

(1)基本组成如图 9-15 所示。

(2)焊接过程：

```
move joint to pnt0001p
arc_ init                          ——初始化焊接程序
arc_ prog(8)                       ——调用焊接参数
move linear to pnt002p
arc_ start(1)                      ——起弧开始
move linear to pnt003p
arc_ end(0)                        ——断弧
```

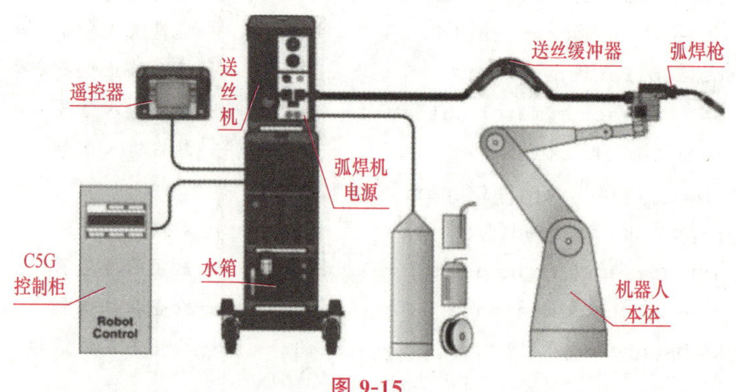

图 9-15

9.2.5 涂胶机器人

涂胶机器人可代替人的工作进行涂胶，从事的工作量大，而且做工精细，质量好。设计一个涂胶系统的首要任务是根据机器人所要完成的工作，确定机器人的结构组成，可以是龙门式或挂壁安装式等；再按工作要求所给出的各轴的运动行程、负载、运动速度、加速度、动作周期来选择每个运动轴直线运动单元的型号。

涂胶机器人系统如图 9-16 所示。

(1)系统组成：机器人、双胶泵、控制泵、定量机、胶枪。

(2)涂胶过程：

```
BEGIN
glue_ init(1)                              ——涂胶初始化
glue_ prepara(1)                           ——涂胶准备信号
MOVEFLY LINEAR TO pnt0003p ADVANCE
WITH CONDITION[glue_ opengun],             ——命令涂胶机打开枪嘴出胶
ENDMOVE
MOVEFLY LINEAR TO pnt0003p ADVANCE
WITH CONDITION[glue_ opengun],             ——命令涂胶机关闭枪嘴停止出胶
ENDMOVE
END prog_ 1
```

9.2.6 其他用途机器人

根据焊装工艺要求，其他用途的机器人同样被使用，用来满足焊装精度和强度的

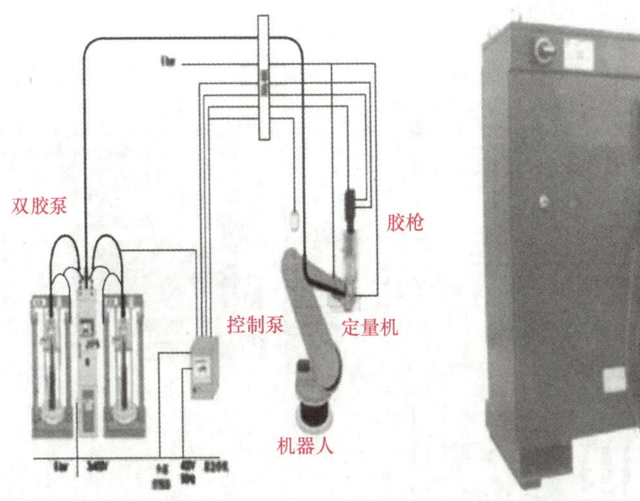

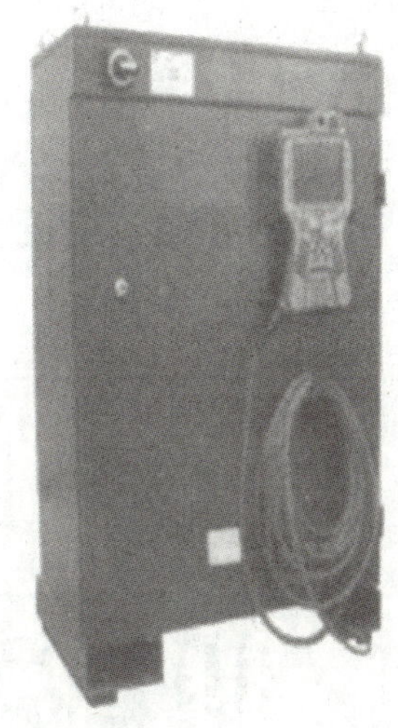

图 9-16

要求。

其他用途机器人分类：螺柱焊接机器人、滚边机器人、测量机器人、切割机器人、打磨机器人。这些应用均以机器人作为载体，通过不同的通信方式，实现信号的采集和交换，从而达到实现生产工艺要求的目的。

机器人螺柱焊

9.3　焊装电气控制概述

在汽车焊装车间，由于涉及的工艺设备多、生产工艺复杂，因此，只有合理可靠的电气控制系统才能保证车身生产的工艺和产品的高质量。先进的电气控制系统在汽车生产线上大多数采用集散控制方式，PLC 控制技术、现场总线、工业以太网已广泛应用。人机界面大大提高了整条生产线的可控性和维修性，使故障信息一目了然，减少了维修时间和工作量。焊接控制系统集中在线编程为整车的焊接质量提供了有力保障。

焊装电气控制系统中关键部件是 PLC，现有的国产品牌如台达、腾控等尚不能满足控制要求或者维护麻烦，性价比不高，因此在汽车车身焊装生产线中通常采用国外的 PLC，如广汽采用德国的 SIEMENS，上汽、奇瑞等公司则采用美国的 ControlLogix。如图 9-17 所示为某公司焊装车间电气控制系统，由 6 套 PLC 控制系统控制 13 条空中输送线，每条自动化线都采用西门子安全 CPU 319-F 控制和西门子上位机监控，采用 profinet 现场总线网络通信，每个工位都有类似的安全保护装置，如安全光幕、安全门、激光区域扫描仪等，直接控制该公司 10 条全自动化生产线，包括底板线 1、地板线 2、左/右侧围线、车身主线 1、车身主线 2、顶棚钎焊线、前纵梁切割线、左/右门线等。

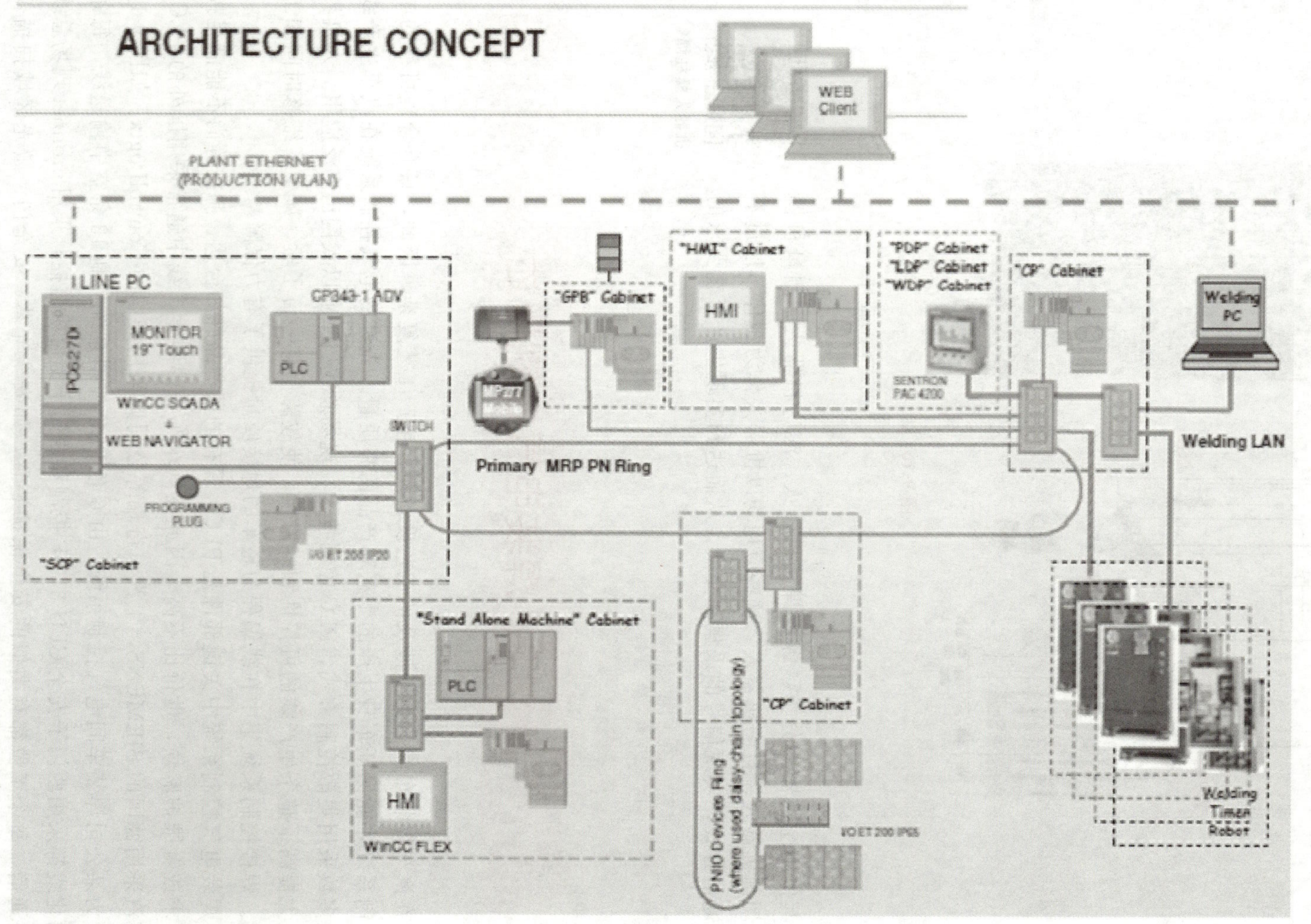
ARCHITECTURE CONCEPT
WEB
Client
PLANT ETHERNET
(PRODUCTION VLAN)
LINE PC
IPC627D
MONITOR
19" Touch
WinCC SCADA
+
WEB NAVIGATOR
CP343-1 ADV
PLC
SWITCH
PROGRAMMING
PLUG
"SCP" Cabinet
"GPB" Cabinet
"HMI" Cabinet
HMI
"PDP" Cabinet
"LDP" Cabinet
"WDP" Cabinet
SENTRON
PAC 4200
"CP" Cabinet
Welding
PC
Welding LAN
Primary MRP PN Ring
"Stand Alone Machine" Cabinet
PLC
HMI
WinCC FLEX
"CP" Cabinet
PNIO Devices Ring
(where used daisy-chain topology)
Welding
Timer
Robot

图9-17

9.4　焊装电气控制的构成及功能

9.4.1　焊装电气控制硬件

从网络角度来看，整个电气控制系统可以分为两层网络：第一层现场管理网是工业以太网，主要完成编程信息和统计诊断信息的交换及处理工作，服务器、信息可视设备、统计诊断设备、各种编程设备、各种控制器(PLC 主控制器、激光控制器、机器人控制器)及操作 PC 都连接到该层网路；第二层现场控制网是 profinet 网，主要完成对现场各种传感器信号和执行器指令的处理和交换，要求快速准确，各种控制器(PLC 主控制器、激光控制器、机器人控制器)、I/O 设备、操作面板及各种执行器(变频器、夹具、焊钳)均连接到该网络。

从设备角度来看，整个电气控制系统分为三层：第一层设备是管理设备，包括服务器、信息显示、诊断设备和编程设备；第二层设备是控制器，包括主控制器 PLC 和其他系统控制器(如激光控制器和机器人焊接控制器)；第三层设备是传感器和执行器，包括各种 I/O、操作面板、变频器、执行器和继电器等。

1. 主控制器(见图 9-18)

主控制器中 PLC 是核心设备，它一方面协调控制现场各种设备按照工艺顺序要求工作；另一方面接受编程设备的配置信息，向上层设备发送实时生产信息和设备状态信息，供上层设备统计、诊断和显示。

2. 工位 HMI(见图 9-19)

通过 HMI 上的操作按钮和面板，操作人员可以对本工位的设备，如夹具等进行手动操作或者自动控制。通过各种指示装置和面板的闪亮判断本工位状态，包括报警、错误的提示，从而进行正常的操作和处理。同时，该系统可以通过操作按钮对本工位进行操作模式切换，以及进行正常的起动、停止和维修设置操作。在紧急状态下，操作人员可以通过本工位的急停开关停止本工位和整条线，以保证人身和设备安全。

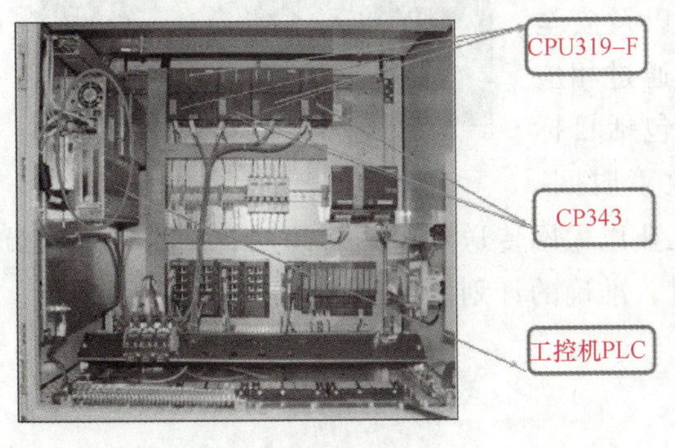

图 9-18

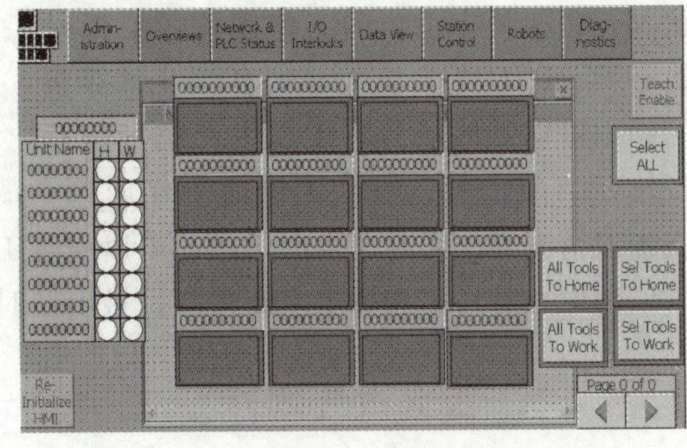

图 9-19

3. 生产线人机界面(见图 9-20)

生产线人机界面通过 Wicc 进行组态调试，人机界面分级显示生产线图、工位图、装备图等，并用不同颜色显示装备的不同状态，如工作、停止、故障信息等。生产线人机界面还可以显示 PLC 的 I/O 状态，显示变频器、机器人的各种故障代码，当有故障时能自动弹出报警信息，并对报警记录进行归档统计，保留故障历史记录，以后日后维修和点检设备时作为参考依据。

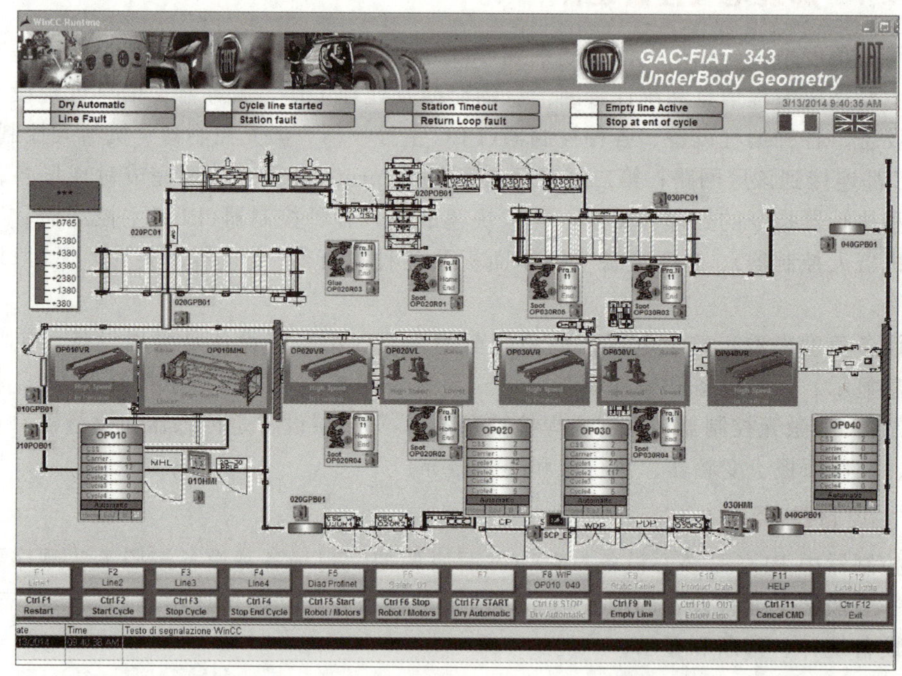

图 9-20

4. 全线生产信息管理(见图 9-21)

ANDON 系统与 PLC 进行通信，可实现生产信息的可视化和管理，通过显示屏实时显示生产线的状态信息，可使操作人员在任何工位都能看到全线的生产状况，包括每个工位的工作模式、是否完工以及安全状态等。PLC 结合诊断和信息统计计算机，通过相应的画面可以随时了解本工段生产统计信息，包括目标产量、当前产量、每个工位的工作时间、故障时间、交接班情况等。同时，生产信息还可以通过工业以太网传送到车间管理网，生产管理人员可以随时查看目前和历史生产情况，做出及时、准确的计划。

图 9-21

9.4.2 焊装电气软件

汽车车身焊装车间自动化系统除了构建整个硬件网络之外，焊装车间自动化控制技术的软件部分在整个车身制造中也发挥着关键的作用。对于汽车焊装车间的上位监控管理系统和设备层中的 HMI 程序的编制，不同的汽车厂家要求差异很大；对于焊装车间中大型 PLC 程序的编制，为了提高 PLC 程序的一致性、可读性、可移植性和提高编程效率等，汽车厂家一般都要求焊装设备集成商采用结构化、模块化编程方式。

(1)PLC 程序编辑软件西门子 step7(见图 9-22)可以对现场硬件进行组态、网络联机调试，进行逻辑程序编辑，其采用结构化、模块化的编程方式。

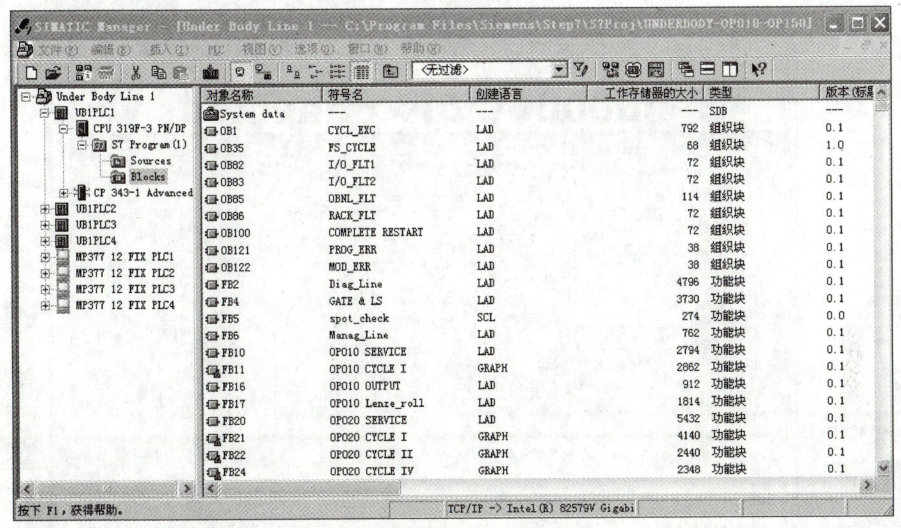

(a)

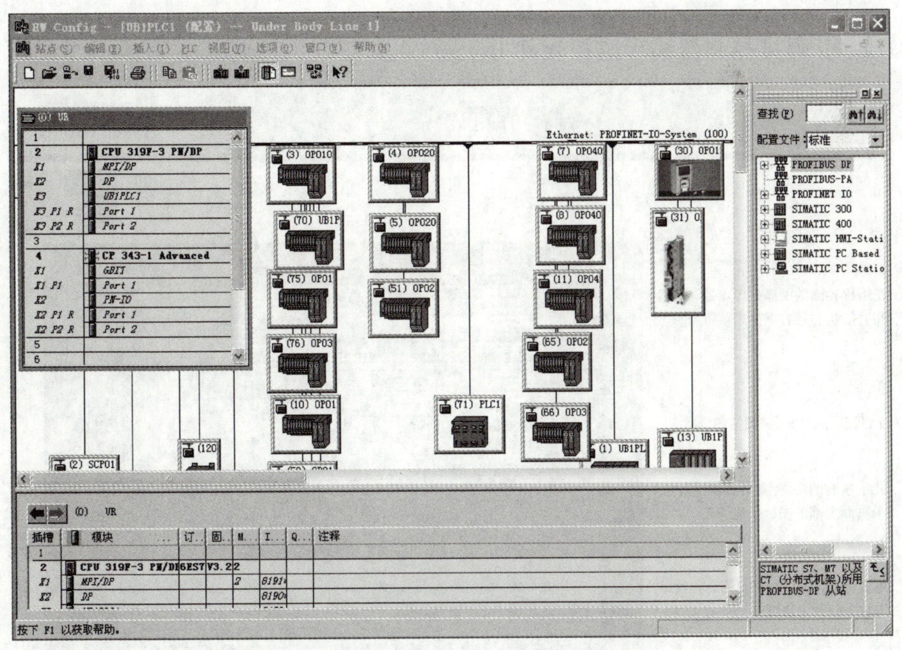

(b)

图 9-22

(2)HMI 画面组态软件 Wicc flexible(见图 9-23)可以显示设备工作状态，如指示灯、按钮、文字、图形、曲线等，进行数据、文字输入操作，生产配方存储，设备生产数据记录。该软件可以连接多种工业设备控制网。

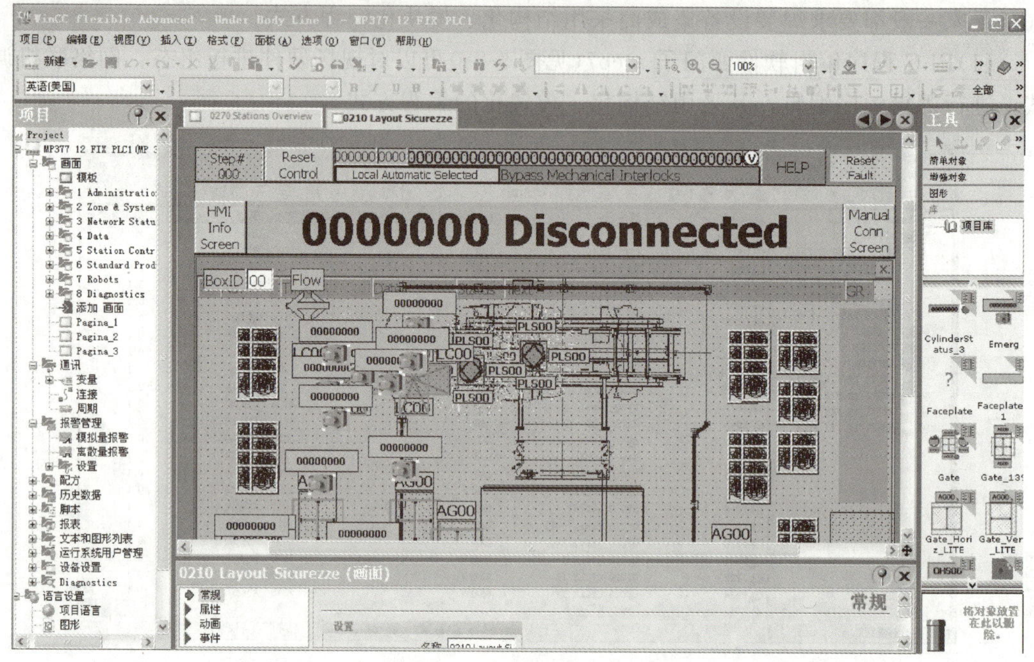

图 9-23

(3)Bosch 焊接控制器编程监控软件 BOS6000 如图 9-24 所示。

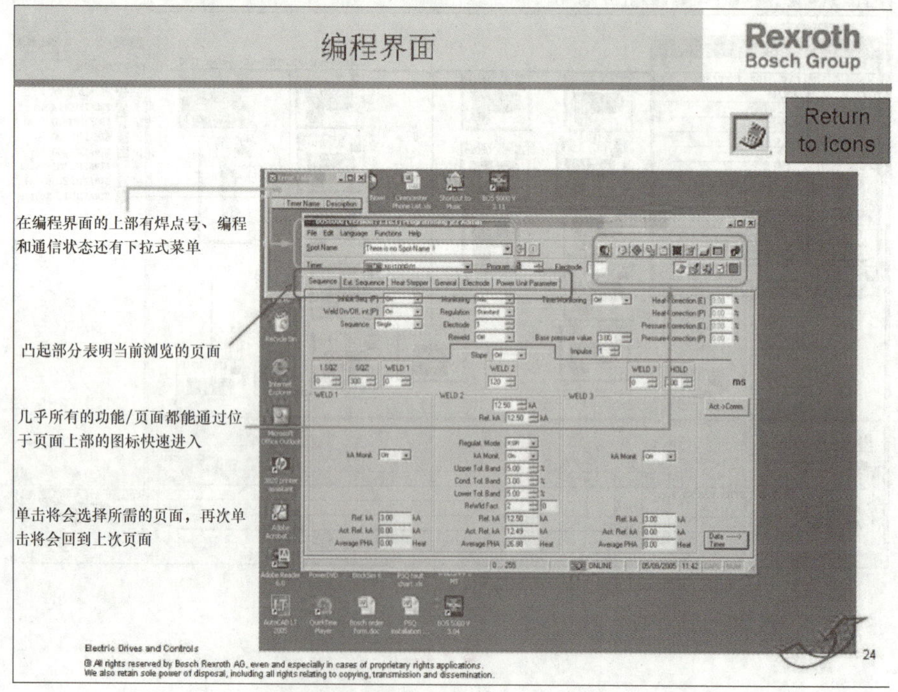

图 9-24

(4)伦茨变频器编程软件 L—Force Engineer 如图 9-25 所示。

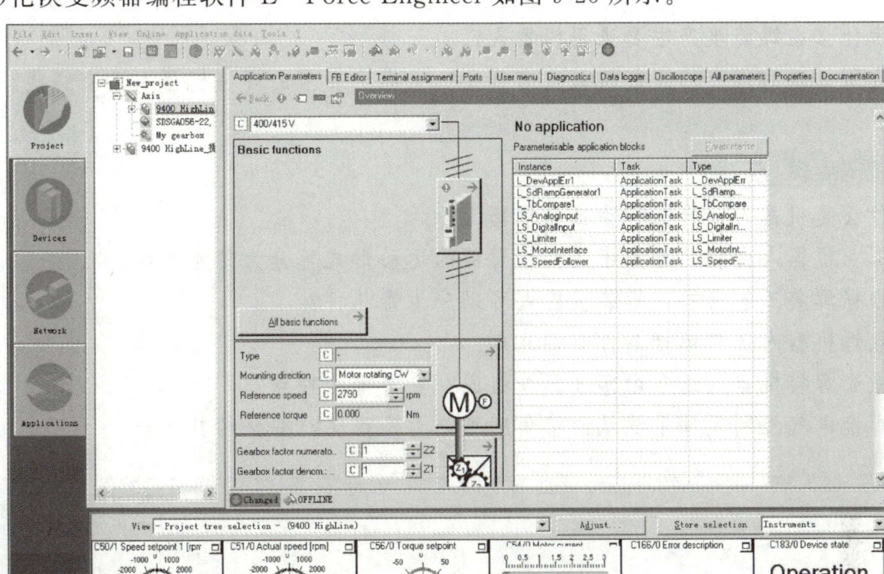

图 9-25

本章小结

1. 机器人是具备两个自由度以上的机械结构和记忆装置的结合体；机械结构是能够按照记忆装置所存储的信息在空间进行动作的机本体。

2. 工业机器人由本体、驱动系统和控制系统 3 个基本部分组成。

3. 工业机器人按臂部的运动形式分为 4 种。

4. 工业机器人按执行机构运动的控制机能分为点位型和连续轨迹型。

5. 工业机器人按程序输入方式分为编程输入型和示教输入型两类。

6. 根据焊装工艺需求，焊装机器人可以分为点焊机器人、搬运/抓件机器人、激光焊接机器人、弧焊机器人、涂胶机器人和其他用途机器人等。

7. 点焊机器人由机器人、焊接控制器、焊枪三大部分组成。软件方面需要安装点焊应用包。

8. 焊装电气控制的硬件和软件。

思考与练习

一、想一想

1. 现在机器人能像正常的人一样行走吗？

2. 是否所有的人工操作均能由机器人完成？若工厂大量采用机器人会对社会产生怎

样的影响？

3. 为什么在焊装生产中要采用机器人？

4. 你所知道的国产的焊装机器人有哪些？世界上著名的焊装机器人又有哪些？

二、做一做

1. 什么是机器人？什么称为工业机器人？

2. 工业机器人由哪几部分组成？按臂部的运动形式可分为哪 4 类？

3. 根据焊装工艺需求，焊装机器人可以分为哪几种？

4. 点焊机器人正常焊接条件有哪几点？

5. 激光焊接机器人通常由哪 3 部分组成？它有哪些特点？

6. 焊接电气控制硬件系统从网络角度可分为哪两层？并介绍其功能。

杨峰：扎根一线，守好火箭的心脏

第 10 章 车身焊装生产管理

学习目标

- 了解焊装车间管理的标准和要求。
- 知道现场管理的三大工具。
- 读懂焊装作业标准书。
- 了解 6S 管理的要求。
- 知道现场生产的质量控制遵循"三不原则"。
- 了解安全生产法规，知道安全生产的危险源及预防措施。
- 掌握焊装车间安全生产要求与规定。
- 了解焊装生产劳动保护用品及异常情况处理办法。
- 了解汽车焊装车间设备的节能改造。

汽车生产车间安全知识

10.1 焊装车间管理

10.1.1 生产现场管理体系

现场管理就是指用科学的管理制度、标准和方法对生产现场各生产要素，包括人(工人和管理人员)、机(设备、工具、工位器具)、料(原材料)、法(加工、检测方法)、环(环境)、信(信息)等进行合理有效地计划、组织、协调、控制和检测，使其处于良好的结合状态，达到优质、高效、低耗、均衡、安全、文明生产的目的。现场管理是生产第一线的综合管理，是生产管理的重要内容，也是生产系统合理布置的补充和深入。

优秀现场管理的标准和要求如下：

定员合理、技能匹配；规章制度、落实严格；
场地规划、标注清晰；工作流程、有条不紊；
材料工具、放置有序；现场环境、卫生清洁；
设备完好、运转正常；安全有序、物流顺畅；
定量保质、调控均衡；登记清楚、应记无漏。

现场管理的三大工具：标准化、目视化、管理看板。

1. 标准化

(1)企业里有各种各样的规范，如规程、规定、规则、标准、要领等，这些规范形成文字化的信息统称为标准(或称标准书)。制定标准，然后依据标准付诸行动称为标准化。认为编制或改定了标准即认为已完成标准化的观点是错误的，只有经过指导、训练才能称为实施了标准化。

(2)作业标准化就是对在作业系统调查分析的基础上，将现行作业方法的每一操作程序和每一动作进行分解，以科学技术、规章制度和实践为依据，以安全、质量效益为目标，对作业过程进行改善，从而形成一种优化作业程序，逐步达到安全、准确、高效、省力的作业效果。

(3)制定作业标准的流程如图 10-1 所示。

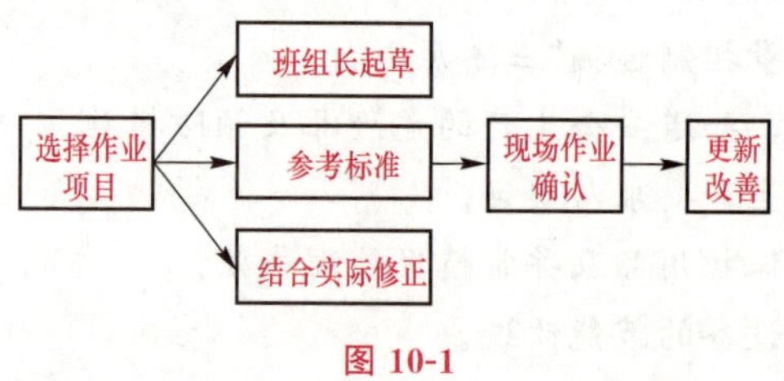

图 10-1

作业标准书是指导现场作业的重要工具，作业标准书每个工位一张，详细介绍作业的方法、安全注意事项、品质要点等信息，力求现场每个作业员都按照作业标准书作业，如表 10-1 所示。

2. 目视化

在日常活动中，我们是通过“五感”(视觉、嗅觉、听觉、触摸、味觉)来感知事物的。其中，最常用的是视觉。据统计，人的行动的 60%是从视觉的感知开始的。因此，在企业管理中，强调各种管理状态、管理方法清楚明了，达到一目了然，从而容易明白、易于遵守，让员工自主地完全理解、接受、执行各项工作，这将会给管理带来极大的好处。

目视管理是利用形象直观而又色彩适宜的各种视觉感知信息来组织现场生产活动，达到提高劳动生产率的一种管理手段，也是一种利用视觉来进行管理的科学方法。所以目视管理是一种以公开化和视觉显示为特征的管理方式。

目视管理的目的是保证低成本准时保质地完成任务。

表 10-1　作业标准书举例

<table>
<tr><td>件名</td><td>支撑管架总成</td><td colspan="4" rowspan="3">作 业 指 导 书</td><td rowspan="3">特性等级</td><td>作业编号</td><td>ZP00301</td><td>生产部门</td><td>焊接车间</td></tr>
<tr><td>件号</td><td>4F57-1D0-2139-0</td><td>使用设备</td><td>焊接夹具</td><td>计量器具</td><td>卡尺、目测</td></tr>
<tr><td>工序名称</td><td>焊接夹具定位</td><td>工序号</td><td>1序</td><td>使用材料</td><td>成型的焊接各部件</td></tr>
<tr><td colspan="2">作业顺序</td><td colspan="5">汽车部件有限公司</td><td colspan="4">作业条件及注意事项</td></tr>
<tr><td colspan="2">1. 焊接夹具、整理、清扫

2. 检查夹紧装置是否完好
3. 把焊接总成的部件放置到夹具内相应位置。
总成部件由 6 个部件组成，其中件“1”由 3 部件组成，初步焊接后置放图中“1”处
4. 用夹具的夹紧装置把 1/1、1/2、1/3 压紧，再把初步焊接的部件 1 和 2、3、4 部件分别压紧

5. 两个夹具平台轮换操作，此平台焊接开始后，立即转到第二平台进行装夹</td><td colspan="5">制　品　图　片</td><td colspan="4">1. 机位操作人员必须熟悉和掌握设备运作，检测器具的使用方法和安全注意事项
2. 焊接夹具上的压紧装置是否完好、正常、有效

3. 测量制品的计量用具必须准确无误

4. 夹具上的定位装置是否准确，满足需求

5. 夹具上的焊渣、积瘤必须及时清理

6. 使用夹紧装置的力度必须适宜

7. 两个夹具平台轮换装夹部件要准确迅速，注意焊接时机器人的动作时间</td></tr>
<tr><td colspan="2"></td><td colspan="5">操　作　者　自　检</td><td colspan="4"></td></tr>
<tr><td colspan="2"></td><td>NO</td><td>项目</td><td>条件范围</td><td>确认方法</td><td>周期</td><td colspan="4">安全管理</td></tr>
<tr><td>编制</td><td></td><td>1</td><td>外观</td><td>无毛刺、压痕、划伤、锈蚀</td><td rowspan="3">目测/比样品</td><td rowspan="3">初、中、尾</td><td colspan="4">1. 码放和夹紧部件时，必须注意机器人的旋动位置</td></tr>
<tr><td>审批</td><td></td><td>2</td><td>外观</td><td>无油污、无缺料、多料现象</td><td colspan="4">2. 工作时佩戴安全保护用具(如手套)，着长裤长衫</td></tr>
<tr><td>巡检</td><td></td><td>3</td><td>外观</td><td>颜色统一无异样</td><td colspan="4"></td></tr>
</table>

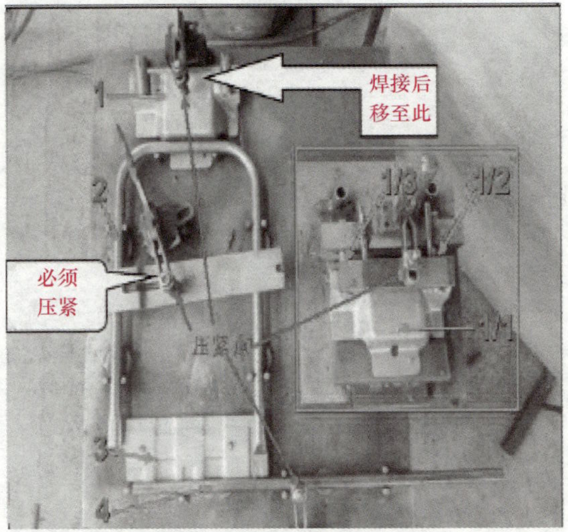

续表

作业指导书

件名	支撑管架总成	特性等级	作业编号	ZP00302	生产部门	焊接车间
件号	4F57-1D0-2139-0	★	使用设备	焊接机器人	计量器具	卡尺、目测
工序名称	机器人焊接		工序号	2序	使用材料	成型的焊接各部件

汽车部件有限公司

作业顺序	作业条件及注意事项
1. 设备点检、整理	1. 机位操作人员必须熟悉和掌握设备运作，检测器具的使用方法和安全注意事项
2. 检查电压、气压、指示灯显示是否正常	2. 机器上的安全装置必须随时验证是否正常
3. 检查两个夹具工位之间遮光效果是否良好	3. 测量制品的计量用具必须准确无误
4. 启动焊接机器人开始焊接	4. 两个焊接夹具之间的通道要保持通畅
5. 各个焊点的数控数据精确输入操作面板	5. 严禁其他人员进入机器人动作范围区域
6. 焊接完毕首件交技质部检测	6. 从夹具取出加工好的总成时，要远离焊接部位，轻取轻放，不能随手丢弃，不能出现磕碰、变形现象
7. 确定首件合格方可继续生产	
8. 焊接完成后从夹具卸下，喷涂防锈油	
9. 技质部抽检合格后装箱打包	

制　品　图　片

操　作　者　自　检

编制	NO	项目	条件范围	确认方法	周期	安全管理
编制	1	外观	无滑焊、无虚焊、无脱焊	目测/比样品	初、中、尾	焊接时要穿戴长袖的工作服装、工作手套
审批	2	外观	无油污、无压痕、无划伤			
巡检	3	外观	颜色统一无异样			

目视管理的作用如图 10-2 所示。

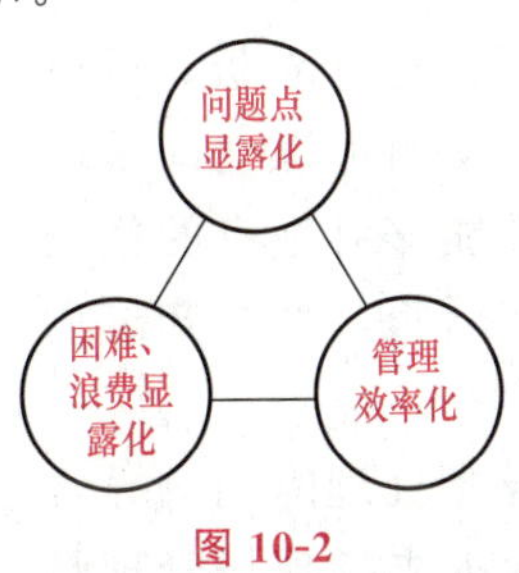

图 10-2

目视化管理的常用工具：看板、红牌、信号灯、防错牌、操作流程图、警示牌、管理板(见图 10-3 和图 10-4)。

图 10-3

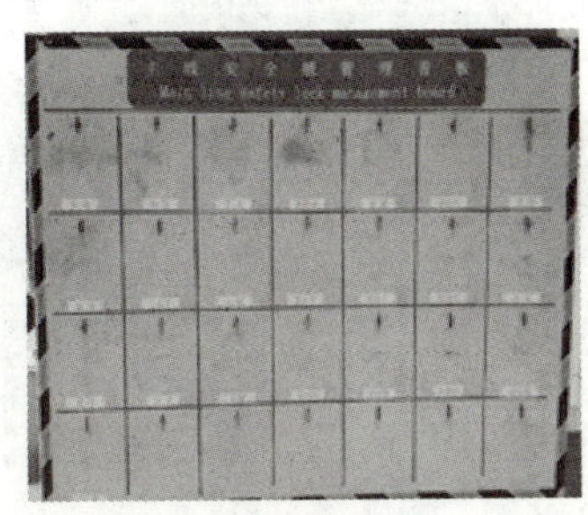

图 10-4

推行目视化管理的基本要求如下：

统一：目视化管理要实行标准化。

简约：各种视觉显示信号应易懂，一目了然。

鲜明：各种视觉显示信号要清晰，位置适宜，现场人员能看得见、看得清。

实用：不摆花架子，少投资、讲实效。

严格：现场所有人员都必须严格遵守和执行有关规定，有错必纠，赏罚分明。

3. 管理看板

管理看板是管理可视化的一种表现形式，即对数据、情报等的状况一目了然地表现，主要是对管理项目，特别是情报进行的透明化管理活动。它通过各种形式，如标语、现况板、图表、电子屏等把文件上、头脑中或现场等隐藏的情报揭示出来，以便任何人都可以及时掌握管理现状和必要的情报，从而能够快速制定并实施应对措施。因此，管理看板是发现问题、解决问题的非常有效且直观的手段，是优秀的现场管理必不可少的工具之一。

管理看板是一种高效而又轻松的管理方法，有效地应用对于企业管理者来说是一种管理上的解放。

管理看板一般有生产看板、异常看板等，如图 10-5～图 10-7 所示。

生产看板是一种由 LED 组合而成的新型电子化看板，突破传统看板白纸黑字固定不变的方式，采用电子化的方法，集单片机技术、光电子显示技术、现场总线技术于一体，板面灵活多变，内容随时可以更改，充分适用于各行各业生产管理。

图 10-5

生产看板主要功能：①传递生产和运送指令；②调节生产均衡；③改善机能，通过生产看板，可以发现并暴露出生产中存在的问题，从而可以立即采取相应的对策。作业现场的管理人员能够对生产的优先顺序一目了然，并且通过观察生产看板，就能知道后道工序的作业进展、库存情况等。

异常看板的主要作用是统计异常处理时间、异常发生率、异常发生率趋势图标、数据支持现场管理是否有效。

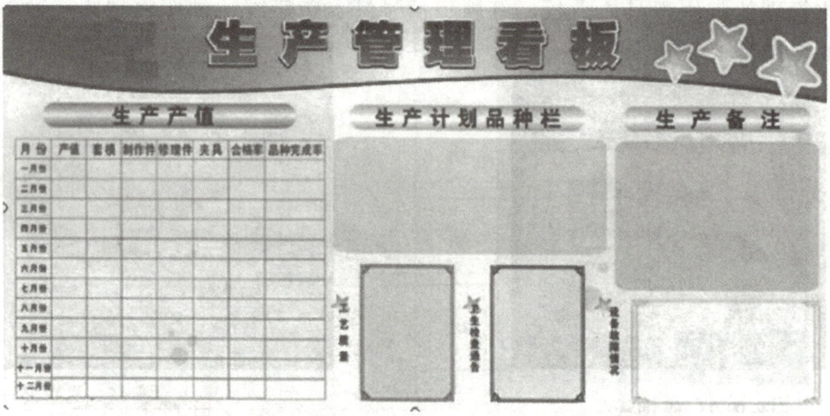

图 10-6

生产线	P001	P002	P003	P004	P005	P006
生产状况					缺料	缺料
品质状况			67.3%			
设备状况	维修中					
计划停止						
非计划停止						
缺料					25分钟	40分钟

图 10-7

现场管理还有一个最重要的方面：6S 管理：

整理(Seiri)——将工作场所的任何物品区分为有必要和没有必要的，除了有必要的留下来，其他的都消除掉。目的：腾出空间，空间活用，防止误用，塑造清爽的工作场所。

整顿(Seiton)——把留下来的必要用的物品依规定位置摆放，并放置整齐加以标识。目的：工作场所一目了然，消除寻找物品的时间，整整齐齐的工作环境，消除过多的积压物品。

清扫(Seiso)——将工作场所内看得见与看不见的地方清扫干净，保持工作场所干净、亮丽。目的：稳定品质，减少工业伤害。

清洁(Seiketsu)——将整理、整顿、清扫进行到底，并且制度化，使环境经常保持在美观的状态。目的：创造明朗现场，维持上面 3S 成果。

素养(Shitsuke)——每位成员养成良好的习惯，并遵守规则做事，培养积极主动的精神(也称习惯性)。目的：培养有好习惯、遵守规则的员工，营造团队精神。

安全(Security)——重视成员安全教育，每时每刻都有安全第一观念，防患于未然。目的：建立起安全生产的环境，所有的工作应建立在安全的前提下。

10.1.2　质量/环境管理体系

一、质量管理体系

现场生产的质量控制遵循“三不原则”：不接受、不制造、不放出(不合格品)。

质量管理体称的主要开展方法：

1. 在全面生产质量管理中使用 PDCA 循环法(见图 10-8、表 10-2)

PDCA 循环理论

P (Plan)——计划阶段
D (Do)——执行阶段
C (check)——检查阶段
A (Action)——处理阶段

图 10-8

表 10-2　PDCA 循环法

阶段	步骤	主要方法和内容
P	1. 分析现状，找出问题	调查表、分层法、排列图
	2. 找出产生问题的原因或影响因素	因果图
	3. 找出原因中的主要原因	排列图、相关图等
	4. 针对主要原因，制定解决问题的方案	预期达到的目的(What) 在哪里执行措施(Where) 由谁来执行(Who) 何时开始和完成(When) 如何执行(How)
D	5. 按制定的计划认真执行	
C	6. 检查措施执行的效果	直方图、控制图
A	7. 巩固提高，总结成功经验	利用成功经验修改或制定相应未来工作的标准
	8. 把未解决或新出现的问题转入下一循环	为下一循环提供质量问题

2. 在全面生产质量管理中使用因果图

因果图又名鱼骨图，是用来罗列问题的原因，并将众多的问题分类、分层的图形(见

图 10-9)。

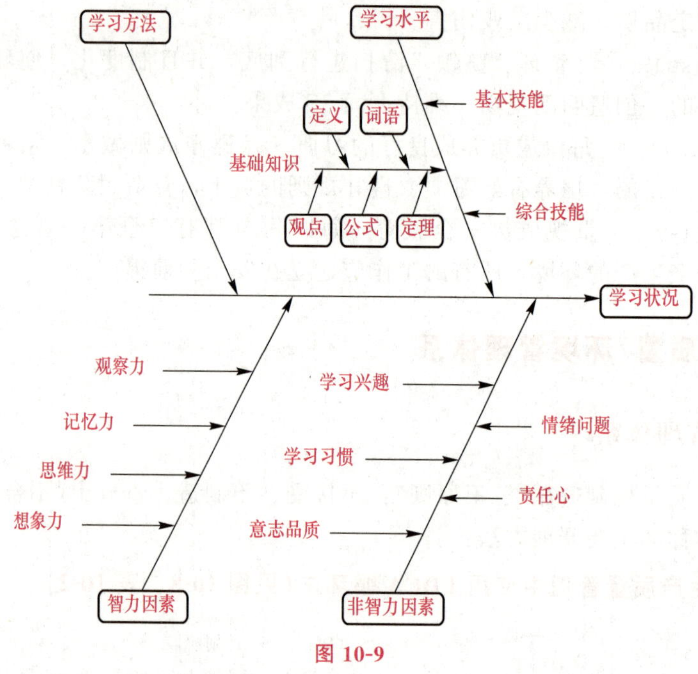

图 10-9

使用因果图的主要步骤如下：

(1)查找要解决的问题。

(2)把问题写在鱼骨的头上。

(3)召集同事共同讨论问题出现的可能原因，尽可能多地找出问题。

(4)把相同的问题分组，在鱼骨上标出。

(5)根据不同问题征求大家的意见，总结出正确的原因。

(6)拿出任何一个问题，研究为什么会产生这样的问题。

(7)针对问题的答案再问为什么，这样至少深入 5 个层次(连续问 5 个问题)。

(8)当深入第 5 个层次，认为无法继续进行时，列出这些问题的原因，然后列出至少 20 个解决方法。

二、环境管理体系

根据 ISO 14001：2015 的定义，环境管理体系(EMS，Environmental Management System)是一个组织内全面管理体系的组成部分，它包括为制定、实施、实现、评审和保持环境方针所需的组织机构、规划活动、机构职责、惯例、程序、过程和资源，还包括组织的环境方针、目标和指标等管理方面的内容等。

全面质量管理起初是用于减少和最终消除生产过程中导致不能达到生产规范要求的各种缺陷，以及提高生产效率等，但这一手段已经更多的用于环境问题上。

环境管理的要点：①环境管理服务于社会的环境问题的改善；②领导的作用；③全员参与环境管理工作；④实施过程控制；⑤持续改进。

10.2　焊装安全生产

10.2.1　安全法规

法律法规要求，现部分摘录《中华人民共和国安全生产法》：

第十四条　加工、制造业等生产单位的其他从业人员，在上岗前必须经过厂(矿)、车间(工段、区、队)、班组三级安全培训教育。

第十五条　生产经营单位新上岗的从业人员，岗前培训时间不得少于 24 学时。

第二十一条　生产经营单位应当对从业人员进行安全生产教育和培训，保证从业人员具备必要的安全生产知识，熟悉有关的安全生产规章制度和安全操作规程，掌握本岗位的安全操作技能。未经安全生产教育和培训合格的从业人员，不得上岗作业。

第二十二条　生产经营单位采用新工艺、新技术、新材料或者使用新设备，必须了解、掌握其安全技术特性，采取有效的安全防护措施，并对从业人员进行专门的安全生产教育和培训。

第五十条　从业人员应当接受安全生产教育和培训，掌握本职工作所需的安全生产知识，提高安全生产技能，增强事故预防和应急处理的能力。

10.2.2　焊装车间概况

焊装车间对劳动者的健康和劳动能力产生有害作用的因素：

焊装车间是四大工艺车间之一，主要进行整车焊接和装配，出品为车身。整个焊装车间有车身线、地板线、装配调整线、门盖、侧围、前纵梁、前地板、后地板等，还有空中输送线。焊装车间的主要特点是工艺先进，单体设备多，生产线自动化程度高，安全生产环境复杂。

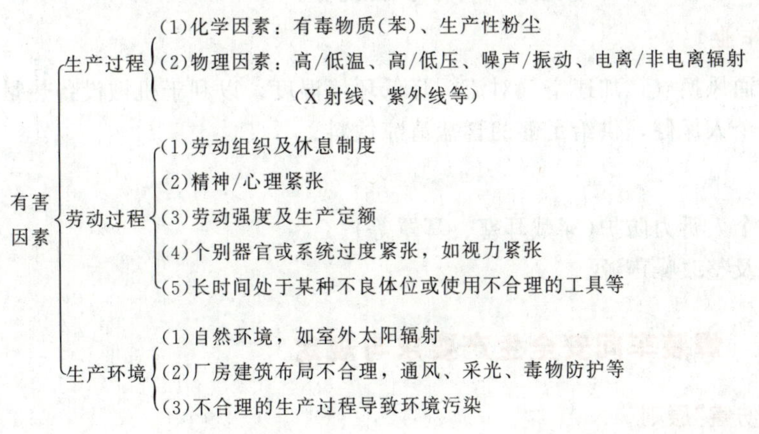

10.2.3 焊装车间容易受到的伤害类型及预防

1. 被工件割伤

正确拿取工件，穿戴劳动保护用品(如防割手套等)。

2. 车辆(牵引车、叉车等)伤害

(1)遵守各项交通规则。

(2)厂内机动车辆(牵引车、叉车等)等特种作业人员，应经职业培训，持特种作业操作证上岗操作。

(3)行人要走指定通道，过交叉路口时要进行指差确认，确认后方可前行或转弯，并注意通道警示标志。

3. 飞溅灼伤

(1)操作方法正确。

(2)穿戴个人劳动保护用品(如长袖工作服、手套等)。

4. 弧光灼伤

(1)使用专门的防护面具及防护眼镜。

(2)穿戴个人劳动保护用品(如长袖工作服、手套等)。

5. 设备(夹具、焊机)夹伤

(1)确认安全装置的有效性或合理增加安全装置。

(2)按作业要领书、手顺书作业。

6. 生产性毒物

操作人员必须遵守工作守则，正确佩戴防毒口罩、手套、护目镜等，清洗手时尽可能使用消毒液，以免过量有毒物质侵入，引发急性或慢性中毒。

7. 粉尘

遵守工作守则，正确佩戴防护口罩、护目镜等。

8. 高温作业

(1)加强通风换气，加速空气对流，降低环境温度，以利于机械设备热量的散发。

(2)加强个人保健，供给足够的含盐清凉饮料。

9. 噪声

(1)加强个人听力防护(穿戴耳塞、耳罩等)。

(2)控制及整改噪声源。

10.2.4 焊装车间安全生产要求与规定

1."三不伤害"原则

(1)不伤害自己。

(2)不伤害别人。

(3)不被别人伤害。

2."三不违章"原则

(1)不违章操作。

(2)不违章指挥。

(3)不违反劳动纪律。

3. 安全事故"四不放过"原则

(1)事故原因分析不清不放过。

(2)没有防范措施不放过。

(3)事故责任者和员工没有受到教育不放过。

(4)事故责任人没有受到处理不放过。

4. 工程项目"三同时"原则

进行新建、改建、扩建、技术改造和引进的工程项目，其劳动安全卫生设施必须与主体工程同时设计、同时施工、同时验收及投产使用。

5. 安全工作"五同时"原则

公司领导或管理者在计划、布置、检查、总结、评比生产的同时，要计划、布置、检查、总结、评比安全。

6. 焊装安全生产要求

(1)员工进入现场，必须按规定穿戴好劳动保护用品(工作服、劳保鞋、安全帽、防护眼镜等)。

(2)车间内禁止穿露趾、拖鞋和高跟鞋。禁止在车间内追逐、喧哗、打闹或做与本人工作无关的事情。

(3)凡运转的机械设备，不准跨越及触及运转部位。

(4)严禁在没有挂安全锁的情况下进入机器人范围作业，当设备异常时，按照停止、呼叫、等待的步骤行动。

(5)行人要走指定通道，过交叉路口时要进行指差确认，确认后方可前行或转弯，注意通道警示标志，严禁贪图方便跨越危险区，严禁攀登吊运中的物件，以及在吊物、吊臂下通过和停留，严禁从行驶中的机动车辆爬上、跳下、抛卸物品。

(6)做好现场 4S，保证生产作业环境区、车间、库房安全通道畅通。现场物料堆放整齐、稳妥、不超高，及时清除工作场地散落的尘、废料和工业垃圾。

(7)对易燃易爆、有毒有害和腐蚀性等物品，必须分类妥善存放，并设专人管理，易燃易爆等危险场所，严禁烟火和明火作业。

(8)严禁在没有许可证的情况下操作机器人、驾驶车辆等。

(9)严格交接班制度，重大隐患必须记入值班记录，下班前必须断开电源、气源，熄灭火种，检查清理场地。

(10)发生工伤事故或设备事故，应及时制止事故扩大，并进行抢救或抢修，同时立即报告领导和安全部门。

(11)在非常规作业、示教作业时，必须有监视人员，严禁单人独做。

(12)焊枪的电极修磨和更换作业时，严禁在控制电源未关闭的情况下进行电极对合的加压确认，不得将手伸入动作部位。

(13)高空作业(>2 m)情况下，必须确保有安全带及使用稳固、防滑的阶梯。

(14)严禁在设备自动或调试运转中将手伸入设备的运动范围；设备由于过载而发生故障时，严禁在设备运动方向的前后站立，也不得让别人站立。

(15)移动部品台车时，双手不得放在台车的外边。

(16)严禁进入升降机的动作区域。

(17)使用氧乙炔焊时，不得在乙炔未装回火防止器和在氧气、乙炔瓶未分放隔离的情况下使用。

10.2.5 焊装车间劳动保护用品

1. 使用劳动保护用品的目的

生产过程中存在的各种危险和有害因素，会伤害劳动者的身体，损害健康，甚至危及生命。劳动保护用品(劳保用品)就是在劳动过程中为防御物理、化学、生物等有害因素伤害人体而穿戴和配备的各种物品的总称。

劳保用品的目的：保护作业者的身体健康与安全。

劳保用品的选用原则：根据作业的危险性、有害性和作业场所的防护要求，正确选择性能符合要求的劳保用品(切忌凭借个人主观意识不戴或错戴劳保用品)。

2. 焊装劳保用品种类

头部防护——安全帽；呼吸防护——防尘(毒)口罩；眼睛防护——防护眼镜(防飞溅)；手的防护——防护手套(棉制且防割)；脚的防护——劳保鞋；防护服装——长袖工作服(棉制)；防坠落护具——安全带；听力保护——耳塞、耳罩。

10.2.6 异常情况处置

异常：在作业中出现不正常情况，不能按规定作业的各种情况(如滑倒、被物品击伤等)。

出现异常时，应立即联络上级领导：

(1)停止：把作业、机械、设备停下来。

(2)呼叫：立即向上级领导报告。

(3)等待：在安全场所等待有资格人员前来处理和上级领导的进一步指示，并防止他人误入造成二次伤害。

10.3 汽车焊装车间设备的节能改造

中国汽车工业伴随着中国经济的平稳快速发展，连续多年保持高速增长，已成为中国的支柱产业。同时，汽车制造业是消耗大量水、电、气等能源的产业，实现绿色可持续发展是建设现代汽车制造业的需要。

只有坚持在节能环保道路上持续创新和变革，加速推进以节能降耗为重点的设备更新和技术改造，加快淘汰高耗能、高污染的工艺、设备和产品，才能使汽车制造企业实现持续性发展，不断提高经济效益，在激烈的市场竞争中立于不败之地。

焊装车间常用的节能措施如下：

一、技术改造节能措施

针对车身焊装车间，可有以下几个方面的节能降耗手段。

1. 车间照明系统节能

对于照明系统的选用选择，应根据视觉要求、作业性质及环境条件，选取合适的照度，采取适当的亮度分布及照明的均匀性，减少不必要的阴影，使视觉空间清晰；正确地选用光源和灯具，限制眩光，提高灯光下作业、活动安全性；要求无频闪，用以减少烦躁和不安；合理选用光源，以减少光热和紫外线照射对人和物体产生的不利影响；处理好光色与显色性指数的选择，使其协调和谐，为工作、生活创造有利的辨色环境，以创造使人工作、活动感到轻松、舒适、美丽的光环境。

涉及焊装车间照明系统，在保证操作者焊接作业面视觉要求，不降低照明质量的前提下，宜采用节能型光源，力求减少照明系统中光能的损失，从而最大限度地利用光能。

目前焊装车间普遍采用 400 W 金属卤化物灯，由于车间厂房面积大，每个车间照明动辄数百台，双班生产时每天开启时间长达 20 h，而且白天生产时，如果充分利用自然光，根本不需要采用如此高照度的灯具就可满足操作者视觉要求。粗略计算，每年仅车间照明一项就耗电约 40 万 kW・h，造成能源的较大浪费。该类灯具亮度高，显色性好，但除了功耗过大外，还有起动时间长，寿命较短，维修费用高等缺点。如采用节能型灯具，据可统计数据分析，在同样满足光线照度要求的情况下，耗电量能节约 40%以上。高频率节能灯具价格经济，使用寿命长达 8 000 h。

对于生产操作人员，应严格执行车间照明系统管理制度，做到下班后、上班前时间段，生产间隙时间段关闭照明；走廊及楼梯间照明采用供电、声控、红外等职能化的自动控制系统，以达到节约照明用电和延长照明产品寿命的目的。

由于车间白班生产期间，尤其阳光照射充足时，可以充分利用自然光的照度，因此各个班组生产区域照明灯可分组循环开启或部分开启。可对现有照明线路进行改造，减少单个开关控制照明灯的数量，实施分片、分区域控制，达到充分节能降耗的目的。

2. 减小焊机空载消耗节能

焊机是焊接车间的主要耗电设备，焊装车间拥有焊机数百台，且焊机本身容量较大。

电焊机的原理构造及焊接过程造成空载消耗电能的情况必然存在。由于焊接工种的特点，电焊机经常处于空载状态。空载状态时，电焊机的功率因数非常低(低于 0.3，标准为 0.85 以上)，大大降低了有功电能的利用率，造成大量的无功损耗；空载时即使再好再新的电焊机仍然有电流流过(5～15 A)，这部分电能没有做任何有效功而被浪费(一台电焊机空载平均 1 h 耗电 3～5 kW・h)。同时，电焊机空载时输出较高的空载电压 60～70 V(36 V 以下为国际公认的安全电压，无触电危险)，给操作工带来极大的安全隐患。

因此，焊机有必要加装空载自停装置，其作用是在焊接停止时，自动切断焊机电源，使焊机停焊时不再消耗电能。

目前市场上普遍采用的电焊机空载节电器主要由电信号自动检测电路、微处理控制电路、交流控制电路等组成。自动检测电路会适时地监视电焊机的工作状态，根据电焊机的工作状态，控制器将及时地自动切换电源；当要焊接时，只需按正常焊接操作，焊条和焊件短接(如像操作工人习惯焊接前刨一下引弧)，微处理器在 20 ms 内输出接通电源指令，使焊机进入正常工作状态。当电焊机连续工作时，微处理器将输出连续供电指令，使电焊机保持连续工作电压；当停止焊接时，监视电路将把数据送到微处理器，微处理器通过运算后输出停止供电指令，控制器将适时断开工作电源，从而实现智能化、人性化节约用电的目的。

电焊机空载节电器能适时控制电焊机的用电状态，在电焊机停止焊接时，控制器自动断开电源，使电焊机处在休眠状态，无电能消耗；当需要焊接时，控制器将自动激活电焊机，使电焊机处在工作电压下正常使用。不仅节约有功电能，还使无功损耗降低为零，提高了电网功率因数，节电效果非常显著。在空载状态下电焊机二次输出电压仅 5 V，可确保操作人员的安全。

在电焊机运行过程中，空载时让其自动停止供电，减少功率损耗，提高功率因数。一般情况下，交流电焊机空载有功损耗占其容量的 10%～25%，无功损耗占容量的 8%～9%，空载功率因数为 0.1%～0.3%。如果采用空载停电的自控方式，就可大大减少功率损耗，提高功率因数，大大提高了电源的利用率。

因此，在焊装车间大力推广应用空载自停节电装置对电焊机空载损耗的降低具有重要意义。

3. 冷却循环水水泵加装变频器

众所周知，电阻焊因为焊接电流大，温度高，所以必须对焊钳进行冷却。冷却循环水系统是确保焊装车间焊接设备正常运行的关键。目前焊装车间冷却循环水系统采用的是集中供水闭路循环的方式，专门修建了冷却循环水水泵房。冷却循环水水泵电动机为恒功率运行，采用直接起动方式，易对供电电网以及电动机控制系统造成较大的冲击，造成电动机、接触器等元器件损坏。如果不采用变频器，就无法根据随时变化的冷却水流量需求调整水循环压力，故造成了水循环压力过大，对水循环设备及管道易造成损害，并且造成能源浪费。

某公司焊装车间现有 75 kW 循环冷却水泵 2 台，一投一备，使用时水压高达 0.5 MPa 以上，该公司悬挂式焊机等设备要求冷却水压为 0.3 MPa 以下。这不但造成了严重的电能浪费，还经常出现水管破裂、枪头漏水等故障，降低生产效率，增加维修费用。

公司通过增加一台 75 kW 的变频器来调节水泵转速，使水压自动恒定为 0.3 MPa。当水泵转速从 n 降到 n' 时，流量 Q、水压 H、轴功率 P 的变化关系如下：$Q'=Q(n'/n)$，$H'=H(n'/n)^2$，$P'=P(n'/n)^3$。当电动机频率降低为 40 Hz 时，转速降低为原来的 80%，压力降低为原来的 64%[0.5×64%=0.32(MPa)]，功率降低为原来的 51.2%，节电效果可达到 48.8%左右。公司开两班生产，一年节约电费 17 万元以上(75×16×365×0.8×48.8%=170 995.2)。

节能不但利国利民，而且增加企业经济效益；水泵速度降下来以后对电动机轴承和水

泵的磨损都会降低，大大减少水管破裂、枪头漏水等故障，降低设备维修率，延长设备使用寿命；自动恒压，定时运行，减小人工工作强度，提高生产效率。而且变频起动为软起动、对电动机、电网、管网的冲击都会变小，一举多得。

二、能源管理节能措施

(1)完善能源管理体系，建立工厂、车间、班组三级能源管理网络，建立严格的节能管理制度和有效的激励机制，鼓励员工持续开展节能改善。

(2)加强能源计量管理，完善能源计量网络，特别是三级计量工作，为能耗统计分析提供基础，建立能源消耗实时监控系统。

(3)加大现场检查与考核力度，消除能源使用过程中的浪费，车间内杜绝跑、冒、滴、漏现象。

(4)注重节能管理与 TPM 相结合，提高设备综合利用率。设备及生产管理人员在生产过程中充分考虑提高设备负荷率，在产量低的情况下，合理组织安排生产，取得较好的经济效益和节能效果。

(5)加强对员工培训和做好节能降耗宣传工作，提高员工节能意识。

企业的节能是一项系统工程，应该从增强员工的节能意识入手。深入宣传教育，从根本上加强对节能重要性的认识。只有全员的节能意识提高了，通过管理的方法节能才能卓有成效。

能源问题已经上升到国家战略高度，持续的能源价格上涨加剧了汽车制造业成本的压力，能耗水平体现一个企业的产品、工艺先进程度与创新能力，属于企业核心竞争力范畴。

节能降耗是企业的生存之本，忽视节能降耗就会失去立足之基。我们应珍惜一滴水、一度电的价值，这是企业效益的根本所在。公司的每一个员工都应自觉地投入节能降耗活动中去，坚持不懈地做好节约能源的工作，树立一种“点点滴滴降成本，分分秒秒增效益”的节能意识，以最好的管理来实现节能效益的最大化。

本章小结

1. 现场管理是生产第一线的综合管理，现场管理的三大工具：标准化、目视化、管理看板。

2. 作业标准书是指导现场作业的重要工具，也是作业标准化的依据。

3. 现场管理有一个最重要的方面：6S 管理(整理、整顿、清扫、清洁、安全、素养)。

4. 焊装车间容易受到的伤害类型及预防。

5. 焊装车间安全生产原则：“三不伤害”原则、“三不违章”原则、安全事故“四不放过”原则等。

6. 劳保用品的种类与选用。

7. 异常情况处理措施：停止、呼叫、等待等。

8. 焊装生产车间节能减排措施。

思考与练习

一、想一想

1. 企业管理的好坏与企业的效益有关吗？
2. 6S 管理最先由哪个国家提出？你所知道的有哪些单位实行 6S 管理？
3. 在日常生活中有哪些不安全因素？在工厂里你觉得又有哪些危险源？
4. 你知道的安全自救的方法和设备有哪些？

二、做一做

1. 现场管理是如何定义的？优秀现场的管理有哪些标准和要求？
2. 现场管理有哪三大工具？并简述各工具所包括的内容。
3. 6S 管理包括哪 6 个方面？并简述各方面内容。
4. 质量管理体系中需要遵循哪“三不原则”？环境管理体系的要点又有哪些？
5. 焊装车间容易受到的伤害类型有哪些？并简述其预防措施。
6. “三不伤害”原则、“三不违章”原则分别指什么？
7. 常用焊装劳动保护用品有哪些？
8. 焊装车间所采用的节能措施通常有哪些？

夏立：一丝一毫提升“中国精度”

第11章 汽车车身焊装质量控制

学习目标

- 掌握车身质量管理控制指标及检测方法。
- 学会识别钣金件外部常见的缺陷。
- 了解车身间隙、面差对整车质量的影响。
- 学会分析导致车辆异响的原因及解决办法。

11.1 焊装车身质量管理控制

车身制造有传统四大工艺——冲压、焊装、涂装、总装，其中焊装工艺起着决定性作用：①决定车身的外轮廓及装配精度；②决定和影响车身的刚度及安全性；③决定车身的内部空间、承载能力及舒适性；④决定和影响车身自重及燃油经济性。

汽车车身是由冲压成形的板料通过装配和焊接形成的车身壳体。衡量和考核汽车车身焊装质量的性能指标主要有以下 3 项：焊点强度质量、几何尺寸精度和焊装车身外观。下面分别讲述这 3 项指标的管理控制(管控)方法。

11.1.1 焊点强度质量

1. 焊点强度质量水平

采用焊点强度质量水平(NQST)来衡量和控制汽车车身焊点强度质量，是汽车公司焊接质量保证的一个显著特点。

NQST 为法语 Niveau Qualite Soudure de Tenue 的缩写，意为车身焊点强度质量水平，其主要通过质保部剖检室对车身焊点的破坏性检查来评价和判断整个车身的焊接强度。

NQST 值＝缺陷焊点数/总焊点数×100％

此处焊点缺陷包括焊点虚焊、弱焊、漏焊、错位、烧穿等。

目前 NQST 的概念已经在整个汽车行业中被广泛运用，在合理的质量成本下，将 NQST 值控制在目标值之内。随着产品质量的改进和顾客要求的不断提高，NQST 值也不断调整和降低，使得原本模糊的车体焊接质量控制得到了很好的改善，具有了明确的量化考核指标，能够更清楚、更直观地反映车体焊接质量状况。

2. 焊点位置及尺寸要求

在进行破坏性检查之前，对焊点的位置及尺寸(包括焊点间距、焊点边距、焊点直径和允许缺陷焊点数量)进行检查。对不符合要求的焊点进行记录，并要求提交整改措施报告。

3. 焊点外观质量

焊点外观缺陷包括焊点变形、焊点压痕过深、过烧/烧穿、未焊透和飞溅等方面。为便于管理，通常把车身按重要度等级的不同分为外 1 区、外 2 区、内 1 区、内 2 区 4 个区域，根据焊点在车身所处的区域确定焊点外观质量等级。整车焊点外观等级分为 3 级，每级允许存在的焊点外观缺陷的性质和数量均有不同的规定。用焊点外观扣分来衡量车身焊点外观质量水平。

4. 车身焊点质量保证

(1) 车身焊点质量检查。为了真实反映车身的焊接质量现状和改善焊接质量水平，实行三级检查原则，由焊装车间、焊装质检和质保部共同实施。作为生产主体和质量控制的具体部门，焊装车间对焊接质量负有直接责任；作为质量保证部门，焊装质检对保证焊接质量负有检查、监督的职责；由质保部拉力试验室负责车身焊接质量信息的分析、整理，焊接质量问题预防、改进等事宜。

(2) 车身焊点质量三级检查。三级检查内容如下：

一级检查：由焊装车间操作工执行，主要是进行目视检查，检查焊点外观(焊点压痕、焊点变形、过烧/烧穿、毛刺和飞溅)及焊点强度(用扁铲、铁锤对焊点进行半破坏检查)。

二级检查：由焊装车间内专职质量检查员执行，主要是进行非破坏性检查，目前逐步使用超声波焊点检测仪检查焊点外观质量和焊点虚实。

三级检查：在质保部拉力试验室，由专职质量检查员用液压扩力钳将车身的所有焊点全部破坏，检查焊点强度质量。

一、二级检查由焊装车间执行，三级检查由质保部执行，质保部拉力试验室负责检查结果的处理、解释，工艺参数调整和焊接质量的改进工作，同时负责依据目前的产量、质量水平和质量状况制订体现抽检频次的监控计划。

发现不合格焊点(焊点不符合某项质量要求)后，相关部门马上填写焊点缺陷反馈卡，及时汇总到质保部。由质保部对焊点缺陷进行整理、分析、改进，防止类似缺陷的再次发生；并根据焊点检查结果，计算出焊点强度水平，整理出 NQST 报告，发送到相关职能

部门进行分析改进。

通过建立和实施质量保证体系(前期焊接质量策划和后期焊接质量保证)，会使车身焊接质量不断提高，为汽车取得良好的安全性能奠定坚实的技术基础。

11.1.2　几何尺寸精度

车身尺寸精度是保证整车零部件装配精度的基础。车身的制造是由数百个具有复杂空间曲面的薄板冲压零件通过由数十个工位组成的生产线，其特点是大批量、快节奏，零件装配的定位、夹紧点在 1 000 个以上，焊点多达 4 000～5 000 个。车身的制造过程复杂，影响因素众多，整车的制造尺寸精度取决于各方面因素的综合作用。

一、影响因素

车身装配关系树层层拓扑的复杂结构决定了误差产生的多因素性和来源的多样性。就制造过程而言，主要包含工装夹具、零件偏差、操作过程以及测量过程等几个方面。

1. 工装夹具

工装夹具是车身各零件定位和装配的载体。车身主要由薄板冲压件组成，“321”定位原理在车身焊接夹具设计中已不适用，其第一基面上的定位点数目应大于 3。定位效果不仅取决于定位点的数目，还取决于定位点的布置形式。

工装夹具的保证能力是有效控制车身尺寸稳定性的关键。在车身制造过程中，工装夹具的材料性能、结构设计以及夹具与零件的匹配情况等，都将影响到工装夹具长期使用的尺寸精度保证能力。在车身生产过程中，基于冲压件尺寸相对于设计尺寸的偏差，会导致工装夹具与零件间产生不同程度的应力集中，长期作用将导致夹具变形和失效，保证能力降低。我们应对工装夹具进行持续状态监控、潜在失效源排除，及时对故障工装夹具进行维护，消除其失效造成的尺寸偏差。

2. 零件偏差

零件偏差主要出现在冲压阶段，冲压件尺寸偏差造成车身装焊时处于非自然状态，是造成尺寸偏差的另一个原因。多数情况下，由于零件之间匹配不良，虽然在夹具较大的压紧力作用下强行匹配并点焊在一起，但由于产生了较大的强制变形，增加了车身尺寸的不确定性，产生了尺寸偏差。

零件变形是引起尺寸偏差的又一因素，主要问题出现在零件的包装和运输过程。部分变形情况无法目测识别，即使修复后也无法完全恢复至设计尺寸，造成车身尺寸偏差，应结合零件的特点合理设计包装形式和运输方式，消除此类零件偏差。

3. 操作过程

装焊过程因素是车身尺寸偏差的主要影响因素，主要包括零件装配、夹具开合以及焊接过程等几方面的顺序和手法(非自动化生产线)。在非自动化制造中，操作过程标准化是控制过程偏差的有效手段，实施标准化操作后，人工操作的不一致、不稳定和不确定性降至最低。

在车身焊接过程中，合理设计/优化操作顺序对车身尺寸的精度控制是必要的，操作顺序设计不当会引起零件尺寸偏差和变形。在某车型投产初期，车身顶盖前、后横梁的 Z 向尺寸波动较大。分析发现，顶盖横梁的内外板匹配面共有 64 个焊点，焊接顺序显著影响横梁区域尺寸精度，进而对侧围定位造成影响。对焊接顺序进行优化，尺寸偏差和稳定性得到了有效改善。

在非自动化生产线的制造过程中，操作人员的操作手法也会对车身尺寸产生影响。例如，焊钳电极臂与被焊零件施焊面间角度不垂直，易引起焊点扭曲和焊接变形；焊钳电极臂因角度不当而接触到临近位置的零件边缘，易引起焊接分流和零件变形。在 M 车型车身尺寸监控中曾发现，行李舱开口两侧翻边区域 Z 向定位波动较大。分析表明，焊接过程中焊钳电极臂与零件干涉，导致该区域变形。对电极臂形状进行改进后，定位稳定性得到改善。在工艺规划和优化过程中，应充分考虑焊接设备的可操作性，将人为操作对车身尺寸精度的影响降至最低。

4. 测量过程

测量过程对尺寸精度的影响是独立于其他几种基本因素综合作用的加工过程的。车身尺寸偏差情况需要通过测量过程得到验证，正确的测量是尺寸精度改进的第一步。对于车身尺寸的相关检测，在测量系统使用前和使用过程中必要时，需要进行测量系统分析(MSA)和改进(如需要)，以确保测量数据的准确性。

在车身生产体系中，依据测量精度、应用位置和操作便捷性等方面需求的差异，应用了三坐标测量机、测量尺规和专用检具等测量方法。三坐标测量机是现代汽车制造中普遍使用的车身尺寸测量机构，测量精度较高并且可编程控制，适用于对整车车身、分总成和零件依据测量程序的测量。针对外覆盖件的关键开口区域，使用专用检具进行检测。检具根据外覆盖件的理论尺寸精密加工而成，可随时装配到车身上对尺寸偏差进行检测，获得第一手信息。针对车身上部分关键区域的间隙使用专用测量尺规进行测量，此类尺规为定制的非标准工具，操作简单、高效。

二、控制方法

1. 基于测量的尺寸精度控制

从本质上看，提高制造过程的基础是工序控制。首先，要对制造过程进行尺寸数据的检测采样。因为尺寸数据的跟踪是实现整车装配过程监控的基础，所以检测方法决定了车身装配过程监控的精确性和有效性。三坐标测量是检测车身零件、分总成和车身骨架的重要手段，凭借其较高的精度和柔性，其已成为国内外汽车制造厂的重要检测设备。图 11-1 所示为在白车身焊装生产线当中采用三坐标测量机进行实时检测。

(1)基准点。在三坐标测量机的机床坐标系下，根据整车设计基准和基准点的实测坐标值建立整车坐标系，通常以车身前轮轴线的铅垂面作为 X 源平面，车身左右对称面的铅垂面作为 Y 源平面，轮轴线所构成的水平面作为 Z 源平面，三个平面的交点作为车身坐标系的原点，如图 11-2 所示为某车型车身整车坐标系和基准点。为了各零部件的需要，在整车坐标系中，又将车身划分为不同的功能分区，并在各分区建立分坐标系，由分区基准点构造而成，如车门坐标系、底板坐标系等。

图 11-1

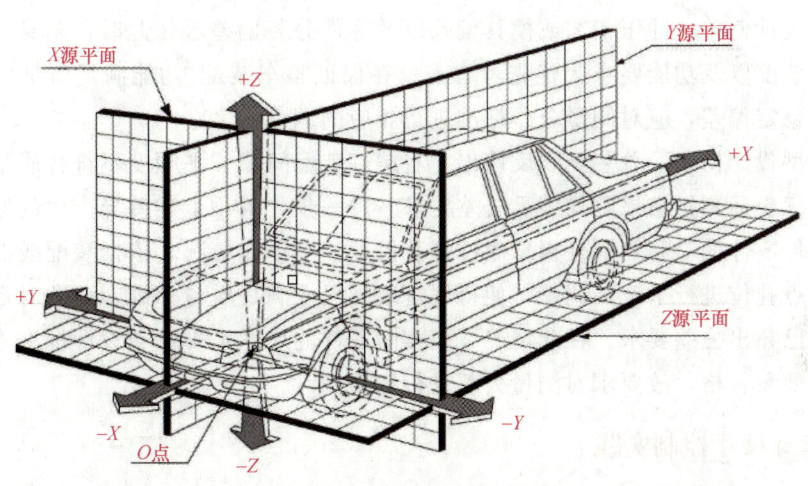

图 11-2

(2)绝对尺寸。在整车坐标系下，对根据设计要求定义的测量点测量其在整车坐标系下的坐标值偏差，称为绝对尺寸。绝对尺寸反映了整车尺寸精度与设计值之间的偏差情况，设计值是指车身设计阶段输出的整车尺寸理论数据，而绝对尺寸则反馈了制造过程中输出的车身产品实际数据。

(3)功能尺寸。在整车装配过程中，还需考虑各零件装配的相对尺寸精度，称为功能尺寸。功能尺寸是为了检验零件、分总成、总成或车身的制造尺寸是否符合产品设计要求，并且保证其下一级装配精度而规定的尺寸，图 11-3 所示为某车型传动轴加强梁区域的功能尺寸(E2/E3/E4)。相关的 4 个加强梁安装点分布在前地板总成(A1/A4)和下纵梁(A2/A3)上。当检测点 A3/A4 偏差值分别为±1.0 mm 时，功能尺寸偏差为 2.0 mm，这样虽然 A3/A4 的绝对尺寸都在公差内，但由于功能尺寸 E4 超差，因此并不能满足后续装配要求。

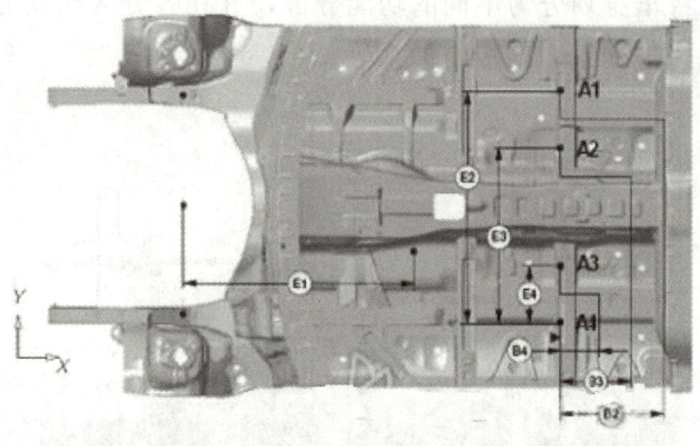

图 11-3

2. 基于装配的尺寸精度控制

在一些情况下，制造过程反馈的装配偏差与三坐标测量结果有所差异。造成此类情况的原因包括设计偏差、冲压工艺或模具偏差以及零件分装偏差等。此时，车身尺寸水平应以满足整车装配以及功能要求为优先考虑点；在保证整车装配/功能满足质量标准的前提下，如果要稳定偏差，应对测量公差标准进行相应的调整。

在某车型投产初期，总装配线反馈出左右尾灯装配间隙、平顺度不符合质量标准要求的情况，而三坐标测量结果则均满足公差要求。进一步分析，上述差异产生的原因为：侧围外板冲压件零件偏差和侧围外板总成件焊装偏差。基于此情况，依据装配线的实际偏差对尾灯定位点孔位进行了工装调整，使得尾灯装配尺寸满足质量标准，而此时定位点孔位测量值偏差已超出公差要求。在此情况下，实际零件的尺寸水平已与设计标准不符，而尾灯装配外观质量合格，故要求对测量公差进行调整。

三、车身尺寸控制实践

车身装焊生产线的投产过程主要包括投产前单车或小批量试生产和投产后量产两个阶段。在此过程中，对冲压件、分总成和车身总成的尺寸精度以及整车的尺寸、装配精度等逐步深入分析，综合考虑各方面因素，对尺寸精度进行持续改进。

在试制阶段，车身尺寸偏差较大，问题集中反馈到试制车身的测量结果上，需要进行逐车测量、逐工序原因分析和停线改进；必要时可对分总成进行逐工序测量，以明确偏差源，此阶段应严格保证冲压件质量、夹具质量和制造测量的统一性。改进范畴主要包括零件状态改进，工装夹具改造、调整以及操作过程优化等。

在量产阶段，基于过程和测量两方面反馈对尺寸偏差进行监控。最常出现的尺寸变化是均值变动、不规则跳动和方差变化，或三者的组合。三坐标检测的主要目的是监控生产状态的稳定性，检测频次由试制阶段的逐车检测改为定频抽检。尺寸偏差产生时，应首先判定偏差点类别和分布位置，确定偏差产生的根源。

此后，采用PDCA流程对尺寸偏差进行闭环控制，即制定改进计划(Plan)、执行改进试验(Do)、检查改进效果(Check)以及实施改进措施并跟踪后续反馈(Action)。在改进过程中，如出现改进方案偏差、无效或错误的情况，需要重复执行 P、D 和 C 流程，直至改进试验获得期望效果，方可实施最终改进措施和跟踪反馈(A)。

11.1.3　焊装钣金件缺陷

车身质量缺陷通常从钣金缺陷区域开始进行分析。

一、钣金缺陷区域的划分

一般在外观评审钣金缺陷时，根据其缺陷区域位置的不同将其分为 A 级面、B 级面、C 级面 3 个缺陷区域，按把整体轿车表面按被人发现表面缺陷的程度和影响整车外观质量的形象程度进行划分。

1. A 级面范围

所有直接可见在保险杠之上的外表面，该区域内的缺陷令人非常烦恼；或能直接被人发现的整车外表面缺陷称为 A 级面。

该区的缺陷严重影响整车外观质量。属该区的主要零件有 4 个车门的外板、左右侧围外板、发动机罩外板(前盖)、行李舱盖外板、顶盖及左右前翼子板等。

2. B 级面范围

所有的非直接可见的表面以及保险杠下方的外表面，同时是不能直接被人发现缺陷或需稍加注意才能发现缺陷的整车外表面称为 B 级面。

该区的缺陷对整车的外观质量有较大的影响，如左右侧围的门洞侧表面、中柱的外表面和侧表面、四个车门的内门板的侧表面(装门铰链和门锁的侧面)。

该区域只有开车门时才能看到缺陷，由于表面积窄长，又有加强筋、圆弧棱线，因此表面质量不做重点检查，只检查拉延褶皱、波纹、缩径、裂纹、圆角圆滑过渡、拉毛等缺陷。

3. C 级面范围

所有被其他零件或装饰件覆盖住的整车内外表面以及在车辆使用过程中很少或只是偶尔看到的内外表面，或不被人发现的内外表面都归为 C 级面。

该区的缺陷对整车的外观质量影响较小。该区零件多半属于中小型冲压钣金件，结构形状多数较复杂，是受力或传力件，加强筋横竖布置，材料厚度尺寸也较外表面冲压件厚，所以表面质量，如坑、包、划伤、压痕、拉毛、轻微锈蚀等不做重点检查，C 级面冲压件要求装配精度较高，所以要重点检查形状尺寸、定位孔、装配孔、装配定位面等，要用检具或三向坐标仪检查，当然对裂纹、较大的扭曲、粗大的毛刺等缺陷也不能放过。

二、钣金件缺陷类别

一般在外观评审钣金缺陷时，也可根据其缺陷类型的不同将其分为可视类缺陷和不可视类缺陷。

(1)可视类缺陷：原则上用手可触摸到的，视力可察觉到的表面缺陷，会令人不愉快、不满意的故障缺陷，影响整车和工厂、车间形象，通常会遭到用户或客户的投诉。

(2)不可视类缺陷：此类缺陷是指在目视难以发现或者用手摸也较难确认的情况下，经用油石磨去冲压件表层后才能看到的缺陷。这种缺陷是可以改进的，经过调整模具是可以消除的，但也会引起设计等部门的反馈以及要求较高最终用户的投诉和索赔。为此针对局部有不明显的不可视类缺陷也要有消除计划和措施。

三、焊装生产过程中遇到的钣金缺陷问题

焊装车间在生产过程中每天与工作相关最多的问题就是来件钣金问题，为了有效地处理和维持正常生产，现将在生产过程中经常遇到的钣金问题，按照发生频率进行列举(见图 11-4)。

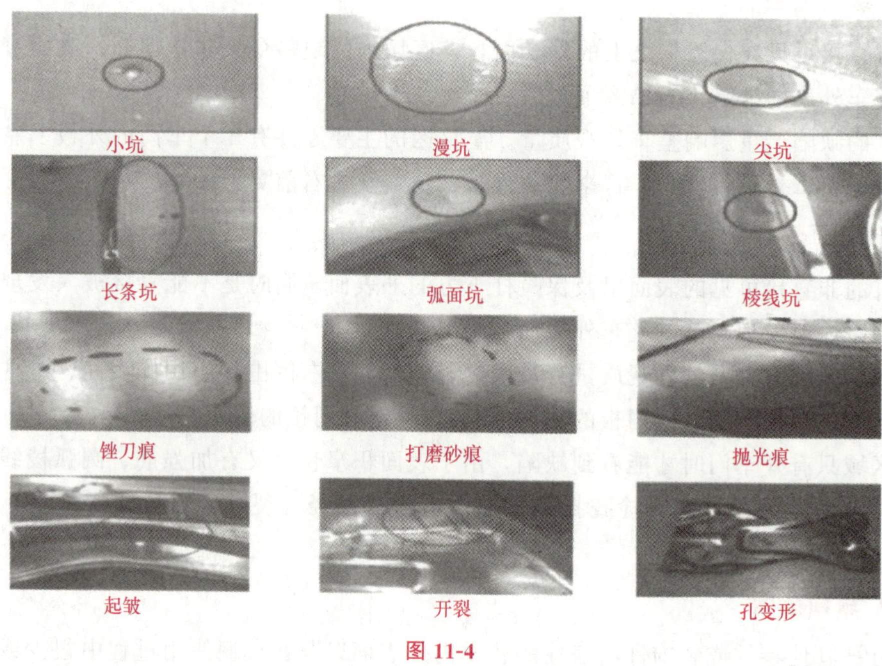

图 11-4

(1)可见表面有较大的凸包和凹坑、暗坑，有较小的包群和麻点群。

(2)拉延产生缩径、压痕、裂缝、断裂。

(3)有锈蚀现象，表面产生锈蚀麻坑，镀锌板产生起层和锌层脱落。

(4)拉延起皱、错位、波浪、波纹、拉毛、划伤。

(5)有拉延台阶和褶纹，拉延深度不够，圆角轮廓不清晰。

(6)材料缺陷，有划痕、结疤伤痕，夹杂、分层、厚薄偏差大，拉延滑移线。

(7)棱线和圆角不圆滑光顺，棱线偏，不清晰。

(8)孔边缘、截面边部不同程度都有毛刺。

(9)其他：零件的形状尺寸、四周轮廓精度、孔径孔位、装配定位面的平度等有缺陷。

以上每种缺陷在焊装生产过程中都不允许存在，生产线若在生产过程中发现，则必须

按照质量问题处理流程进行反馈和如实根据焊装不合格品整改要求进行跟踪整改，并定期对发生的钣金件缺陷问题进行复查。

四、钣金缺陷的检查

当车身钣金问题在生产过程中发生后，为了有效、公正、正确地评审检查钣金零件，在正确处理零件外表面(擦净和清洁)后，根据其缺陷问题的不同，建议用下面其中有效的检查方法进行检查。

1. 辅助高亮度油灯光检查

当外观零件被怀疑有小的凸点、凹坑、折痕，需要检查时可选用束光照射(照度为 2 000 Lx)有凸凹不平处，则光线会有折射。该光照法对冲压件(钣金白件)外表面很少使用，多数用于油漆后的车身检验。另外常用于检查钣金件的是涂抹高度亮光油并在强光(照度为 2 000 Lx)下检查有无凸凹不平处，利用光线折射来判断钣金零件的平整度。

2. 正常目视检查

检查形状、切边、截面和孔毛刺，钻孔、隐伤、圆角、棱线清晰度，折边或翻边处及拉延圆角处是否有缩径、拉毛、裂纹、断裂等缺陷。其检查的方法是必须把被检验的零件放置在适合的支撑架/支撑台上，并且不受外力作用，然后从用户角度出发检验表面缺陷，是全面的表面视觉检查。

3. 手感检查

对于有轻微的坑、包、麻点、波浪、毛刺等视力难以确认的钣金缺陷，采用人工手感来感觉判断。要求：用适合零件触摸的手套(一般用单层白布手套或线手套)，带在左 / 右手上，有条理地触摸零件表面，手指手掌接触表面，来回触摸，摆动距离在 200～400 mm 为宜。要摸全所有的表面和轮廓。

4. 用油石轻磨检查

在生产过程中，有时为了能够明确判断和目视钣金缺陷问题，就需要借助油石来辅助判断，其使用要求是用油石轻磨钣金表面(油石尺寸为 150 mm×20 mm×10 mm)，磨削表面时必须注意，不能对零件施加附加压力，原则上油石的自重已经足够了，轻轻打磨。对于圆角和难以接触的区域，应当使用合适的小油石(如 10 mm×10 mm×100 mm 或 10 mm×15×45 mm 油石)，或使用细砂纸黏合在硬木制成的底座(10 mm×10 mm×100 mm 长方木块)上，细砂纸和油石的粒度在 800＃之上，原则上按纵向打磨，特殊地方也可以横向打磨。

使用油石的检查方法如图 11-5 所示。

5. 使用专用的检具或三坐标仪检查

对于零件的四周外形、轮廓尺寸，孔径孔位精度，装配定位面平度的检查可用专用的检具或三坐标仪来检测检查。

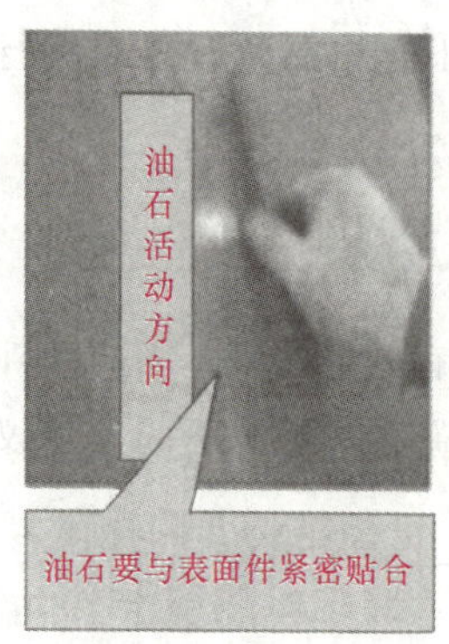

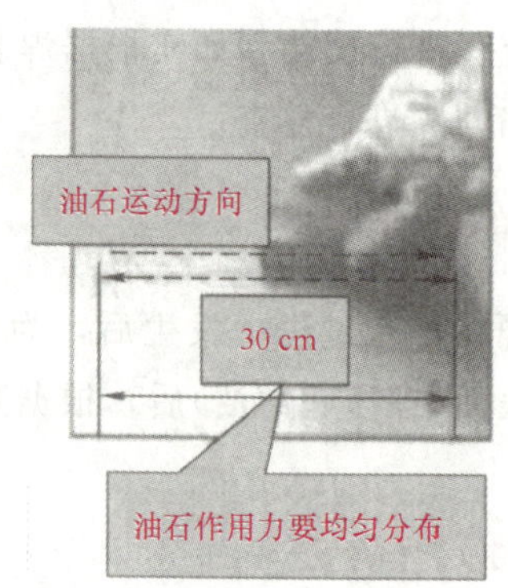

图 11-5

五、钣金外观表面件评审程序与设施

为了能正确、有效地反映出钣金问题，以及钣金问题的跟踪解决落实情况，下面从评审方法、场地及实施做出要求。

1. 评审方法(程序)

为统一产品审核的规范性，统一标准，有必要在先期检查制定统一的产品质量标准模板，在冲压(或供应商)和焊装车间各放置一套，便于日后能够正确地判断检查结果的可比性。当然，摆放的样件为当前生产条件下最好的产品，并列出可能出现的缺陷问题和整改计划。例如，事先制定一个检查记录的表格(见表 11-1)，便于记录缺陷种类、缺陷类别和区域以及其他信息。

表 11-1　冲压(IQ)钣金件不合格品整改措施表

发生日期	零件名称	问题描述	问题位置(图片)	临时措施	永久措施	问题数量	鉴字确认(冲压/焊装)

2. 评审场地及设施

在冲压、焊接车间设有一个固定检查站(包括检具存放区域)，检查站里应有平台及各种常规量具。其中工作平台及钳工平台上的灯光照度不小于 800 Lx，工具包含有计算机一台、150 mm×20 mm×10 mm 的细油石(800＃)，有专用的触摸手套、擦布等，还要有一份评审质量问题表挂在墙上，便于跟踪缺陷问题和回顾。

3. 对评审检查员的要求

行为规定：检查中不可以感情用事，不可以激发缺陷，应当以专业的方式描述 / 评价零件当前的状态 / 缺陷。

专业素质：

(1)具有质量保证方面的实际经验。

(2)具有产品方面的专业知识。

(3)有良好的身体素质(如视力测试)。

(4)能够冷静行事，提出信服的论据。

(5)客观的评价能力。

11.2　整车质量(焊装范围)

11.2.1　间隙和面差

四门两盖(左/右前后门、发动机盖、行李舱盖、翼子板)是汽车车身的外观开启件，在车身制造中所具有的普遍性和工艺上的特殊性越来越引起人们的重视。门、盖装配后要与周围零件保持圆滑过渡(面差)和均匀的装配间隙，以达到良好的互换性。

一、相关知识

由于外观间隙、面差定义没有要遵循的法规，因此定义时相对来说比较自由，间隙的定义主要是考虑美观性和工艺性。

外观间隙值越小，对于工艺保证能力的要求也就越高，质量控制难度也就越大。同时所要求的运动间隙也就越难满足，前、后门之间的运动间隙最小不能小于 2.5 mm。再考虑到制造公差，间隙值不可能太小，只能在满足各方面要求的情况下尽可能小些。

外观是否美观还有一个很主要的衡量指标——均匀度。例如，图 11-6 中的两条线代表前、后门之间的分块线(Parting-line)，定义间隙值时会有一项均匀度(随着公差变化的线性过渡)的概念在里面。

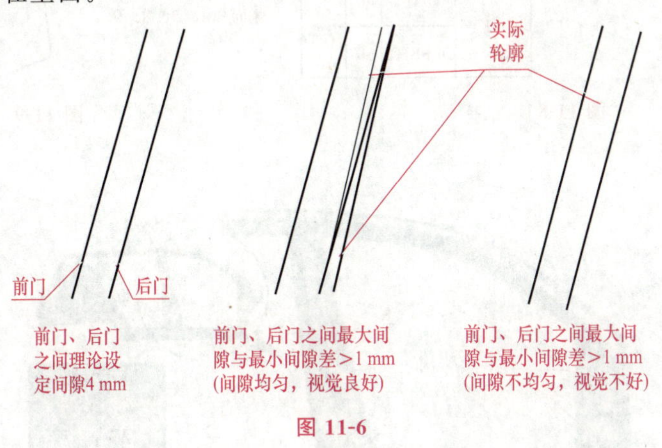

图 11-6

定义面差时主要考虑空气动力学。在确定车身外形之前就要着手车身的空气动力学研究。降低空气阻力的有效措施只能是减小空气阻力系数和车辆的迎风面积。合理定义面差可以减小迎风面积且能够减小气动噪声。

二、零件公差

车身与冲压件的允许公差系统中公差的分类如图 11-7 所示。

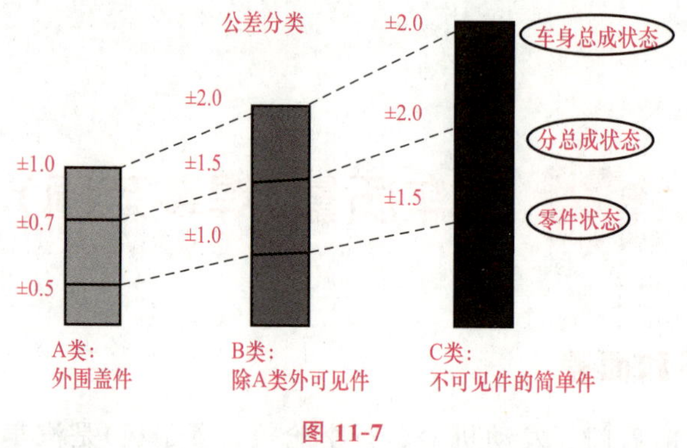

图 11-7

通常汽车车身设定的间隙、面差、运动间隙、门总成公差、车身本体总成公差、前门铰链、后门铰链安装公差分别如图 11-8～图 11-12 所示，运动间隙见表 11-2。

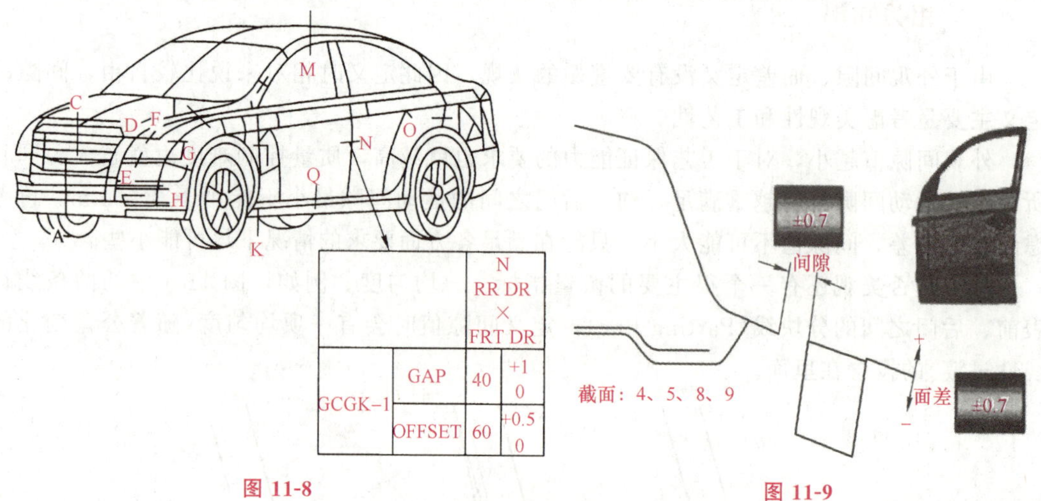

图 11-8　　　　图 11-9

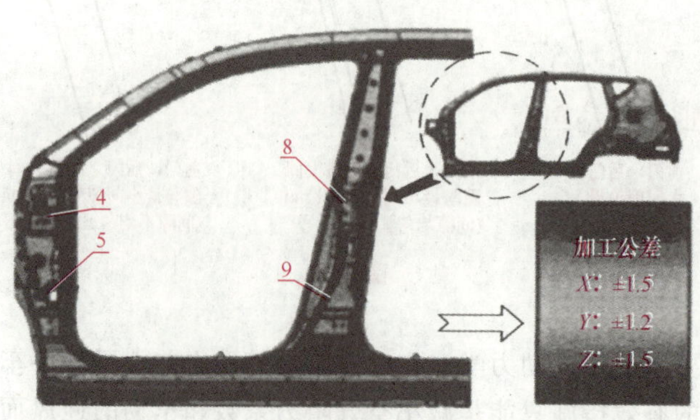

图 11-10

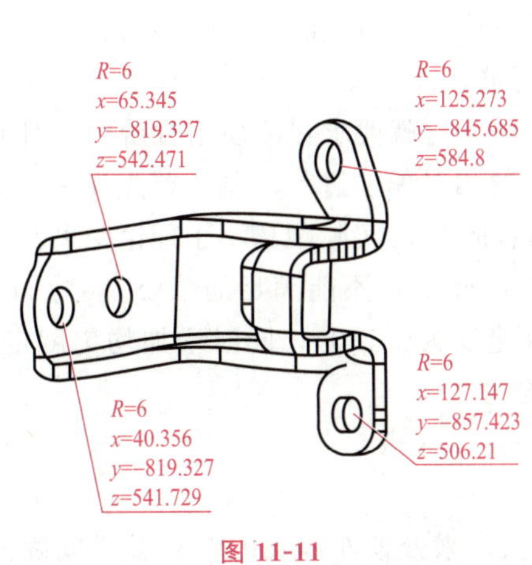

图 11-11

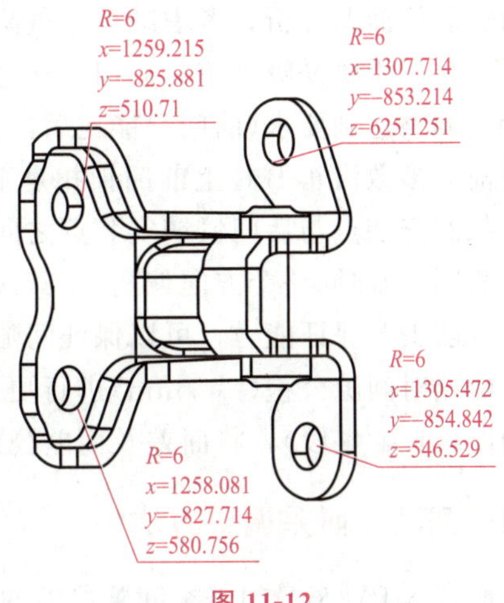

图 11-12

表 11-2　运动间隙

部　位	最小运动间隙设定值
前车门与翼子板	2
前车门与后车门	2
发动机室盖板与翼子板	7
行李舱盖板与侧围	7

具体的间隙、面差如下：

前门上的铰链安装点偏差：±0.7；

后门上的铰链安装点偏差：±0.7；

铰链上安装孔位偏差：±0.5；

M8 螺栓安装余量：0.5；

车体安装点偏差：±1.5；

铰链上的安装孔 ϕ12 可以满足公差要求，对前门安装精度无影响。

铰链上的安装孔 ϕ12 可以满足公差要求，对后门安装精度无影响。

由上面分析可见，只有前、后门外板型面公差对间隙公差产生影响。

结论：前门、后门包边后，外板型面公差(在检具上测量)为±0.7 时，前、后门之间的间隙公差可保证为±1.0 。

$$\sqrt{0.7^2+0.7^2}\approx 1.0$$

三、间隙面差分析

前、后门间隙公称值的分析原则：在考虑间隙公差情况下满足最小运动间隙要求。在设定前、后门最小运动间隙为 2 mm，前、后门间隙公差为±1.0 的前提下，公称值为 3 mm。在设计给出的间隙公称值≥3 mm 时，目前工艺可以保证。如果设计给出的间隙公称值<3 mm，则需要讨论工艺能力对间隙公称值及间隙公差的保证能力，寻求有效减少门包边后型面公差的工艺方法，并讨论投资与收益之间的经济关系。

前、后门面差分析，考虑减少空气阻力，前门只能比后门高而不可低。在焊装车间的车身调整线，用磁铁吸合前、后门，使之平齐。在总装车间，前门上安装门锁，侧围上安装锁扣，调整达到要求(前门只能比后门高而不可低，面差$^{+0.5}_{0}$ mm)。

目前大多数汽车B柱上前门锁扣是不可调整的。这就要求在品质培育阶段，对B柱上前门锁扣的安装点与后门铰链安装点之间的Y向的相对偏差进行协调。首先保证两者的Y向偏差相同(即向同一个方向偏离)；其次保证两者的Y向实际距离小于理论距离。

按目前工艺保证能力，可以保证间隙公称值(3 mm)，不能满足间隙公差($^{+1.0}_{0}$ mm)的要求。建议对间隙公差($^{+1.0}_{0}$ mm)进行更改完善(建议为±1.0)，同时增加均匀度定义(建议均匀度≤1.0/整段)，将面差及面差公差设定合理。

四、间隙、面差调整方法

下面就MPV车身门盖类间隙段差的调整方法，来谈谈车身(BIW)门盖类间隙段差控制方法。调整方法主要有两种：一是正向法，利用车门“配重”调整；二是逆向法，利用车门装具调整。本文采用逆向法阐述BIW间隙段差装配调整技术方法。

1. 车身间隙段差问题及原因分析

出现间隙和段差的各个部位如图11-13所示。部位1为前门与滑门窗框处间隙段差；部位2为前后门把手部位发生间隙段差；部位3为滑门C柱段差突出；部位4为前门窗框与顶盖部位发生段差；部位5是中滑门与后轮罩处部位间隙段差；部位6为翼子板与前门棱线部位间隙段差。

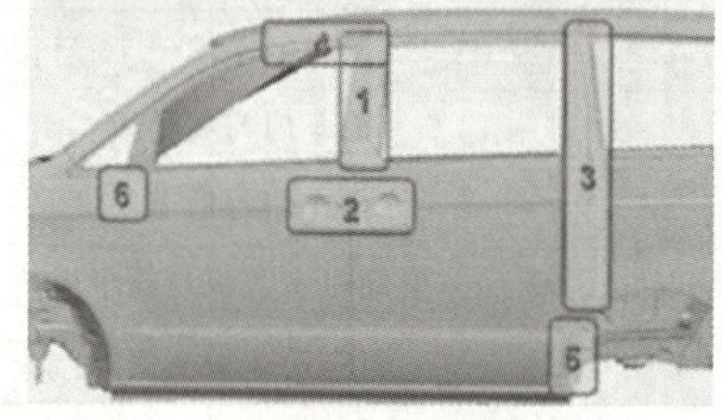

图11-13

出现间隙段差可能产生的机能品质问题如下：

(1)滑门上锁时发生过大负荷，把手可能损坏，车锁磨损量大且可能松旷异响。

(2)滑门运动时发生抖动异响，路上颠簸，车门抖动异响。

(3)前门玻璃运动到窗框处阻力增大，产生异响。

(4)前门内侧关闭车门时安全锁不能锁上。

(5)玻璃槽与车身贴和不良，造成密封性差，噪声大，可能漏雨。

(6)滑门中导槽发生扭曲，造成滑门下垂。

通过分析可知，影响车身外观间隙段差的主要原因是：零件自身精度、车门总成外观尺寸精度、夹具定位精度、车身总成精度以及车门安装孔精度。只要控制好零件精度、车身总成精度，利用有效的车门装配调整方法，就可以消除车身外观间隙段差的问题。

2. 控制间隙段差的有效方法

(1)提高单件、焊接总成精度。利用单件、总成检具对单件、总成件品质进行检测，对主要的定位孔、定位面以及功能面进行精度检测，并对问题点进行管理。利用精度检查表控制制件整改前后的品质管理，并通过试装验证确认整改效果。

(2)提高车门总成系统精度。在车身尺寸固化以后，考虑整改窗框的偏差。制作简易样规，操作方便，节约成本。车门总成检测需要采用三坐标数据的分析或检具应用测量分析系统。

(3)提高车身安装孔精度。数据收集和分析可以确定问题所在，并找出问题出现的根本原因。车身制造系统中，涉及到模具、夹具、冲压件制造公差和焊接变形、车身特殊位置公差配合超标以及制造过程公差的累计，造成车身重要的安装孔、性能孔及功能孔精度差。

(4)利用夹具的可调性控制焊接变形。车门窗框结构复杂，滚压件及制件制造误差、制件匹配间隙大及焊接变形等造成窗框总成扭曲，影响间隙段差。解决此问题除了提高制件精度外，还要充分利用焊接夹具限位功能。

根据制件精度合理设计夹具的限位精度，通过焊接工装的限位功能来防止窗框在焊接过程中的扭曲变形。

总而言之，开发一种新车型，要建立车型制造过程问题失效库，将整改这些问题的思路和方法标准化，作为产品开发经验进行传递，并作为后续车型开发的输入。如此做 PDCA 循环，可提高产品设计质量及产品开发质量，有效避免后期质量问题整改，降低开发成本，缩短开发周期，提高产品质量。

11.2.2　机能品质——异响

汽车异响

汽车车身异响严重影响驾驶的舒适性，破坏驾驶人的心情。并且轿车车身异响声源往往被内外饰件遮蔽，或者存在于车身封闭腔中，给异响声源的查找和返修造成很大困难。对于汽车车身异响问题的解决，目前汽车行业还没有较为系统、全面的方法。本文将从轿车车身异响产生原理、原因分析、解决方法、如何预防等方面全面剖析汽车车身异响问题。

一、汽车车身异响的原理

1. 车身异响的产生、特性及消除方式

声音都是由物体振动产生，正在发声的物体称为声源。声音是以声波的形式传播，通过固体或液体、气体传播形成的运动。汽车行驶时各系统振动、摩擦发出的声音统称为汽车的响声，也可称为噪声，这些响声可分为正常响声和非正常响声，非正常响声即异响。汽车车身异响常出现在扭曲路面、转弯、加速和紧急制动等情况下，由车身结构内钣金振动或滑移摩擦产生。声波振动内耳的听小骨，这些振动被转化为微小的电子脑波，这就是我们觉察到的声音。

从物理学角度来说，声音的消除主要靠“消、隔、吸”，车身异响的消除同样要运用此原理，主要方式有以下几点：①解决钣金振动或滑移摩擦问题，消除异响声源；②通过内外饰包裹或封闭腔阻隔声音传播；③填充海绵、增加吸音垫，削弱声响。考虑整车的可靠性，一般采用消除异响声源的方式解决车身异响问题。

2. 主要异响部位

汽车多为承载式车身，承载式车身的汽车的特点是没有刚性车架，只是加强了车头、侧围车尾、底板等部位，车身和底架共同组成了车身本体的刚性空间结构。承载式车身除了其固有的乘载功能外，还要直接承受各种负荷。这种形式的车身具有较大的抗弯曲和抗扭转的刚度，质量小，高度低，汽车质心低，装配简单，高速行驶稳定性较好。但由于道

路负载会通过悬架装置直接传给车身本体，振动较大，极易产生异响。

根据汽车行驶中的主要受力分布，其异响主要出现在车身的 A 柱、B 柱、C 柱、顶盖等板件搭接较复杂的部位，还有运动件的连接处，如门、发动机盖、后盖铰链连接处。常见的异响产生原因有：加强板与内板干涉、包裹架与轮罩钣金摩擦响、纵梁与底板横梁摩擦响、前中后顶横梁与侧围搭接处摩擦响、门铰链安装板与门内板摩擦响、门限位器安装板响等。

3. 常见异响原因

(1)设计原因：设计间隙小、焊点布置不合理、悬置料边过长等。

1)设计间隙小：车身设计过程中，对于钣金间的结构间隙是有具体要求的，目前国内的制造公差基本为 1 mm，因此考虑加工或生产过程中的公差积累，钣金件结构间隙一般设计为 3 mm 以上，否则汽车在工况负载情况下就极可能会出现干涉或运动异响。面与面配合或线与面配合时，尽量设计成平行状态，如无法避免两个面或线与面的倾斜，在考虑间隙时，必须以最小处间隙为准，一般大于 2.5 mm。

2)焊点布置不合理：焊点布置不合理是造成焊接失效的主要原因。焊点布置在圆角拐弯处或不平整处，由于焊钳在焊接时的压力比较大，因此易在圆角拐角处或不平整的部位产生焊接变形。另外，一般情况下，采用三层板或者三层以上的焊接结构，若没有通过使用工艺缺口以进行二层板焊接来代替三层板，三层板等直径通孔使用 CO_2 塞焊易造成虚焊。

3)悬置料边过长：为了满足车身安全要求，同时降低车重，对于车身工况下应力分布集中部位，设计人员会尽量考虑采用整体多层次构架、局部加强的设计方式。这样就导致车身内外板、各加强板等搭接结构复杂。车身钣金搭接边设计时，易有长距离料边悬置(无任何连接)，长距离料边悬置可能振动异响或与周围结构摩擦异响。图 11-14 和图 11-15所示的设计结构就属于这种情况。

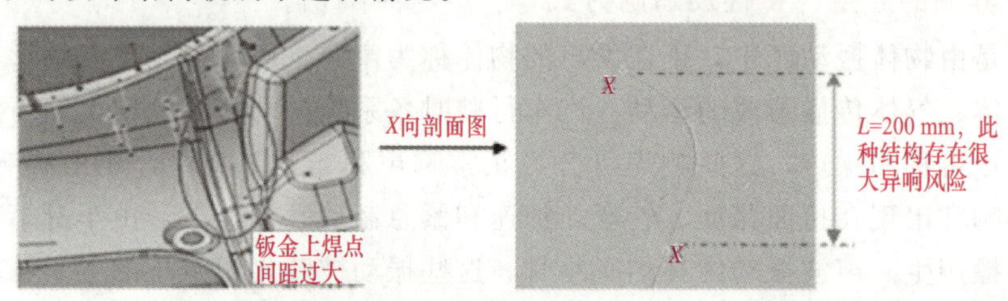

图 11-14

此结构悬臂长达213 mm，尤其是在B柱结构复杂处，是相当容易造成干涉异响的

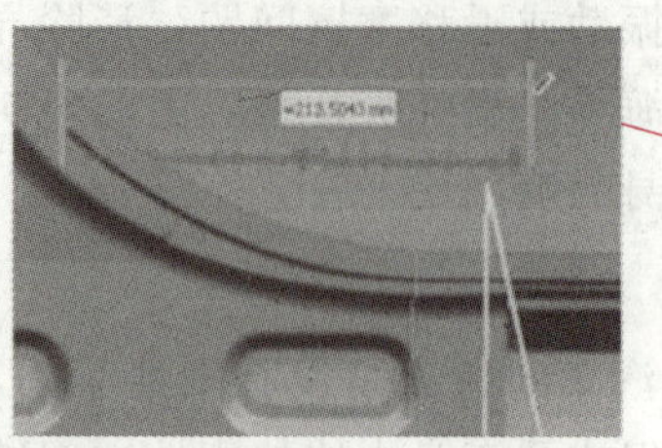

图 11-15

(2)制造原因：冲压件制件不合格、装焊偏差累计等造成的冲焊件尺寸形状偏差问题。

冲压件制件过程中通常存在尺寸毛刺、翻边不到位、回弹变形量等制造缺陷。车身焊接过程中也存在定位销磨损、夹具设计不合理等造成公差累计的不良因素，具体如图 11-16所示。

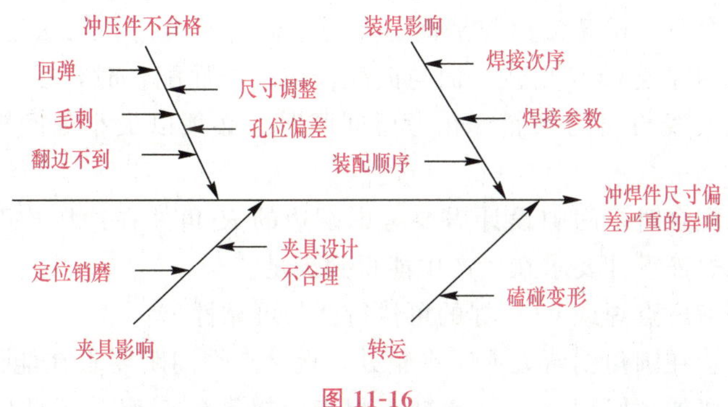

图 11-16

4. 汽车车身异响的现场解决步骤

(1)异响声源的查找。

车身异响声源查找没有系统的方法，较为先进的是利用异响诊断仪等听诊器具(见图 11-17)，直接抵在产生异响的大概部位进行听诊，确定异响声源的具体位置。在没有设备辅助的情况下，主要采用一听、二看、三触摸的方法来查找异响声源。

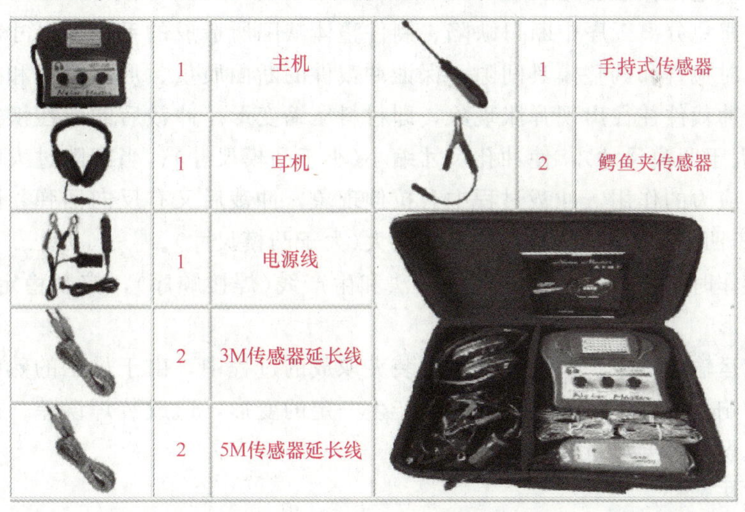

图 11-17

(2)原因验证。

在判断出异响声源大致位置后，需要对该位置区域的装配关系、工艺要求、单件状态、配合公差等进行分析，主要通过以下步骤：数模校核及 CAE 分析，有时可以采用排除法、模拟法进行实验验证。验证方法有两种：一是拉大声源震体的距离，二是让声源震体紧密贴合，通过这两种方法来破坏声源，达到排除或故障重现的目的，以便更直观地找出异响源。

(3)汽车车身异响的解决。

1)完善车身设计：

①A、B、C 柱内板、加强板搭接，钣金结构复杂，车身钣金搭接边设计时，不要有长距离料边悬置(无任何连接)，一般不超过 150 mm。

②车身钣金配合时，避免弧面与平面、点与平面的配合。在无法避免此类的配合时，要考虑设定较大的间隙或 CO_2 工艺。面与面配合或线与面配合时，尽量设计成平行状态。如无法避免两个面或线与面的倾斜，在考虑间隙时，必须以最小处间隙为准，一般大于 2.5 mm。

③缺口与翻边配合时，间隙设计需要考虑翻边的 R 角处在冲压成型的过程中产生凸边或翻边余量，以保证设计要求在生产中能得到满足。

④设计时充分考虑点焊或 CO_2 焊的可执行性与可靠性。

⑤焊点不应布置在圆角拐弯处或不平整处，设计点焊间距要求在能保证连接强度的条件下，焊点间距应以加大好，这不仅能减少焊点，提高生产率，而且也减少点焊时的分流，提高焊接质量。因此在设计时必须选一个适当点距，可参考表 11-3。

表 11-3　点距的选择

一个焊接件的厚度(mm)	0.3	1.0	2.0	3.0	4.0	6.0
焊二层板时最小点距(mm)	12	15	25	30	40	60

2)提高生产过程保证能力。

①冲压件避免分离工序中断口缺陷、制件整体缺陷所造成的毛刺、尺寸超差、位置不准等缺陷；及时检查和调整模具间隙，保证冲裁件的断面质量、形状精度和尺寸精度。当间隙较小时，冲裁件往往出现弹胀现象，即材料压缩变形。冲裁后的弹性恢复使落料件外形尺寸增大(大于凹模尺寸)，使冲孔尺寸缩小(小于凸模尺寸)；当间隙过大时，拉应力的作用又超过压应力的作用，冲裁过程中有拉伸现象，冲裁后又有反向回弹，因而使落料件尺寸缩小(小于凹模尺寸)，使冲孔件尺寸增大(大于凸模尺寸)。

②员工操作时必须执行合理的焊接方法和生产线(焊接顺序)，控制稳定的焊接规范，以减少焊接变形。

③零件在运输过程中，以及在一系列装夹取放的过程中，由于员工的熟练程度、劳动态度方面的影响，都会不可避免地使工件产生一定的变形，造成装焊误差，这种装焊误差一般属于随机误差，要尽量避免。

3)工艺方法弥补。

对于异响问题点的处理只有两种方式，一是将相互干涉、摩擦的钣金进行固定，消除异响源；二是增加异响问题点相互配合的间隙，使其在工况下不至于干涉、摩擦产生异响。具体对应以下两类工艺方法：

①增加焊点、涂点焊密封胶或填充隔振胶。

②合理加大配合间隙。

4)新工艺、新技术的应用。

①激光拼焊板技术：激光拼焊板是将几块不同材质、不同厚度、不同涂层的钢材焊接成一块整体板。激光拼焊板的应用将减少结构件数量，提高制件质量，避免复杂结构下，

钣金公差累计造成的钣金干涉、摩擦异响(见图 11-18)。

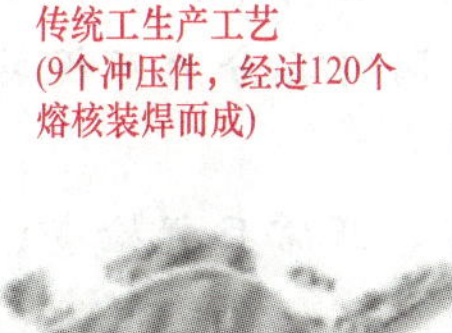

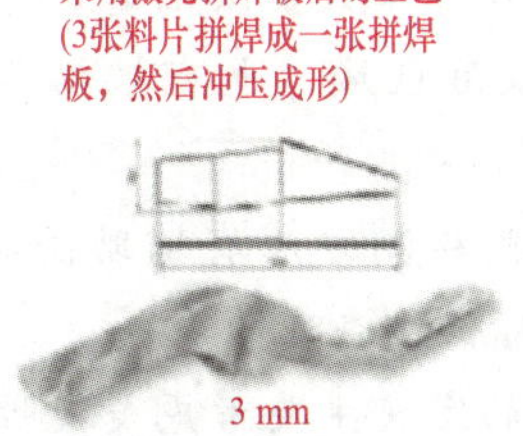

图 11-18

②热成型技术：热成型技术是将原材料加热到再结晶温度以上某一适当温度，使板料在奥氏体状态成型。热成型材料可以优化集成，并且没有回弹，可广泛用于车身的 A、B、C 柱等处，如图 11-19 所示。

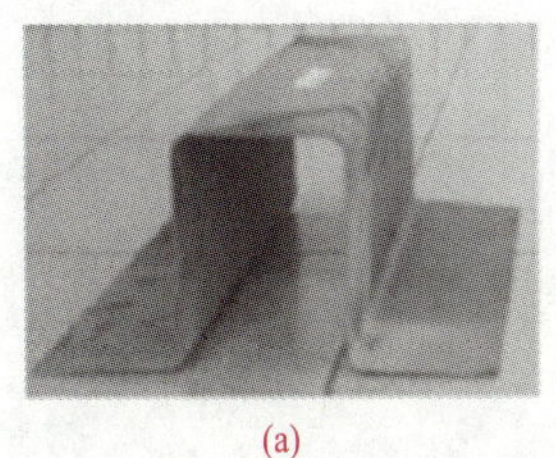

(a)

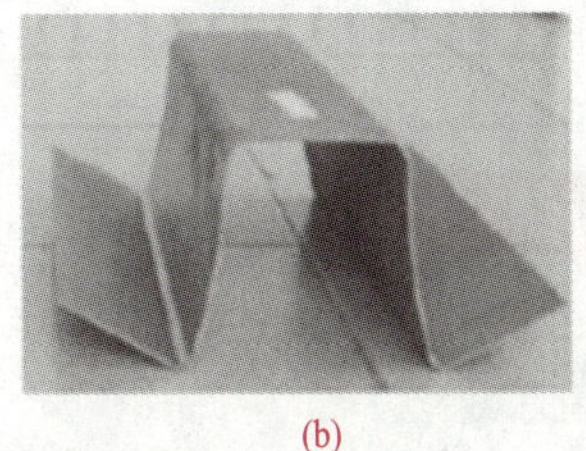

(b)

图 11-19

(a)热冲压成型件；(b)冷冲压成型件

③机器人焊接技术：机器人焊接是一种稳定、高效的车身焊接和控制方法，能够对各关键点的焊接和尺寸提供有效保证，提高车身各结构的稳定性，减少焊接过程公差累计。

④车身结构模块化：车身结构模块化能够简化车身设计结构，降低工艺要求，提高配合精度。

车身异响涉及的因素非常多，在问题处理过程中难度系数大，很多异响问题只能做到具体问题具体分析，更值得关注的是，在预防车身异响方面目前还没有一套完善的检测方法，只能等到问题发生后再去寻求问题产生的原因。在工作中，设计人员及现场技术人员需要不断地总结归纳，把经验进行沉淀，并实现经验共享。在调试、生产等一系列环节和过程中都必须进行综合的控制，这样异响问题才能得到改善，整车质量才能彻底得到提升。

本章小结

1. 衡量和考核汽车车身焊装质量的性能指标，主要有 3 项：焊点强度质量、几何尺寸精度和焊装车身外观。

2. 采用焊点强度质量水平(NQST)来衡量和控制汽车车身点焊强度质量，NQST(焊点质量水平)值＝缺陷焊点数/总焊点数×100％。

3. 在车身生产体系中，几何尺寸精确度检测通常采用三坐标测量机、测量尺规和专用检具等量具进行。

4. 一般在外观评审钣金缺陷时，根据其缺陷区域位置的不同将其分为 A 级面、B 级面、C 级面 3 个缺陷区域。也有根据其缺陷类型的不同将其分为可视类缺陷和不可视类缺陷。

5. 钣金件缺陷检测方法有辅助高亮度油灯光检查、正常目视检查、手感检查以及专用的检具或三坐标仪检查。

6. 车身间隙的定义主要考虑美观性和工艺性，定义面差时主要考虑空气动力学。

7. 汽车行驶时各系统振动、摩擦发出的声音统称为汽车的响声，也可称为噪声，这些响声可分为正常响声和非正常响声，非正常响声即异响。

8. 异响的消除主要方式有以下几点：①解决钣金振动或滑移摩擦问题，消除异响声源；②通过内外饰包裹或封闭腔阻隔声音传播；③填充海绵、增加吸音垫，削弱声响。考虑整车的可靠性，一般采用消除异响声源的方式解决车身异响问题。

思考与练习

一、想一想

1. 你所知道的焊接质量检验方法有哪些？
2. 焊接缺陷常见的有哪些？
3. 汽车车身异响是什么原因造成的？
4. 从质量方面来讲，你看重车身的哪些方面？

二、做一做

1. 车身制造包括哪四大传统工艺？其中焊装工艺起到什么作用？
2. 衡量和考核汽车车身焊装质量的性能指标有哪三项？
3. 简述车身焊点质量三级检查的内容。
4. 影响车身几何精度的因素有哪些？
5. 钣金件常见的缺陷问题有哪些？
6. 车身四门两盖间隙的大小对装配有何影响？
7. 试指出车身异响产生的原因有哪些？并指出解决的途径。
8. 车身主要异响部位有哪些？

细节、技术控
——杨金龙

第 12 章

汽车焊接常识

学习目标

- 了解焊条的组成及分类。
- 掌握焊条牌号与型号的区别，并能列举常见焊条的牌号。
- 了解焊条的使用性能及保管措施。
- 学会根据不同的材料、不同的场合选择相应的焊条。
- 了解铝件、铸件的焊接方法。
- 了解汽车高强度钢板的种类及焊接方法。
- 了解焊工技能培训标准。

12.1 焊条常识

一、焊条的组成及其作用

涂有药皮的供弧焊用的熔化电极称为电焊条，简称焊条。焊条由焊芯和药皮（涂层）组成。通常焊条引弧端有倒角，药皮被除去一部分，露出焊芯端头，有的焊条引弧端涂有引弧剂，使引弧更容易。在靠近夹持端的药皮上印有焊条牌号。

焊条中被药皮包覆的金属芯称为焊芯。焊条电弧焊时，焊芯与焊件之间产生电弧并熔化为焊缝的填充金属。焊芯既是电极，又是填充金属。按照国家标准 GB/T 1495.7—1999《焊接用钢丝》和 GB/T 17854—1999《埋弧焊用不锈钢焊丝和焊剂》的规定，用于焊芯的专用的金属丝(称焊丝)分为碳素结构钢、低合金结构钢和不锈钢 3 类。焊芯的成分将直接影响熔敷金属的成分和性能，各类焊条所用的焊芯(钢丝)如表 12-1 所示。

表 12-1 各类焊条所用的焊芯(钢丝)

焊条种类	所用焊芯
低碳钢焊条	低碳钢焊芯（H08A 等）
低合金高强钢焊条	低碳钢或低合金钢焊芯
低合金耐热钢焊条	低碳钢或低合金钢焊芯
不锈钢焊条	不锈钢或低碳钢焊芯
堆焊用焊条	低碳钢或合金钢焊芯
铸铁焊条	低碳钢、铸铁、非铁合金焊芯
有色金属焊条	有色金属焊芯

涂敷在焊芯表面的有效成分称为药皮，也称涂层。焊条药皮是矿石粉末、铁合金粉、有机物和化工制品等原料按一定比例配制后压涂在焊芯表面上的一层涂料。其作用如下：

(1)机械保护。焊条药皮熔化或分解后产生气体和熔渣，隔绝空气，防止熔滴和熔池金属与空气接触。熔渣凝固后的渣壳覆盖在焊缝表面，可防止高温的焊缝金属被氧化和氮化，并可减慢焊缝金属的冷却速度。

(2)冶金处理。通过熔渣和铁合金进行脱氧、去硫、去磷、去氢和渗合金等焊接冶金反应，可去除有害元素，增添有用元素，使焊缝具备良好的力学性能。

(3)改善焊接工艺性能。药皮可保证电弧容易引燃并稳定地连续燃烧；同时减少飞溅，改善熔滴过渡和焊缝成形等。

(4)满足某些专用焊条的特殊功能。例如，铁粉焊条药皮内含较多的铁粉，增加了焊条的熔敷系数，提高了焊接生产率。

二、焊条分类、型号和牌号

焊条种类繁多，国产焊条约有 300 多种。在同一类型焊条中，根据不同特性分成不同的型号。某一型号的焊条可能有一个或几个品种。同一型号的焊条在不同的焊条制造厂往往可有不同的牌号。

1. 焊条分类

焊条的分类方法很多，从不同的角度的分类如表 12-2 所示，现在通常采用按焊条用途分类的方法。

表 12-2 焊条的分类

分类方法	类别名称	电源种类	特征字母及表示法
按药皮成分分类	特殊型	不规定	
	氧化钛型	交、直流	
	钛钙型	交、直流	
	钛铁矿型	交、直流	
	氧化铁型	交、直流	
	纤维素型	交、直流	
	低氢钾型	交、直流	
	低氢钠型	直流	
	石墨型	交、直流	
	盐基型	直流	

续表

分类方法	类别名称	电源种类	特征字母及表示法
按熔渣酸碱性分类	酸性焊条		
	碱性焊条		
按焊条用途分类	结构钢焊条		J×××
	钼和铬钼耐热钢焊条		R×××
	不锈钢焊条		G××× A×××
	堆焊焊条		D×××
	低温钢焊条		W×××
	铸铁焊条		Z×××
	镍和镍合金焊条		Ni×××
	铜和铜合金焊条		T×××
	铝和铝合金焊条		L×××
	特殊用途焊条		TS×××
按焊条性能分类	超低氢焊条		
	低尘低毒焊条		
	立向下焊条		
	底层焊条		
	铁粉高效焊条		
	抗潮焊条		
	水下焊条		
	重力焊条		
	躺焊焊条		

2. 焊条的型号和牌号

焊条通常用型号和牌号来反映其主要性能特点及类别。

焊条型号是以焊条国家标准为依据，反映焊条主要特性的一种表示方法。

焊条牌号是根据焊条的主要用途及性能特点，对焊条产品的具体命名，由焊条厂家制定。我国焊条行业采用统一牌号：属于同一药皮类型、符合相同焊条型号、性能相似的产品统一命名为一个牌号，如 J422、J507。

需要注意的是，不管是焊条厂自定的牌号，还是全国焊接材料行业统一牌号，都必须在产品样本或标签、质量证明书上注明该产品是“符合国标”、“相当国标”或不加标注(即与国标不符)，以便用户结合产品性能要求，对照标准去选用。

每种焊条产品只有一个牌号，但多种牌号焊条可同时对应一个型号(见表 12-3)，如牌号 J507RH 和 J507R，型号均为 E5015－G。

表 12-3 焊条按牌号和型号分类

<table>
<tr><th>按牌号</th><th>按型号</th></tr>
<tr><td rowspan="2">结构钢焊条</td><td>碳钢</td></tr>
<tr><td rowspan="3">低合金钢焊条</td></tr>
<tr><td>低温钢焊条</td></tr>
<tr><td>钼及铬钼耐热钢焊条</td></tr>
<tr><td>铬不锈钢焊条</td><td rowspan="2">不锈钢焊条</td></tr>
<tr><td>铬镍奥氏体不锈钢焊条</td></tr>
</table>

(1)焊条型号的表示方法。

1)碳钢焊条。根据 GB/T 5117－2012《碳钢焊条》标准的规定，碳钢焊条型号按熔敷金属的力学性能、药皮类型、焊接位置和焊接电流种类划分。

碳钢焊条型号的编制方法如下：

①首位字母“E”表示焊条。

②前两位数字表示熔敷金属抗拉强度的最小值，单位为 kgf/mm^2。

③第三位数字表示焊条的焊接位置：“0”和“1”表示焊条适用于全位置焊接；“2”表示焊条适用于平焊及平角焊；“4”表示焊条适用于向下立焊。

④第三位和第四位数字组合时表示焊接电流种类及药皮类型。

⑤在第四位数字后面附加字母或数字：“R”表示耐吸潮焊条，“M”表示对吸潮和力学性能有特殊规定的焊条，“－1”表示冲击性能有特殊规定的焊条。

举例：

E4303：43 kgf/mm^2；全位置；钛钙型；交直流两用。

E5018－1 ：50 kgf/mm^2；全位置；铁粉低氢型；交流或直流反接；－46 ℃低温冲击保证值 。

2)低合金钢焊条。根据 GB/T 5118－2012《低合金钢焊条》标准的规定，低合金钢焊条型号按熔敷金属的力学性能、化学成分、药皮类型、焊接位置和焊接电流种类划分。

低合金钢焊条型号的编制方法如下：

①首位字母“E”表示焊条，后面四位数字所表示含义与碳钢焊条一样。

②后缀字母为熔敷金属的化学成分分类代号，并以短画“－”与前面分开。若还具有附加化学成分时，附加化学成分直接用元素符号表示，并以短画“－”与前面后缀字母分开。

举例：

E5015－G(J507RH、J507R 等)：50 kgf/mm^2(490 MPa)；低氢钠型；高韧性(低温冲击保证值)；直流反接；全位置焊接 。

E5515－B2－V(R317)：低氢钠型；1Cr－0.5Mo－V；540 MPa，常温冲击保证值；直流反接；全位置焊接。

3)不锈钢焊条。根据 GB/T 983－2012《不锈钢焊条》标准的规定，不锈钢焊条型号按熔敷金属的化学成分、药皮类型、焊接位置和焊接电流种类划分。

不锈钢焊条型号的编制方法如下：

①首位字母“E”表示焊条。

②“E”后面的数字表示熔敷金属化学成分分类代号，如有特殊要求的化学成分，该化学成分用元素符号表示，放在数字的后面。

③短画“－”后面的两位数字表示药皮类型、焊接位置及焊接电流种类。“15”表示碱性、钛型或钛钙型药皮，全位置焊接，交流或直流反接；“16”表示碱性药皮、全位置焊接、直流反接；“17”是“16”的变型。

不锈钢焊条型号与美国、日本等工业发达国家的不锈钢焊条型号相同。

举例：

E308L－16(A002)：钛钙型；超低碳(C≤0.04%)；公称成分 00－19Cr－10Ni；交流或直流反接(尽可能采用直流电源)；全位置焊接。

E316－15(A207)：碱性；低碳(C≤0.08%)；熔敷金属公称成分 0－18Cr－12Ni－2Mo；直流反接；全位置焊接。

存在特殊情况，例如：

E5MoV－15(R507)：低氢钠型；5Cr－0.5Mo－V；520 MPa。

E9Mo－15(R707)：低氢钠型；9Cr－1Mo，590 MPa。

按牌号属于珠光体耐热钢(低合金钢)焊条，按型号属于不锈钢焊条。

(2)焊条牌号的表示方法。焊条牌号通常用一个汉语拼音字母(或汉字)与三位数字表示，如 A302(奥 302)、W607(温 607)，有的焊条牌号在三位数字后面加注后缀字母和/或数字，如 J507RH、A022Mo、J422Fe16。

1)第一位字母：表示焊条种类。

2)前两位数字：表示熔敷金属强度或合金类型。

3)第三位数字：表示药皮类型及电流种类。

4)数字后面的字母和数字：附加合金元素或焊条特性(具有特殊性能和用途)。例如，G——高韧性焊条；R——压力容器用焊条；Fe——高效铁粉焊条：X——向下立焊用焊条；H——超低氢焊条；RH——高韧性超低氢焊。

(3)国内外牌号、型号对比如表 12-4 所示。

表 12-4　国内外牌号、型号对比

焊条类别	国内牌号	国际型号	AWS 型号(美国焊接协会)
碳钢焊条	J422	E4303	
	J506	E5016	E7016
低合金结构钢焊条	J506R	E5016-G	E7016-G
	J506RH	E5016-G	E7016-G
	J607	E6015-D1	E9015-D1
低温钢焊条	W707Ni	E5515-C1	E8015-C1
珠光体耐热钢焊条	R407	E6015-B3	E9015-B3
铬不锈钢焊条	G2007	E410-15	E410-15
铬镍奥氏体不锈钢焊条	A042	E319MoL-16	E309MoL-16
	A022Mo	E317L-16	E317L-16

续表

焊条类别	国内牌号	国际型号	AWS 型号(美国焊接协会)
镍基合金焊条	Ni307B		ENiCrFe-3

12.2 焊条的使用与保管

一、焊条的工艺性能及使用

焊条的使用性能主要包括工艺性能、焊接性能和焊条的效率 3 个方面，在此主要介绍其工艺性能。

焊条的工艺性能——焊条的操作性能，即焊条是否容易地进行焊接作业。

焊条的焊接性能——被焊件是否得到充分的连接(有无焊接缺陷)，以及焊接接头是否满足使用要求(接头的力学性能和耐热、耐蚀等特殊性能)。

焊条的效率——焊接施工中能否使焊接效率提高，人工和材料等费用降低。

1. 焊条的工艺性能

焊条的工艺性能主要体现在以下几个方面：

(1)焊条的稳弧性：电弧在焊接过程中保持稳定、不易晃动和熄灭的特性。焊条的偏心与受潮对稳弧性也有影响。

(2)对各种焊接位置的适用性：焊条对各种空间位置操作的适用性如何，是焊条的一个重要工艺性能。各种牌号的焊条适用的焊接位置一般在焊条说明书中有规定。

(3)焊缝的成形性能：焊缝的几何形状和焊缝的表面质量。

(4)脱渣性：其好坏对焊工的劳动条件、焊接生产率和焊缝质量等都有直接影响。氧化性强的熔渣脱渣性较差，如 J422 比 J426 的脱渣性就好。

(5)焊缝的熔深：在焊条因素中，药皮的组成和厚度是影响焊缝熔深的主要因素。厚药皮焊条的熔深比薄药皮大。厚钢板对接焊时采用熔深较大的焊条可以不开坡口或开小坡口，使生产效率提高。

(6)焊条的熔敷系数：焊接过程中，焊条在单位时间内通过单位焊接电流熔敷到焊件上的金属量称为熔敷系数(α)。焊条熔敷系数的大小标志着焊接过程中生产率的高低。

(7)焊接飞溅的大小：飞溅大不仅会增加焊后清理的时间，也浪费焊条。焊条的飞溅程度主要与焊条药皮类型有关，焊条药皮受潮，飞溅也增大；也与焊机的性能、极性等因素有关。

2. 焊条的使用

焊条在使用前应检查其是否保管妥善，是否有吸潮变质现象，如果焊条吸潮，但是焊芯不生锈和药皮不变质，焊条重新烘干后可确保原来的性能而不影响使用。

焊条在烘烤时温度时间应遵照焊条说明书的规定，焊条推荐烘烤规范如表 12-5 所示。

烘烤温度过低达不到除去水分的目的；烘烤温度过高，容易引起胶粘剂的分解造成药皮开裂，焊接时产生脱落现象，而且药皮内的合金元素会氧化，影响合金的过渡。

表 12-5　焊条推荐烘烤规范

铬不锈钢和铬镍奥氏体不锈钢焊条	酸性焊条	烘烤 150 ℃/1 h
	碱性焊条	烘烤 250 ℃/1 h
其他类别焊条	酸性焊条	烘烤 150 ℃/1 h
	碱性焊条	烘烤 350 ℃～400 ℃/1 h
	纤维素焊条	烘烤 80 ℃/1.5～2 h

二、焊条的保管

1. 焊条保管的基本原则

(1)焊条的保管要特别注意环境湿度。空气中相对湿度和温度越高，水蒸气分压也就越高，药皮越容易吸湿。当空气中水蒸气分压≤5 mm Hg 时，药皮吸湿量很小，但一般建议空气中的相对湿度低于 60%，并离开地面和墙壁一定距离(约 20 cm)，温度以 10 ℃～25 ℃为宜。

(2)分清焊条型号(牌号)、规格，不能错用。

(3)焊条运输、堆放过程中应注意不要损伤药皮，堆放不要太高。对药皮强度较差的焊条(如高强度焊条、不锈钢焊条、堆焊焊条、铸铁焊条等)更要当心。

2. 焊条受潮后的明显特征

(1)焊条受潮后，药皮的颜色发深，焊条相碰没有清脆的金属声。

(2)有的焊条表面长期受潮甚至反碱出现“白花”。

(3)有些焊条表面虽然没有特殊的变化，但焊接时电弧强，飞溅增多。

3. 受潮焊条对焊接工艺性能的影响

(1)电弧强烈，燃烧不稳定。

(2)飞溅多，颗粒大。

(3)熔深大，容易产生咬边。

(4)熔渣覆盖不均匀，焊波粗糙，造成压坑。

(5)熔渣清除困难，低氢型焊条的熔渣表面气孔多。

4. 受潮焊条对焊接质量的影响

(1)产生焊接裂纹和气孔。焊条受潮吸收的水分在焊接电弧热的作用下，变成气体，分解出氢，致使形成焊接裂纹和气孔，碱性焊条尤甚。焊条包装时用聚乙烯塑料袋封口，但不能保证长期的彻底防潮。

(2)力学性能各项指标偏低。

5. 现场检查焊条受潮情况常见的简易方法

(1)检查焊条的包装情况，包装破损，焊条吸潮肯定严重。

(2)检查焊条制造日期，制造后长期存放的焊条表面容易出现白霉状的斑痕。

(3)取一根焊条微弯 10°～15°，如果弯曲时发出明显的脆裂声音，则说明焊条比较干燥。

(4)观察焊芯端部表面，看是否有锈迹。

(5)将焊条接入焊接回路中短路数秒，如果药皮表面有水蒸气出现，则是不干燥的焊条。

(6)取一根焊条直接进行试焊，若是受潮的焊条，在焊接过程中会有药皮爆裂或药皮成块脱落现象，并产生较多的水汽。

6. 焊接材料有效期限的确定

根据 JB 3223—1996《焊接材料质量管理规程》的规定，自生产日期算起按下述方法确定：

(1)焊材质量证明书或说明书推荐的期限。

(2)酸性焊材及防潮包装密封良好的低氢型焊材为两年。

(3)石墨型焊材及其他焊材为一年。

超过上述规定有效期限的焊条、焊剂及药芯焊丝，应按规定复验合格后才能发放使用。

12.3 焊条的选择

焊条的种类繁多，每种焊条均有一定的特性和用途。选用焊条是焊接准备工作中一个很重要的环节。在实际工作中，除了要认真了解各种焊条的成分、性能及用途外，还应根据被焊焊件的状况、施工条件及焊接工艺等综合考虑。选用焊条一般应考虑以下原则。

1. 焊接材料的力学性能和化学成分

(1)对于普通结构钢，通常对焊缝金属与母材等强度有要求，应选用抗拉强度等于或稍高于母材的焊条。

(2)对于合金结构钢，通常要求焊缝金属的主要合金成分与母材金属相同或相近。

(3)在被焊结构刚性大、接头应力高、焊缝容易产生裂纹的情况下，可以考虑选用比母材强度低一级的焊条。

(4)当母材中 C 及 S、P 等元素含量偏高时，焊缝容易产生裂纹，应选用抗裂性能好的低氢型焊条。

2. 焊件的使用性能和工作条件

(1)对承受动载荷和冲击载荷的焊件，除满足强度要求外，还要保证焊缝具有较高的韧性和塑性，应选用塑性和韧性指标较高的低氢型焊条。

(2)接触腐蚀介质的焊件，应根据介质的性质及腐蚀特征，选用相应的不锈钢焊条或其他耐腐蚀焊条。

(3)在高温或低温条件下工作的焊件，应选用相应的耐热钢或低温钢焊条。

3. 焊件的结构特点和受力状态

(1)对结构形状复杂、刚性大及厚度大的焊件，由于焊接过程中产生很大的应力，容易使焊缝产生裂纹，应选用抗裂性能好的低氢型焊条。

(2)对焊接部位难以清理干净的焊件，应选用氧化性强，对铁锈、氧化皮、油污不敏感的酸性焊条。

(3)对受条件限制不能翻转的焊件，有些焊缝处于非平焊位置，应选用全位置焊接的焊条。

4. 施工条件及设备

(1)在没有直流电源，而焊接结构又要求必须使用低氢型焊条的场合，应选用交、直流两用低氢型焊条。

(2)在狭小或通风条件差的场所，应选用酸性焊条或低尘焊条。

5. 改善操作工艺性能

在满足产品性能要求的条件下，尽量选用电弧稳定，飞溅少，焊缝成形均匀整齐，容易脱渣的工艺性能好的酸性焊条。焊条工艺性能要满足施焊操作需要。如在非水平位置施焊时，应选用适于各种位置焊接的焊条。例如，在向下立焊、管道焊接、底层焊接、盖面焊、重力焊时，可选用相应的专用焊条。

6. 合理的经济效益

在满足使用性能和操作工艺性能的条件下，尽量选用成本低、效率高的焊条。对于焊接工作量大的结构，应尽量采用高效率焊条，如铁粉焊条、高效率不锈钢焊条及重力焊条等，以提高焊接生产率。

常用钢材焊条选用见表 12-6 和表 12-7，异种钢材焊条选用见表 12-8。

表 12-6　常用钢材推荐选用的焊条(一)

钢材	手工电弧焊用焊条		埋弧自动焊		气体保护焊	
	应选用焊条	允许代用焊条	应选用焊丝	焊剂	应选用焊丝	保护焊丝
Q235-A，Q235-A·$F_1$10$_1$20$_1$20g，20G，2Cr25	E4303	E5015	H08A	HJ431	H08Mn2SiA	CO_2
	E4315	E5015	H08MnA		H08Mn2SiA H05MnSiAlTiZr	Ar
16 Mn、16 Mng 16 MnR、17	E5003	E5015	H08 MnAH1 0Mn2	HJ431(H08MnA) HJ350　HJ250 (H10Mn2)	H08Mn2SiA	CO_2 Ar
	E5015	E5515-G				
19Mn620MnMo	E5015	—	H08MnMaA	HJ350 HJ250	H08Mn2SiA	CO_2 Ar

续表

钢材	手工电弧焊用焊条		埋弧自动焊		气体保护焊	
	应选用焊条	允许代用焊条	应选用焊丝	焊剂	应选用焊丝	保护焊丝
15MnV	E5003	E5015	H10Mn2 H08MnMoA	HJ431	H08Mn2SiA	CO_2
	E5515-G	—		HJ350 HJ250		Ar
14MnMoVg 18MnMoNb BHW35	E6015-D1	—	H10Mn2NiMoA H08Mn2MoA	HJ350 HJ250	H08Mn2SiMo	CO_2
	E7015-D2	打底焊缝允许 E6015-D1				$Ar+CO_2$
1Cr6SiMo	A507	A312				

表 12-7 常用钢材推荐选用的焊条(二)

钢种	手工电弧焊用焊条	埋弧自动焊		气体保护焊	
		应选用焊丝	焊剂	应选用焊丝	保护气体
12CrMo15CrMo13CrMo44	E5515-B2	H13CrMoA	HJ350	H13CrMoA H05CrMoTiRe	Ar
12CrlMoV	E5515-B2-V	H08CrMoVA	HJ350	H08CrMoVA H05CrMoVTiRe	Ar
12Cr2MoWVTiB(钢 102)	E5515-B3-VWB			H08Cr2MoWVTiB H10Cr2MnMoWVTiB	Ar
12Cr2Mol 10CrMo910	E6015-B3	US-521A	MF2-29	US-521A	Ar
Cr5Mo	E1-5MoV-15	H1Cr5Mo	HJ350		
0Cr13 1Cr13	E1-13-15E0-19-10-16 E0-19-10Nb-16	H0Cr14	HJ260	H0Cr14	Ar
2Cr13	E1-13-15E0-19-10-16 E0-19-10Nb-16	H1Cr17	HJ260	H1Cr17	Ar
0Cr18Ni9 1Cr18Ni9	E0-19-10-16 E0-19-10Nb-16	H0Cr21Ni10 H0Gr20N10Ti H0Gr20Ni10Nb	H260 SJ601	H0Cr21Ni10 H0Cr20Ni10Ti H0Cr20Ni10Nb	Ar
0Cr18Ni9Ti 1Cr18Ni9TI	E0-19-10Nb-16	H0Cr20Ni10Ti H0Cr20Ni10Nb	HJ260 SJ601	H0Cr20Ni10Ti H0Cr20Ni10Nb	Ar

续表

钢种	手工电弧焊用焊条	埋弧自动焊		气体保护焊	
		应选用焊丝	焊剂	应选用焊丝	保护气体
Cr25Ni13	E1-23-13-16				
Cr20Nil4Si2	E1-23-13Mo2-16			H0Cr20Ni14Mo3	
Cr25Ni20	E2-26-21-16				

表 12-8　异种钢材焊接推荐选用的焊条

类　别	接头钢号	焊条型号	对应牌号
碳素钢、 低合金钢 和低合金钢相焊	Q235-A＋Q345(16Mn)	E4303	J422
	20、20R＋16MnR、16MnRC	E4315	J427
	Q235-A＋18MnMONbR	E5015	J507
	16MnR＋1MnMOV 16MnR＋18MnMONbR	E5015	J507
	15MnVR＋20MnMO	E5015	J507
	20MnMO＋18MnMONbR	E5515-G	J557
碳素钢 碳锰低合金钢 和铬钼低合金钢相焊	Q235-A＋15CrMO Q235-A＋1Cr5MO	E4315	J427
	16MnR＋15CrhMo 20、20R、16MnR＋12CrlMoV	E5015	J507
	15MnMo＋12CrMo、15CrMo 15MnMoV＋CrlMOV	E7015-D2	J707
其他钢号与奥氏 体高合金钢相焊	Q235-A、20R、16MnR、 20MnMo＋0Cr18Ni9Ti	E309-16 E309Mo-16	A302 A312
	18MnMoNbR、 15CrMo＋0Cr18Ni9Ti	E310-16 E310-15	A402 A407

注：1. 碳钢包括 Q235-A、20、20g。
2. 低合金钢包括 16Mn、16Mng、16MnR、20MnMo、19Mn6、15MnV、14MnMoV、18MnMoNb、BHW-35。
3. 耐热钢包括 12CrMo、15CrMo、12Cr1MoV、12Cr2MoWVTiB。
4. 奥氏体不锈钢包括 0Cr18Ni9、1Cr18Ni9、0Cr18Ni9Ti、1Cr18Ni9Ti、Cr20Ni14Si2、Cr25Ni13、Cr25Ni20。
5. 铁素体不锈钢包括 0Cr13、1Cr13。
6. 马氏体不锈钢包括 2Cr13、3Cr13、1Cr6Si2Mo

12.4 铝材、铸件的焊接

虽然在汽车上新技术新工艺不断的采用，但是也难以满足客户挑剔的眼光，如油耗、操控的舒适性等，迫使各汽车生产厂家加快进度和力度研究新技术，采用新材料。为了满足轻量化的需求，汽车发动机很多零部件就从传统的铸铁铸钢材料转变为了铝材，车身的部分材料也从钢板变为了铝板，而铝材铸铁相对来讲，在焊接方面比钢材就要困难一些。

一、铝材的焊接

1. 铝及铝合金的焊接特点

(1)铝在空气中及焊接时极易氧化，生成的氧化铝(Al_2O_3)熔点高，非常稳定，不易去除，阻碍母材的熔化和熔合，氧化膜的比例大，不易浮出表面，易生成夹渣、未熔合、未焊透等缺陷。铝材的表面氧化膜和吸附大量的水分，易使焊缝产生气孔。

(2)铝及铝合金的热导率和比热容均约为碳素钢和低合金钢的两倍多。在焊接过程中，大量的热量能被迅速传导到基体金属内部，因而焊接铝及铝合金时，能量除消耗于熔化金属熔池外，还要有更多的热量消耗于金属其他部位。为了获得高质量的焊接接头，应当尽量采用能量集中、功率大的能源，有时也可采用预热等工艺措施。

(3)铝及铝合金的线膨胀系数约为碳素钢和低合金钢的两倍。铝凝固时的体积收缩率较大，焊件的变形和应力较大，因此，需采取预防焊接变形的措施。

(4)铝对光、热的反射能力较强，固、液转态时，没有明显的色泽变化，焊接操作时判断难。高温铝强度很低，支撑熔池困难，容易焊穿。

(5)铝及铝合金在液态能溶解大量的氢，固态几乎不溶解氢。在焊接熔池凝固和快速冷却的过程中，氢来不及逸出，极易形成氢气孔。

(6)合金元素易蒸发、烧损，使焊缝性能下降。

(7)母材基体金属如为变形强化或固熔时效强化时，焊接热使热影响区的强度下降。

(8)铝为面心立方晶格，没有同素异构体，加热与冷却过程中没有相变，焊缝晶粒易粗大，不能通过相变来细化晶粒。

2. 焊接方法

几乎各种焊接方法都可以用于焊接铝及铝合金，但是铝及铝合金对各种焊接方法的适应性不同，各种焊接方法有其各自的应用场合。气焊和焊条电弧焊方法，设备简单、操作方便。气焊可用于对焊接质量要求不高的铝薄板及铸件的补焊。焊条电弧焊可用于铝合金铸件的补焊。惰性气体保护焊(TIG 或 MIG)是应用最广泛的铝及铝合金的焊接方法。铝及铝合金薄板可采用钨极交流氩弧焊或钨极脉冲氩弧焊。铝及铝合金厚板可采用钨极氦弧焊、氩氦混合钨极气体保护焊、熔化极气体保护焊、脉冲熔化极气体保护焊。

3. 焊前准备

(1)焊机和焊丝选择。通常选择氩弧焊机，配以和母材熔点相近的铝制焊丝，如 L109、L209 等。焊工越能限制金属的熔化范围，焊接合金就越容易。通常采用直径 1.2 mm 或者 1.6 mm 的填充焊丝。

(2)焊前清理。铝及铝合金焊接时，焊前应严格清除工件焊口及焊丝表面的氧化膜和油污，清除质量直接影响焊接工艺与接头质量，如焊缝气孔产生的倾向和力学性能等。常采用化学清洗和机械清理两种方法。

1)化学清洗。化学清洗效率高，质量稳定，适用于清理焊丝及尺寸不大、成批生产的工件。可用丙酮、柴油、煤油等有机溶剂表面去油，用 40～70 ℃的 5%～10%的 NaOH 溶液碱洗 3～7 min(纯铝时间稍长，但不超过 20 min)，流动清水冲洗，接着用室温至 60 ℃的 30%的 HNO_3 溶液酸洗 1～3 min，流动清水冲洗，风干或低温干燥。

2)机械清理。在工件尺寸较大、生产周期较长、多层焊或化学清洗后又沾污时，常采用机械清理。先用丙酮、柴油等有机溶剂擦拭表面以除油，随后直接用直径为 0.15～0.2 mm 的铜丝刷或不锈钢丝刷子刷，刷到露出金属光泽为止。

(3)焊前预热。薄、小铝件一般不用预热，厚度 10～15 mm 时可进行焊前预热，根据不同类型的铝合金预热温度为 100 ℃～200 ℃，可用氧-乙炔焰、电炉或喷灯等加热。预热可使焊件减小变形，减少气孔等缺陷。

4. 焊后处理

(1)焊后清理。焊后留在焊缝及附近的残存焊剂和焊渣等会破坏铝表面的钝化膜，有时还会腐蚀铝件，应清理干净。

(2)焊后热处理。精度要求较高的产品需要通过焊后热处理以消除较高的焊接应力，一般焊后不要求热处理。

二、铸件的焊接

1. 铸件的特点

铸件具有很大的设计灵活性，可根据不同的化学成分和组织结构来满足不同的要求；它的使用范围很广，小型钢铸件有可能仅有 10 g，而大型钢铸件可达数吨、几十甚至数百吨；再加上可靠的性能和制造的方便快捷，可在价格和经济方面提高竞争优势。当然它也存在一些不足：铸件含碳量高、杂质多，气孔、裂纹、黏砂等缺陷常见于其表面和内部，并具有塑性低、焊接性差、对冷却速度敏感等特性。

铸铁的上述优点，使得其在汽车制造材料中占有很大的比例。铸铁零件大多是加工精度高的基础零件，如气缸体、气缸盖、变速器壳体等。铸铁零件在制造及使用过程中，有时会用到焊接。铸件焊接后容易出现白口组织和产生裂纹。为改善铸铁零件的焊补质量，可采取以下方法。

2. 铸件的常用焊接方法

(1)热焊法。焊前将零件整体或局部预热到 600 ℃～700 ℃，补焊过程中不低于 400 ℃，焊后缓慢冷却至室温。采用热焊法可有效减小焊接接头的温差，从而减小应力，同时还可以改善铸件的塑性，防止出现白口组织和裂纹。

常用的焊接方法是气焊和焊条电弧焊。气焊常用铸铁气焊丝，如 HS401 或 HS402，配用焊剂 CJ201，以去除氧化物。气焊预热方法适用于补焊中小型薄壁零件。焊条电弧焊选用铸铁芯铸铁焊条 Z248 或钢芯铸铁焊条 Z208，此法主要用于补焊厚度较大(大于 10 mm)的铸铁零件。

1)焊前准备和预热：清除缺陷周围的油污和氧化皮，露出基体的金属光泽；开坡口，一般坡口深度为焊件壁厚的 2/3，角度为 70°～120°；将焊件放入加热炉中缓慢加热至 600 ℃～700 ℃(不可超过 700 ℃)。

2)施焊：采用中性焰或弱碳化焰(施焊过程中不要使铁水流向一侧)，待基体金属熔透后，再熔入焊条金属；发现熔池中出现白亮点时，停止填入焊条金属，加入适量焊剂，用焊条将杂物剔除后再继续施焊；为得到平整的焊缝，焊接后的焊缝应稍高出铸铁件表面，并将溢在焊缝外的熔渣重新熔化，待降温到半熔化状态时，用焊丝沿铸件表面将高出部分刮平。

3)焊后冷却：一般应随炉缓慢冷却至室温(一般需 48h 以上)，也可用石棉布(板)或炭灰覆盖，使焊缝形成均匀的组织，同时防止产生裂纹。

(2)冷焊法。此方法是焊前不对工件进行预热，或预热温度不超过 300 ℃。常用焊条电弧焊进行铸铁冷焊。根据铸铁工件的要求，可选用不同的铸铁焊条，如一般灰铸铁零件非加工面选用 Z100 焊条，高强度灰铸铁及球墨铸铁零件选用 Z116 或 Z117 焊条。

冷焊法的焊接设备为普通的电弧焊设备，焊接工艺如下：

1)焊前准备：清除焊修表面的油污及杂质，使其露出基体的金属光泽。

2)焊接规范的选择：焊条直径由焊接部位的厚度确定，一般应尽量选用小直径的焊条，以减少输入焊件的热量；在保证焊条金属与基体熔合的情况下，焊修电流也应尽量选用小的，以免焊件温度过高产生应力；电弧长度一般是焊条直径的 0.5～1.1 倍，以保证燃烧稳定；如果采用直流电源，则一般选焊件为负极，以免焊件受热，温度过高。

3)操作工艺要求：一般应遵循“先内后外(先孔内，后机体外侧，再后机体上平面)、短段、断续、分散焊、多层多道(第一层焊完后，用砂轮在整个焊缝上磨去一些焊肉，检查确实不存在气孔、裂纹后再焊第二层；每层先从坡口两侧焊起，后焊中间)、小电流、锤击焊缝”的原则。

①将整条焊缝分成若干小段，不可连续施焊，每段长度视焊件厚度而定，一般在 10～50 mm；每段焊完后，应冷却至室温再焊下一段；每个小焊波不要横跨到坡口两侧，这样有利于未焊部分自由收缩，并避免电弧在坡口两侧停留太久。

②焊后金属温度在 800 ℃左右时，应锤击焊缝，使其表面呈麻点状，以松弛焊接应力，清除裂纹和气孔：温度低于 300 ℃时不能再锤击，以免产生冷脆裂纹。

③施焊中以直线画小圈式运条手法为佳，焊缝应与母材呈圆滑过渡，以利于焊缝应力走向。

(3)加热减应焊法。此方法是不事先加热焊件，而在施焊前和施焊中加热焊件的“加热减应区”，使其不阻碍焊缝的收缩，从而减少内应力，避免产生裂纹。

对铸件加热减应区加热的温度选择非常重要，如果选择不当就很难收到预期的加热减应效果。温度过低起不到减低应力的效果；温度过高将使减应区的金属组织发生变化，从而影响减应区的力学性能，甚至有产生铸件变形的危险。所以，加热减应区的加热温度不能随意选择。

对于复杂结构的铸件，加热减应区的温度一般不宜超过 650 ℃。焊前将减应区加热到 400 ℃左右，然后进行焊接，当焊补结束时，迅速加热到 650 ℃左右，利用减应区的塑性变形补偿焊接区的收缩。加热温度可用测温笔测试，也可以凭铸件加热时颜色变化来判断。不同温度情况下铸件颜色见表 12-9。

表 12-9　铸件温度与颜色的关系

温度(℃)	400	600	650	700	750	800	850
颜色	暗褐红	褐红	深红	深樱红	樱红	亮樱红	亮红

在选择焊接方法时应注意以下原则：

(1)针对不同的切削加工性、颜色、强度等选择不同的焊接方法。焊条电弧焊热焊法对于要求质量高、切削加工性好的铸件最适合，焊条电弧焊冷焊法则适宜于机加工的表面及不便于预热的大型铸件。

(2)针对不同的焊件体积、形状、厚度及使用条件等选择不同的焊接方法。对于中小型薄壁零件(如气缸)采用气焊、冷焊、热焊均可，对于较大的零件应采用气焊热焊法。

12.5　汽车高强度钢板的焊接

前面我们已经提到，现代汽车的发展趋势是质轻、节能、环保、安全等。这样，对于汽车使用钢板的要求除传统的结构性能外，还要求满足高强度、高抗凹性、良好的防腐蚀性和焊接性等。为适应这一发展趋势，各种优质钢材相继开发出来，高强度钢就是其中之一。

一、汽车高强度钢板介绍

国际上有关高强度钢的标准极为繁多，本书引用来自中国钢铁研究总院结构材料研究所的统计标准：国际上普遍将屈服强度在 210～550 MPa 的钢板称为高强度钢板，屈服强度大于 550 MPa 的称为超高强度钢板。目前国际上最先进的汽车钢板屈服强度已经可以达到约1 400 MPa，它在车门、侧围、顶盖、底盘、轮毂等地方均有用到，国内某品牌车型在车身上的运用如图 12-1 所示。汽车高强度钢最先由日本人运用到汽车制造上，而后美国、德国、中国等汽车企业及时跟进。汽车高强度钢作为高端钢材，国内仅有宝钢、武钢、鞍钢、首钢、广钢等少数的几家大型钢厂能够生产，上海宝钢产品型号如表 12-10 所示。

国内对汽车用高强度钢板倾向于分为两类：

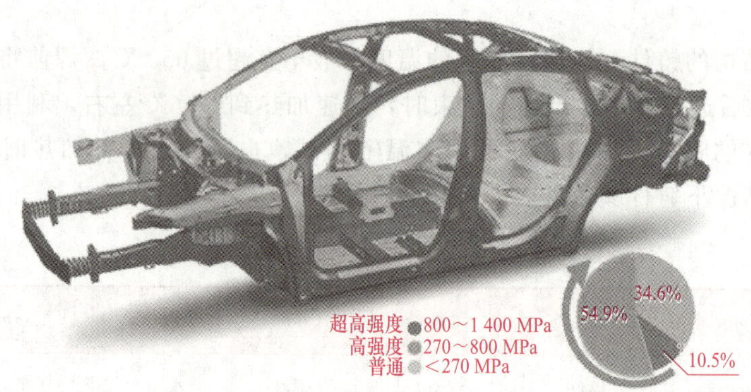

图 12-1

1. 普通高强度钢板

抗拉强度或屈服强度相对较低，或采用传统工艺或传统工艺少许改进即能生产出来高强度钢板，如烘烤硬化钢板、含磷钢板、高强度 IF 钢板以及 HSLA 钢板等。

2. 先进高强度钢板

需要采用先进设备及工艺方法才能生产出来的钢板，如双相钢板(DP 钢板)、复相钢板(CP 钢板)、相变诱发塑性钢板(TRIP 钢板)和马氏体钢板(M 钢板或 Mart 钢板)等。

表 12-10 上海宝钢产品型号

名称	级别	抗拉强度(MPa)									
		340	370	390	440	490	590	780	980	1180	1500
热轧	CMn	—	●	●	●	●	—	—	—	—	—
	HSLA	—	—	●	●	●	●	●	—	—	—
	DP	—	—	—	—	—	●	◉	—	—	—
	TRIR	—	—	—	—	—	◉	◉	—	—	—
	SF	—	—	—	—	◉	●	◉	—	—	—
	CP	—	—	—	—	—	—	●	●	◉	—
	B-gleel	—	—	—	—	—	—	—	—	—	●
冷轧及电镀锌	HSLA	●	—	●	●	●	●	—	—	—	—
	P-added	●	●	●	●	—	—	—	—	—	—
	HSSIF	●	●	●	●	—	—	—	—	—	—
	BH	●	●	●	—	—	—	—	—	—	—
	IS	●	—	●	—	—	—	—	—	—	—
	DP	—	—	—	●	●	●	●	●	●	—
	TRIP	—	—	—	—	—	●	●	●	—	—
	Mart	—	—	—	—	—	—	—	●	●	●
	B-sleel	—	—	—	—	—	—	—	—	—	●

续表

名称	级别	抗拉强度(MPa)									
		340	370	390	440	490	590	780	980	1180	1500
热镀锌	HSLA	●	●	●	●	●	●	—	—	—	—
	P-added	●	●	●	●	—	—	—	—	—	—
	HSSIF	●	●	●	●	—	—	—	—	—	—
	BH	●	●	●	—	—	—	—	—	—	—
	DP	—	—	—	●	●	●	●	●	—	—
	TRIP	—	—	—	—	—	●	●	—	—	—
注：●商业化生产；◉研发中											

二、汽车高强度钢板的焊接

高强度钢板的焊接方法主要有激光焊、CO_2 焊、电阻点焊 3 种方式，在部分场合也用到埋弧焊。在汽车车身焊接中，根据各焊接方法的特点，薄板件采用激光焊、电阻点焊较多，而中厚板件采用 CO_2 焊居多。镀锌钢质量轻、耐腐蚀、强度好，在汽车车身上应用广泛，本节以镀锌钢 DP600 为例进行分析。

1. 激光焊

国内学者研究表明，高强度钢板 DP600 在焊接时通常采用塔接接头，装配时在两板件间加一 25 μm 厚的铝片，运用双束激光焊接，第一束低功率激光束用于镀锌层和铝片的融化与合金，第二束大功率激光束进行焊接。当低功率激光束功率为 2 kW，大功率激光束功率为 4 kW，中间铝片厚度为 25 μm，熔深不小于 1.5 mm，焊接速度为 7 m/min 左右时，配合辅助保护气体，焊接时飞溅少，接头强度高。焊接示意图如图 12-2 所示。

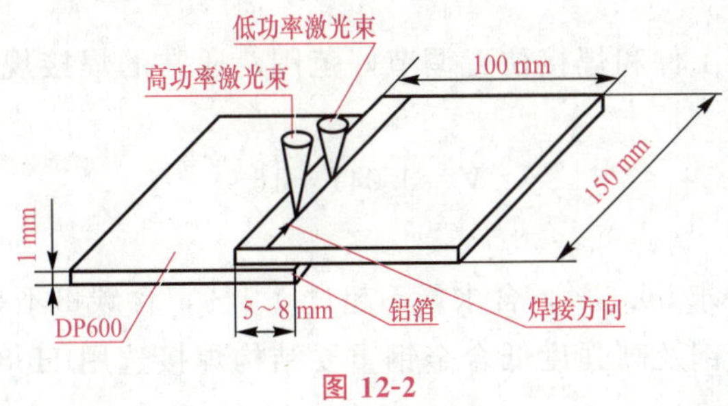

图 12-2

(1)保护气体的选择：在激光焊接中一般采用惰性气体氦气和氩气作为保护气体，其主要作用是使焊缝与空气隔绝，防止工件表面氧化，确保焊缝质量，以及去除焊接过程中产生的对激光能量有吸收和散射作用的锌等离子体。本试验中采用氩气与氦气按照 1∶3～1∶4 的比例混合作为保护气体。

(2)保护气体的吹气方式：保护气体的吹气方式分侧吹和同轴吹两种。同轴吹气能使保护气体更直接地到达焊缝表面，将空气排开，使焊缝完全处于保护气体的保护之中，避免氧化；侧吹气的主要目的是去除焊接过程中因高温产生的等离子体，以免其影响激光能量到达材料表面。

2. CO_2 气体保护焊

汽车车身骨架以及底盘横梁厚度较大尺寸较大，通常采用 CO_2，其过程如下。

(1) 焊接准备：

1)焊接前，接头清洁要求在接头两侧 30 mm 范围内，将影响焊缝质量的毛刺、油污、水锈脏物、氧化皮清洁干净。

2)当施工环境温度低于 0 ℃及结构刚性过大，物件较厚时应采用焊前预热措施，预热温度为 80 ℃～100 ℃，预热范围为板厚的 5 倍，但不小于 100 mm。

3)工件厚度大于 6 mm 时，为确保焊接强度，在板材的对接边缘应采用开切 V 形或 X 形坡口(见图 12-3)。

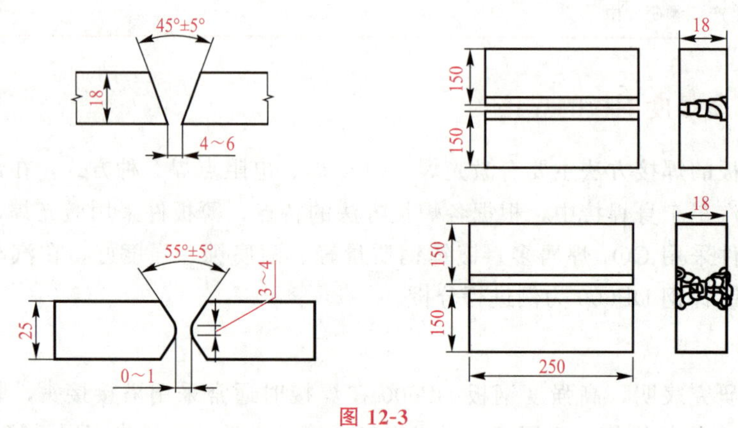

图 12-3

4)焊前应对 CO_2 焊机送丝顺畅情况和气体流量认真进行检查。

5)使用瓶装气体应进行排水提纯处理，同时应检查气体压力，若低于正常工作压力应停止使用。

6)根据不同的焊接工件和焊接位置调节好范围，通常的焊接规范可以用以下公式(允许误差±1.5V)：

$$V=0.04I+16$$

(2)焊接材料：

1)CO_2 气体纯度要求 99.5%，含水量不超过 0.1%，含碳量不超过 0.1%。

2)焊丝牌号：低碳钢及高强度低合金钢重要结构焊接选用 H08Mn2SiA，低碳钢及一般结构焊接选用 H08MnSi。

3)焊丝表面镀铜不允许有锈点存在。

(3) 焊接规范见表 12-11。

表 12-11　焊接规范

板厚(mm)	焊丝直径(mm)	焊接规范电流(A)	电压(V)	气体流量(L/min)
1	0.8	60～80	16～17	10～12
3	1.0	120～150	18～20	10～12

续表

板厚(mm)	焊丝直径(mm)	焊接规范电流(A)	电压(V)	气体流量(L/min)
6	1.0	140～160	21～22	10～12
10	1.2	180～200	23～24	14～18
>20	1.2	210～240	25～28	18～20
10～20	1.2	100～120	20～22	14～18
(适用于立、横、仰焊)				
3～20	1.2	140～170	21～24	14～18
(适用于立向下角焊及立向上角焊)				
注：如使用药芯焊丝，焊接时间可参考此规范				

(4)操作要点：

1)垂直或倾斜位置开坡口的接头必须从下到上焊接，对不开坡口的薄板对接和立角焊可采用向下焊接；平、横、仰对接接头可采用左向焊接法。

2)室外作业在风速大于 1 m/s 时，应采用防风措施。

3)必须根据被焊工件结构，选择合理的焊接顺序。

4)对接两端应设置尺寸合适的引弧和熄弧板。

5)应经常清理软管内的污物及喷嘴的飞溅。

6)有坡口的板缝，尤其是厚板的多道焊缝，焊丝摆动时在坡口两侧应稍作停留，锯齿形运条每层厚度不大于 4 mm，以使焊缝熔合良好。

7)根据焊丝直径正确选择焊丝导电阻，伸出长度一般控制在 10 倍焊丝直径范围以内。

8)送丝软管焊接时必须拉顺，不能盘曲，送丝软管半径不小于 150 mm。施焊前应将送气软管内残存的不纯气体排出。

9)导电嘴磨损后孔径增大，引起焊接不稳定，需重新更换导电嘴。

3. 电阻点焊

高强度钢板焊接时，主要有 3 个方面对其质量影响较大：①强度高，导致塑性温度区间变窄；②焊接时所需压力大，电极磨损破坏严重；③焊接接合面间隙大小。

因此，在焊接选择参数时，需要考虑两个方面：①热影响太大，将导致材料被氧化，因此采用小电流、长时间；②提升焊接压力，减小被焊接材料的间隙，相应地减小电阻。

12.6 汽车焊装技能

本课程要求学生掌握相关理论，更重要的是通过消化理论掌握技能。那么作为焊工应该达到什么标准，怎样提升技能呢？下面列出某汽车制造厂的技能培训标准，仅作参考，见表 12-12～表 12-14。

表 12-12 汽车制造生产线焊装人员技能培训标准(初级)

职业功能	工作内容	技能内容	相关知识
一、工艺准备	(一)识读工艺文件	1. 能读懂本岗位工艺要求、作业指导书内容。 2. 能识别本岗拼装制件	1. 工艺规程基本知识。 2. 简易焊接零件图的识读知识能力
	(二)焊接设备及焊接工装准备	1. 能检查焊接设备的完好性。 2. 按工艺要求检查工装与工艺要求符合性。 3. 能检查焊接仪表的完好性	1. 常用焊接设备的分类及结构。 2. 常用焊接工装的组成和分类。 3. 焊接仪口、仪表的分类及用途
	(三)选用焊接材料和焊接方法	1. 按工艺文件要求选用焊接方法。 2. 按产品工艺文件选用焊接材料	1. 常用焊接方法分类。 2. 常用焊接材料分类及选用
	(四)焊前零件的处理和方法	能对零件表面进行焊前除锈、涂油等有效处理方法	1. 零件表面污物对焊接的质量影响。 2. 一般的材料表面处理方法
	(五)焊接工艺参数选择调整	能判别所使用设备、选用参数与工艺文件的要求符合性	焊接工艺参数与焊接质量要求的相互关系
	(六)焊接设备的维护和保养	能对本工作岗位焊接设备进行维护和保养	熟悉设备操作规范
二、工件加工	(一)设备安全装置和使用	能按设备安全操作规程使用设备安全装置	熟悉设备安全装置操作规程
	(二)焊接生产作业	1. 按操作工艺要求装夹工件。 2. 按岗位工艺文件、操作焊接设备进行工件焊接。 3. 能通过焊接方法修复轻度缺陷的不良件	1. 焊接工装、夹具的基本知识。 2. 一般焊接设备操作理论知识。 3. 钳工基本知识
三、质量控制	产品、外观、尺寸和表面缺陷,强度要求等检控	1. 能熟练使用本岗位检验工具。 2. 根据有关标准及技术要求对简易零件进行尺寸、外观、质量、焊接强度等判定和检查	1. 焊接质量检验方法。 2. 一般焊接质量检验标准。 3. 基本测量工具的使用方法

表 12-13　汽车制造生产线焊装人员技能培训标准(中级)

职业功能	工作内容	技能内容	相关知识
一、工作前准备	(一)识读工艺文件	1. 读懂本生产线的工艺卡和作业指导书。 2. 熟悉识别本生产线的零件	1. 完成的工艺规程。 2. 焊接零件图的识读方法
	(二)焊接设备及工装设备准备	1. 能判断设备工装的一般故障。 2. 能排除设备工装的一般故障及提供控制方法和措施	1. 设备工装的一般故障及判断方法。 2. 设备工装一般故障的排除方法
	(三)焊接前零件的处理	根据产品的工艺要求，对有特殊要求的零件焊前有特殊处理等有效措施	对焊接零件有特殊要求的焊接变形与应力的基本概念
	(四)焊接工艺参数的调整	根据产品的工艺要求能对 CO_2 手工保护焊及机器人保护焊进行工艺参数调试调整	1. 气体保护焊的工艺参数与焊接质量的关系。 2. 一般焊接工艺参数的控制原理
	(五)焊接工装夹具一般调整	能针对本岗位柔性生产要求进行焊接工装和夹具调试调整	1. 焊接工装、焊接夹具基本知识。 2. 夹紧与定位。 3. 气动、液压基本原理和知识。 4. 快速切换应用与调整
二、工件加工	生产作业	1. 能操作生产线上所有焊装设备。 2. 采用合理化的焊接顺序，减小焊后的工件变形。 3. 按保护气体的性质、调试调整符合工艺要求的参数(焊接)	1. 生产线焊接设备调试原理和操作手法。 2. 熔化极气体保护焊原理。 3. 熟悉电阻焊的工艺要求
三、质量控制	零件尺寸、外观表面缺陷及焊接强度检验	1. 熟练使用生产线上的检验工具。 2. 根据相关质量标准及技术要求能对较为复杂的零件进行检测、检验、质量控制	1. 焊缝组织性能检验和质量判定知识。 2. 焊接缺陷判别方法

表 12-14 汽车制造生产线焊装人员技能培训标准(高级)

职业功能	工作内容	技能内容	相关知识
一、工作前准备	(一)焊接设备及工装设备准备	1. 能判断设备工装的复杂故障。 2. 排除工装的复杂故障。 3. 能调试调整工装的精度误差	1. 设备、工装复杂故障判断方法。 2. 一般焊接工装、夹具设计知识。 3. 夹具定位的设计基本原理。 4. 工装复杂故障的排除方法。 5. 设备工装的调整方法
	(二)选用焊接材料和焊接方法	对特殊材料零件,要求选用相应的焊接材料、工艺参数和焊接方法	1. 特殊焊接方法与原理。 2. 熔化焊的一般冶金知识
	(三)焊接工艺参数的调整	1. 能调试调整特殊焊接的工艺参数。 2. 编制焊接方法组合的焊接工艺规程,新材料焊接试验、工艺评定	1. 特殊焊接工艺参数相互关系。 2. 特殊焊接工艺参数控制原理。 3. 调整特殊焊接工艺参数方法
	(四)焊接工装和夹具的调试	1. 按生产线柔性化的生产要求进行焊接工装、夹具调整。 2. 能分析并解决焊接工装、夹具所存的问题。 3. 能设计制作简单的工装夹具	1. 焊接线自动化控制基本原理。 2. 工装夹具与柔性生产的相互关系。 3. 分析解决焊接工装夹具隐患问题。 4. 机械制造基本原理。 5. 了解模块化生产的应用
二、实际操作	生产作业	1. 熟悉操作机器人焊接方式、手工焊、电阻焊等焊接设备及相关的辅助设备。 2. 能分析判断焊接缺陷产生的原因并提出解决办法	1. 了解自动控制在焊接生产中应用。 2. 焊接机器操作规程编制。 3. 熟悉了解异种金属焊接方法
三、质量控制	产品、尺寸、外观、力学性能等检验	1. 读懂金相分析报告。 2. 读懂一般焊接质量报告。 3. 能撰写质量分析报告。 4. 处理生产线常见质量问题	1. 焊接金相图基础知识。 2. 质量报告编写方法。 3. 特殊、焊接检验方法。 4. 处理常见质量问题方法

本章小结

1. 涂有药皮的供弧焊用的熔化电极称为电焊条,简称焊条;焊条中被药皮包覆的金属芯称为焊芯;涂敷在焊芯表面的有效成分称为药皮,也称涂层。

2. 焊条通常用型号和牌号来反映其主要性能特点及类别。焊条型号是以焊条国家标准为依据,反映焊条主要特性的一种表示方法。焊条牌号由焊条厂家制定。我国焊条行业采用统一牌号:属于同一药皮类型、符合相同焊条型号、性能相似的产品统一命名为一个牌号,如 J422、J507。

3. 焊条的使用性能主要包括工艺性能、焊接性能和焊条的效率 3 个方面。

4. 焊条在使用前应检查其是否保管妥善，是否有吸潮变质现象，如果焊条吸潮，但是焊芯不生锈和药皮不变质，焊条重新烘干后可确保原来的性能而不影响使用。

5. 根据焊接材料选用合适的焊条。

6. 铝材铸铁相对来讲，在焊接方面比钢材就要困难一些。

7. 国际上普遍将屈服强度在 210～550 MPa 的钢板称为高强度钢板，屈服强度大于 550 MPa 的称为超高强度钢板。

8. 汽车高强度钢板的焊接可采用 3 种方法，分别为激光焊、CO_2 焊、电阻点焊。

9. 先进高强度钢板有双相钢板(DP 钢板)、复相钢板(CP 钢板)、相变诱发塑性钢板(TRIP 钢板)和马氏体钢板(M 钢板或 Mart 钢板)等。

10. 焊工技能培训标准见表 12-12～表 12-14。

思考与练习

一、想一想

1. 各种材料所采用的焊条一样吗？
2. 如何选择焊条？你觉得焊点强度比被焊接材料强度是要高一些还是低一些？
3. 你所知道的焊条牌号有哪些？
4. 你觉得铸铁、铝材比钢材在进行焊接操作时，是容易焊接一些还是困难一些？
5. 日常生活中你见过铸铁件焊接吗？通常工人是怎样操作的？
6. 汽车高强度钢板通常用在什么地方？
7. 汽车制造厂采用镀铝钢板、镀锌钢板有什么目的？

二、做一做

1. 什么称为焊芯？什么称为药皮？药皮的作用有哪些？
2. 指出碳钢焊条型号的编制方法。并举例说明。
3. 焊条的使用性能包括哪 3 个方面？并简要说明。
4. 焊条保管的基本原则有哪些？
5. 受潮焊条对焊接工艺性能的影响有哪些？
6. 选择焊条一般考虑哪些原则？
7. 铝和铝合金的焊接特点有哪些？
8. 铸件常用的焊接方法有哪 3 种？并简要说明。
9. 我国的汽车高强度钢板分哪两类？指出 DP 钢板、CP 钢板、IF 钢板分别对应哪一类？
10. 常用的高强度钢板的焊接方法有哪几种？若为薄板或者中厚板应怎样选择焊接方法？
11. 高强度钢板主要用在哪些地方？汽车上的钢圈或者铝合金轮毂属于高强度钢吗？
12. 高强度钢采用电阻点焊对其质量影响较大的因素有哪些？

参考文献

[1] 李亚江，李嘉宁. 激光焊接/切割/熔覆技术[M]. 北京：化学工业出版社，2012.
[2] 刘伟，周广涛，王玉松. 中厚板焊接机器人系统及传感技术应用[M]. 北京：机械工业出版社，2013.
[3] 李荣雪. 焊接机器人编程与操作[M]. 北京：机械工业出版社，2013.
[4] 唐迎春. 焊接质量检测技术[M]. 北京：中国人民大学出版社，2012.
[5] 金凤柱，陈永. 电焊工操作入门与提高[M]. 北京：机械工业出版社，2012.
[6] 许莹. 焊工工艺学[M]. 北京：机械工业出版社，2012.
[7] 兰虎. 焊接机器人编程及应用[M]. 北京：机械工业出版社，2013.
[8] 葛国政. 金属材料焊接[M]. 北京：中国劳动社会保障出版社，2011.
[9] 胡传炘. 实用焊接手册[M]. 北京：北京工业大学出版社，2002.
[10] 姚博瀚. 汽车焊装[M]. 北京：机械工业出版社，2015.
[11] 陈茂爱. 焊接机器人技术[M]. 北京：化学工业出版社，2019.
[12] 孙慧平. 焊接机器人系统操作、编程与维护[M]. 北京：化学工业出版社，2018.
[13] 王洪光. 实用焊接工艺手册(第二版)(焊接工艺入门)[M]. 北京：化学工业出版社，2014.
[14] 文申柳. 金属材料焊接(第二版)[M]. 北京：化学工业出版社，2016.
[15] 乌日根. 金属材料焊接工艺[M]. 北京：机械工业出版社，2019.